中国文字学会　主办

中国文字学报

第十二辑

中国文字学会《中国文字学报》编辑部　编

图书在版编目(CIP)数据

中国文字学报. 第12辑 / 中国文字学会《中国文字学报》编辑部编. —北京: 商务印书馆, 2022
ISBN 978-7-100-20941-0

Ⅰ. ①中… Ⅱ. ①中… Ⅲ. ①汉字—文字学—丛刊
Ⅳ. ①H12-55

中国版本图书馆 CIP 数据核字(2022)第 049833 号

权利保留,侵权必究。

ZHŌNGGUÓ WÉNZÌ XUÉBÀO
中 国 文 字 学 报
第十二辑
中国文字学会《中国文字学报》编辑部　编

商 务 印 书 馆 出 版
(北京王府井大街36号　邮政编码100710)
商 务 印 书 馆 发 行
北京艺辉伊航图文有限公司印刷
ISBN 978-7-100-20941-0

2022年4月第1版　　　开本 787×1092　1/16
2022年4月北京第1次印刷　　印张 15½
定价:75.00元

主　编　黄德宽

副主编　张涌泉　吴振武　王铁琨

顾　问　裘锡圭　王　宁　傅永和

编　委　陈双新　陈伟武　程　荣　党怀兴　邓福禄
　　　　　冯胜君　何华珍　黄德宽　黄天树　李国英
　　　　　林志强　刘　钊　刘志基　沈　培　王　敏
　　　　　王贵元　王铁琨　吴振武　徐在国　杨宝忠
　　　　　喻遂生　张涌泉　赵平安　郑贤章　郑振峰

编　辑　徐在国　李晓静

目　录

关于甲骨文中"汛""昬"是否表总括的考察……………………张玉金（ 1 ）
释殷墟甲骨文"奋"字……………………………………………时兵（ 13 ）
论"商代陶文"应单独列为一系
　　——兼谈"陶文"与"陶符"的区别原则…………………黄亚平（ 21 ）
上古时期汉字规范综述…………………………………………张素凤（ 33 ）
《鸟虫书通考》补遗………………………………………………曹锦炎（ 46 ）
郑氏厨鼎补释……………………………………………………程燕（ 53 ）
史墙盘"弯尹啻疆"小补…………………………………………许世和（ 57 ）
释它簋盖铭中的"怀属"…………………………………………薛培武（ 61 ）
晋侯苏钟所涉战争地名集释……………………………………姜林宏（ 66 ）
关于《穷达以时》中旧释为"台繇"和"台垄"的释读…………李家浩（ 77 ）
说"胃"及其相关字………………………………………………徐在国（ 88 ）
清华简《系年》"曾人乃降西戎"再议……………………………张新俊（ 92 ）
"安堵"与"案署"…………………………………………………袁金平（108）
清华简（八）（九）新见专字选释五则……………………………周翔（116）
楚简札记三则……………………………………………………贾旭东（121）
楚简文字考释四则………………………………………………王磊（129）
金文与楚简合证二则……………………………………………滕胜霖（136）
清华大学藏战国竹书数据库的开发与使用……………………田立宝（141）
燕玺残字考释五则………………………………………………张振谦（146）
读《管子》札记一则——兼谈汉印中的"士"类私印……………李鹏辉（152）
古玺考释五则……………………………………………………张飞（157）
续论"厷"及相关诸字……………………………………………陈晓聪（163）
俗讹字"閦、栐、袙、髂"考辨……………………………………杨琳（168）
"毋丘"补释………………………………………………………尉侯凯（178）

"疑"字补说 …………………………………………………… 顾王乐（184）

"对"的引申义列梳理——兼论"对"的词义发展 ……………… 万梅（188）

契约文书"畛"字俗体考 ………………………………………… 韩志周（193）

中医古籍疑难俗字辑考十则 ………………………… 马乾　周艳红（204）

《续修四库全书》本《新校经史海篇直音》勘误举隅 ………… 李莹娜（213）

《说文解字》文本英译初探 ……………………………………… 张宏国（221）

国际汉语教学中的音符独体字研究 ………………… 沙宗元　宋福艳（228）

关于甲骨文中"卯""曹"是否表总括的考察

张 玉 金

提要 关于甲骨文中"卯"和"曹"的意义和用法,目前学术界主要有两种说法,一是认为它们都是祭祀动词,二是认为它们都是表总括之词。本文认为,前一种说法是可信的。

关键词 甲骨文 卯(戼) 曹

甲骨文中的"卯"和"曹"两个字比较常见。这两个字表示的意义和用法,目前学术界是有争议的。

一 关于甲骨文"卯"和"曹"用法的歧见

(一)关于甲骨文中的"卯"

对于这个字,于省吾(1979:23-25)将其释读为"戼"。于先生指出,"卯"形除去小点后所从之形"均象几案形。其或一足高一足低者,邪视之则前足高后足低。其有横者,象横踞之形,今俗称为横撑"。"卯"字从"几"得声,读为《说文解字》训为"以血有所刉涂祭也"的"戼"字,谓"卯与戼为古今字。卯从数点象血滴形"。于先生此说得到了绝大多数甲骨文研究者的信从。

陈剑(2007:177-233)则提出新说,陈先生把甲骨文中的"卯"和"兟"都读为"皆",认为是表示总括的范围副词,不可释为"祭名"或"用牲法""祭祀动词"。

(二)关于甲骨文中的"曹"

对于这个字,于省吾(1979:40-42)释为"祭名",这也得到绝大多数研究者的信从,学者们多称之为"用牲法""祭祀动词"。

---

* 国家社会科学基金重大项目《殷墟甲骨文译注与语法分析及数据库建设》(17ZDA299)。

陈剑(2007:177-233)也提出新说,认为甲骨文中的"眢"当释读为动词"兼",意思是"表示总括"。

陈先生提出此说的根据,是基于对"汎"和"眢"在卜辞中用法的全面排比分析,他发现"汎"和"眢"大都与大家公认的表"总括"的范围副词"率"和"皆"接近。

二 把"汎"和"眢"看成表总括之词的根据有待商榷

陈剑(2007)是从五个方面论述"汎"和"眢"与"率"和"皆"接近的,而这五者我们认为皆可商榷。

(一)"汎用""眢用"和"率用"

甲骨文中有"率"字,大都用作范围副词,意义是"皆""悉"。"率"可以出现在"用"之前,构成"率用"一语,是"都使用"的意思。卜辞中又有"眢用""汎用",陈剑认为其中的"眢"和"汎"的用法和"率用"中的"率"接近,因而"眢""汎"也是表总括之词。然而这样的类比推论值得商榷。

甲骨文中的"汎"确可以出现在"用"前,例如:

(1)丙寅卜,宁贞:小来羌来甲戌汎用?(合 242)

(2)□戌卜,贞:卓见(献)百牛汎用自上示?(合 102)

在"用"和"敉"前也可以用"率",例如:

(3)丙子卜:㱿贞:今来羌率用?

丙子卜:㱿贞:今来羌勿用?

今来羌率用?

贞:今来羌勿用?(合 248 正)

(4)贞:率敉羌,若?(合 464 正)

把"汎用"和"率用"一比较,似乎"汎"确实是"率"一类的范围副词。但是,甲骨文中还有这类例子:

(5)癸卯贞,其□䄌九,下示汎[牛]?

甲辰贞,其大禦王自上甲,䀄用白䄌九,下示汎牛?(合 34103)

(6)甲辰贞,其大禦王自上甲,䀄用白䄌九,下□?

丁未贞,其大禦王自上甲,䀄用白䄌九,下示汎牛?在父丁宗卜。(合 32330)

例(5)、例(6)中皆出现了"䀄用","用"是祭祀用牲方法的通称,而"䀄"是一种具体的用牲法。所谓"䀄用"就是说以"䀄"的方式使用("䀄"表血祭)。这样看来,前面的"汎用"就有两种可能,一是类同于"率用",二是类同于"盥用"。如果同于"盥用",则"鑾用"就是以"鑾"的方式使用祭牲的意思。

再看下引两例:

(7)丁未贞:祷禾于岳,尞三小宰、卯三牛?

丁未贞:祷禾自上甲六示牛,小示汎羊?(合33296)

(8)□自上甲,盥用白豭九□? 在大甲宗卜。

□辰贞:其大禦王自上甲,盥用白豭九,下示汎牛? 在祖乙宗卜。

□其大禦王自上甲,盥用白豭九,下示汎牛? 在大乙宗卜。(屯2707)

上引例(7)第二条卜辞,"自上甲六示"指的是上甲、报乙、报丙、报丁、示壬、示癸,这都属于直系。例中的"小示"应是指旁系先王。"祷禾自上甲六示牛"是说用牛向始自上甲的六位先公祈祷庄稼的收成,"牛"是祭牲,这一小句没有说用牲法。"小示汎羊"是说以"汎"的方式用羊向旁系先王祈祷庄稼的收成,"祷禾"这样的词语承前省去。可见这个例子里的"汎"还是看成用牲法好。例(8)第二条卜辞中的"其大禦王自上甲",是说将要对始自上甲的先公先王大规模举行禦祭以祓除国王的灾祸或疾病。"盥用白豭九",是说以"盥"的方式使用九头白色的公猪,"盥"表示血祭。"下示汎牛"应是承前省略的说法,是说"大禦王于下示,汎用牛"。这样看来,把例(8)中的"汎"读为"皆"也是可以商榷的。

卜辞中的"眢"也可出现在"用"前,例如:

(9)丁丑卜,争贞:来乙酉眢用永来羌自元[示]? 五月。(合239)

(10)乙亥卜,宁贞:告以羌眢[用]自□?(合280)

前面说过,大家公认的范围副词"率"也可以用在"用"和"伐"前,如前引例(3)、例(4)。因此,作为根据之一,陈剑把"眢"看成是跟"率"一样的表"总括"的词。但是前面说过,"用"前不但可以出现表"总括"的词,也可以出现表示用牲法的动词,如"盥用"。"盥用"是以"盥"的方式使用(祭牲)的意思。而且经过论证我们认为,"汎用"也是以"汎"的方式使用(祭牲)的意思。因此,甲骨文中"用"前的"眢"也有是祭祀动词的可能。

再看下引一例:

(11)一羊,受禾?

眢用,禾祉(延)秩?(合28233)

上引例中的"秩",裘锡圭(1992)认为当指作物有病,可读为训"败"的"嬕",或可读为"莑",指禾叶枯落。例(11)第一条卜辞卜问:如果用一只羊,那么会得到庄稼的收成吗?第二条卜辞卜问:如果以"眢"的方式使用,那么庄稼会连续有病吗? 第一条卜辞卜问用什么牺牲、用多少,第二条卜辞卜问以什么方式用。

(二)"汎大示""瞽大示"和"率小示"

卜辞中的"率""瞽""汎"都可以出现在"×示"之前,具体说来,是"瞽"和"汎"可以出现在"大示"之前,"率"可以出现在"小示"或"示"之前,因而陈剑(2007)认为"瞽"和"汎"跟"率"一样,是表总括之词。例如:

(12)卓以牛,其升自上甲汎大示,其囗?(屯 2)

上例中的"汎",陈剑也读为"皆"。与此类似的有"瞽"的用例:

(13)贞:禦王自上甲瞽大示?十二月。(合 14847)

(14)贞:禦王自上甲瞽大示?(合 14848)

上两例中的"瞽",陈剑读为"兼"。

但是,例(12)的标点断句可能是有问题的,应在"汎"之前加标点,下引两例可以证明:

(15)癸卯贞:囗汎至于囗?

癸卯贞:射𠦪以羌其用,叀(惠)乙?

甲辰贞:射𠦪以羌其用自上甲,汎至于[父丁],叀乙巳用伐[四十]?

丁未贞:卓以牛其用自上甲,汎大示?

己酉贞:卓以牛其用自上甲三牢,汎?

己酉贞:卓以牛其用自上甲,汎大示,叀牛?

己酉贞:卓以牛其[用]自上甲五牢,汎大示五牢?

庚戌贞:卓[以]牛囗叀囗?(屯 9+屯 25)

(16)囗囗贞:射𠦪以羌其用自上甲,汎至于父丁,叀甲辰用?

甲辰贞:射𠦪以羌其用自上甲,汎至于父丁,叀乙巳用伐四十。

囗囗贞:卓以牛[其]用自上甲五牢,汎大示五牢?(屯 636)

从上引例(15)第七条卜辞"己酉贞:卓以牛其[用]自上甲五牢,汎大示五牢"来看,第六条卜辞"己酉贞:卓以牛其用自上甲,汎大示,叀牛"中的"汎"前是要加逗号的。陈剑在第七条卜辞"己酉贞:卓以牛其[用]自上甲五牢,汎大示五牢"的"汎"前加逗号,而在第六条卜辞的"汎"前则没有加,这不统一。第七条卜辞中"汎大示五牢"中的"汎"正处在祭祀动词所在的语法位置,不应看成是范围副词。第六条卜辞"自上甲,汎大示"不能连读,中间要加标点,这样把这种位置上的"汎"看成范围副词不可取。例(16)第三条卜辞"囗囗贞:卓以牛[其]用自上甲五牢,汎大示五牢",肯定要在"汎"前加标点,第一条卜辞"囗囗贞:射𠦪以羌其用自上甲,汎至于父丁,叀甲辰用"和第二条卜辞"甲辰贞:射曲以羌其用自上甲,汎至于父丁,叀乙巳用伐四十",也要在"汎"前加标点。

下引两例是"大示"前用"酓":

(17)贞:禦王自上甲酓大示?十二月。(合 14847)

(18)贞:禦王自上甲酓大示?(合 14848)

对于这种用法的"酓",陈剑认为应读为"兼",是动词。"兼大示"为动宾结构,就是同时包括属于大示的所有神主,或同时涉及属于大示的每位神主的意思。对于这种"酓",许进雄(1977:39)认为可以读为"贯",意为大宗之众神主。唐兰(1939:64)认为"酓"即"盾"之本字,当读为"循"。

上述三位先生的说法皆可以商榷。前面谈过,"自上甲汎大示"跟"自上甲酓大示"是同样的结构。"自上甲汎大示"应该在"汎"前加标点,证据是前引例(15)、例(16)。"自上甲汎大示"可以扩展说成"用自上甲五牢,汎大示五牢",从"汎大示五牢"来看,"汎"仍应看成祭祀动词,表示用牲法。既然"自上甲汎大示"应这样分析,那么与之是同样结构的"自上甲酓大示"仍可这样分析。这就是说,这种"酓"仍有是祭祀动词的可能。

再看下引几例:

(19)甲申卜,宁贞:王酓大示?(合 242)

(20)弜已?

　　酓大示,有正?〔吉〕。(合 30764)

(21)其酓大□,王受祐?(合 27121)

"酓大示"中的"酓"处于祭祀动词的语法位置,"酓"仍应看成祭祀动词为好。例(19)中的"王酓大示"就是商王对属于大示的各位先王举行"酓"祭,这样讲十分通顺。例(20)、例(21)中的"酓大示""酓大□"可做同样的解释。如果释作"兼",反而难以讲通。

(三)"汎""酓""率"都可后接"唯"或"惠"再加名词

这也是陈剑(2007)把"酓"和"汎"看成表总括之词的理由之一。但是从其所举的例子来看,多可商榷。例如:

(22)弜〔汎〕酓,〔叀(惠)旧齓用〕?

　　王其生汎?

　　弜汎酓,叀旧齓用?(合 30677)

上例陈剑在"汎"后加标点,认为"酓"属下读,不可从。"叀"前加了个范围副词,这种"叀"前加范围副词的用法在卜辞中是见不到的。例(22)中的"弜汎酓,叀旧齓用",明显是卜问:不宜进行"汎"和"眢",而要使用旧册吗?上例中的"汎"和"眢"明显都是动词,都是表示祭祀行为的,两者之间是并列关系。再如:

(23)□卯卜:自上甲汎,隹(唯)小牢?(屯 3730)

(24)贞:其率,隹(唯)小宰?(合 26051)

例(23)中,陈剑在"汎"后不加标点,这样"汎"就出现在"唯＋名词"之前了。事实上,应在"汎"后加标点,"汎"并不出现在"唯＋名词"之前。例(23)可与下例比较:"其自上甲眢?[其自]大乙眢?"(合 27077)例(23)中的"自上甲汎"与"自上甲眢"是一样的结构。例(24)中的"率"自成一小句,其后省略了谓语动词(应该是祭祀动词)。"率"也不用于"唯＋名词"之前。

(四)"眢""率""皆"都常用于祭祀动词之前

陈剑(2007)指出,"眢"常用于祭祀动词之前,而祭祀动词指向的对象往往是集合名词或多个单数名词,"率"和"皆"字用例中也有相类的,因而"眢"应是表总括之词。但是,这种说法可商榷。例如:

(25)丁巳卜,㱿贞:眢屮[于]大示?(合 14832 正)

(26)庚寅[卜,贞]:其眢又[于]羌甲、南庚、鲁甲、[盘庚]、小辛?(《卜辞通纂》118)

(27)其舌眢☐?(合 27077)

例(25)中的"眢"和"屮"是并列关系,例(26)亦然。卜辞中有"眢大示"的说法,而"屮(又)"是祭祀动词(一般读为"侑"),也表用牲法,所以"屮"和"眢"可以并列使用。例(27)中的"舌"也是祭祀动词,也表用牲法,例如:"壬午卜,其舌大乙五牛,王受祐?"(合 27113)"舌眢"两者也应是两个同类祭祀动词的并列关系。

下引一例更能说明问题:

(28)丁亥卜,大贞:卜曰:其屮汎升岁自上甲,王气☐?(英 1924)

在卜辞中,"屮""升""岁"都用作祭祀动词,都是属于可以带祭牲宾语的乙类祭祀动词,它们可以连用,它们之间是并列关系。如果使用副词,那么副词应该加在"屮升岁"之前,而不应该加在中间。但是,例(28)中的"汎"却出现在"屮"和"升岁"之间,这说明"汎"不是副词,而是跟"屮""升""岁"一样的祭祀动词,所以可以跟它们并列使用。

再请看下例:

(29)癸巳贞:其又[羌]?

乙亥贞:又升岁自上甲,汎?菁(薦)上甲彡。

乙亥贞:其又羌?(屯 488)

例(29)第二条卜辞中的"又升岁"即是例(28)中的"屮升岁",记录的是同样的几个祭祀动词。例(28)是说将对从上甲开始的先公先王进行"屮汎升岁"祭(可能就是同时进行㞢、沉、升、岁祭),例(29)第二条卜辞则是先对从上甲开始的先公先王进行"又升岁"祭,然后进行"沉"祭。例(29)第二条卜辞陈剑在"沉"后不加标点是不正确的,卜辞或言"甲寅贞:又升伐自上甲,沉?"(合 32213)可以为证。"沉"不能与"冓(遘)上甲彡"连读,"冓(遘)上甲彡"是表示时间的,不属于贞辞。

再看下引两例:

(30)甲寅贞:其又升伐自上甲,沉?

　　　[甲]寅贞:[其]又升[伐]自上甲?(合 32210)

(31)庚午贞:今来☐,禦自上甲至于大示,叀父丁𢆶用?

　　　癸酉贞:甲戌其又伐自上甲,沉?兹☐。

　　　癸酉贞:其又伐自上甲,沉,叀父辛巳伐?(屯 1104)

上引两例中的"沉"都自成一小句,显然不是副词。卜辞或言"癸巳卜,贞:又上甲,岁?/弜又岁?"(屯 1116)这个例子中的"又岁"可以连说,也可以把祭祀对象名加在"又"之后,"又上甲,岁"中的"岁"肯定是祭祀动词。例(30)和例(31)中单独成一小句的"沉"也应如此。前引例(28)说"其㞢沉升岁自上甲",例(29)中说"又升岁自上甲,沉",很明显,后者是把"沉"移到后面,而前者则与"㞢"和"升岁"并列。例(29)中单用的"沉"也应看成祭祀动词。

(五)"沉"有无与祭祀无关的用例

陈剑曾举出过"沉"出现在与祭祀无关的卜辞中,他所举的例子如下:

(32)甲申贞:☐芍☐?

　　　弜米?

　　　甲申贞:王其米,㠯祖丁眔父丁?

　　　甲申贞:沉,㠯☐?

　　　庚寅贞:王米于囧,㠯祖乙?

　　　其沉,㠯小示?

　　　庚寅贞:王其米,叀☐㠯?(屯 936)

(33)弜用?

　　　甲申贞:王米于(漏刻一"囧"字),㠯祖乙?

　　　其沉,㠯小示?

　　　庚寅贞:王米于囧,㠯祖乙?(合 32543)

上引两例中的"米",均用作动词。裘锡圭(1992)说:"米用为动词,疑指收获黍米。""米"这种行为本身虽不是祭祀,但它与祭祀密切相关,下列卜辞可以为证:

"己巳贞:王米囧,其登于祖乙?"(合 34165)"王其登南囧米,叀乙亥?"(合 32024) "其登米于祖乙?"(合 32542)很明显,收获黍米之后,要献给先公先王尝新。"王其米,目祖丁眔父丁",是说国王将去收获黍米,该带上祖父和父丁的神主去吗?为什么要带上神主,应该就是在收获黍米之时,让他们保佑;在收获黍米之后,当场向他们的神主进献新收获的黍米。其余卜辞类此。这样看来,就不能说这是与祭祀无关的卜辞。上引例(32)、例(33)中的"汎"共出现 3 次,陈剑在"汎"后都不加标点,这种断句法可以商榷。在笔者看来,"汎"后都应加逗号,要断开。"其汎,目小示"是说将要举行"汎"祭了,应把"小示"的神主都带去吗?这是卜问:王"米"时带什么神主?王"汎"时带什么神主?"米"和"汎"可能是有关的。"汎"是可以自成一个小句的,如前引例(30)、例(31)。

三 关于"率""皆"和"卒"的语法位置

(一)"率""皆"的语法位置

陈剑立论的一个重要根据,是把"汎"的语法位置与"率""皆"的语法位置加以对比,看出它们的相似性,从而证明"汎"是同"率""皆"一样的范围副词,进一步把"汎"读为"皆"。但是,这一点可能不能成立。

"率"和"皆"作为范围副词,是大家公认的,它们的语法位置都在状语的位置上。例如:

(34)三戈王率用,弗每(悔)禾?(屯 2445)

(35)贞:翌乙未率攸尸?(合 829 正)

(36)皆舞二田丧、盂,有大雨?(合 30044)

(37)雪眔门皆酒,有雨?(英 2366)

"率"有时直接出现在祭牲名词之前,但是这显然是在"率"后省略了谓语动词,或者这个"牲名"就是直接用作动词。例如:

(38)□未卜:祷自上甲、大乙、大丁、大甲、大庚、大戊、中丁、祖乙、祖辛、祖丁十示,率牡?(补 10436)

(39)□申卜:祷☒大乙、大丁、大甲、大戊、大庚、雍己、中丁、祖辛、祖丁,率示?(补 10436)

例(38)中的"率牡",是说(对以上先公先王)都用公羊。"牡"是指"公羊",名词。

"率"后应是省略了谓语动词,表示用牲法。例(39)的"率示",可能是说(对以上先公先王)都进行"示"祭,"示"在卜辞中可以用作祭祀动词,例如:"其示于祖丁?"(合27306)"其示于妣己,叀小宰?"(合27412)"其示于妣己,王宾?"(合27518)陈剑在"率牡"前加了逗号,却在"率示"前不予断句,应可以商榷。

"皆""率"后有时不出现动词或动词语,似乎是可以独立成句,其实这应是在"皆""率"后省略了谓语动词。例如:

(40)母□匕(妣)皆□?

　　弜皆?(合31184)

(41)弜皆在父甲?

　　祝一牛?

　　二牛?

　　三牛?(合27445)

(42)贞:其率,唯小宰?(合26051)

例(40)中"皆"后省略的动词不太清楚,例(41)中"皆"后可能省略的是"祝"。先问是否对某些先王都进行祝祭,后三条卜辞卜问祝祭时用几头牛。也可能"在"就是动词,"皆"出现在"在"之前。例(42)"率"后也是省略了谓语动词的。

"率""皆"的语法位置是只做状语,显示它们具有副词的属性。很明显,"汎""朁"的语法位置跟它们不同,说明"汎""朁"不具有副词的属性。

(二)"卒"的语法位置

其实,把"汎"看成是表总括之词,还是基于把"汎"的一种用法和"卒"的一种用法的对比。先看"卒"的用例:

(43)庚戌卜,王贞:翌辛亥气酒彡祊自上甲卒至于多毓,亡害?在十一月。(合22646)

(44)庚戌卜,即贞:翌辛亥酒彡毛自上甲卒至于多毓,亡害?(合22648)

再看"汎"的一种用例:

(45)丁卯贞:酓㠯(以)羌其用自上甲汎至于父丁?

　　丁卯贞:酓㠯(以)羌于父丁?(合32028)

(46)癸巳贞:其又升自上甲汎至于父丁?甲午用。(屯2124)

把上引例(45)、例(46)与前引例(43)、例(44)相比较,再与《尚书·酒诰》中的"自成汤咸至于帝乙"相对比,似乎可以认定"汎"与"卒""咸"用法相同。再加上陈剑认为

"冘"从"几"得声,与"皆"(陈剑认为甲骨文中的"皆"也是从"几"得声的)古音相近,似从古音上也讲得通。

但是,还是不能把"冘""智"看成是表总括之词。因为要比较,需要对"卒"的用例有全面考察,再与"冘""智"的全部用例加以比较,全部语法位置都相似,才是可信的。

考察"卒"在卜辞中的用法,除了"卒至于"之外,还有下述一些语法位置。

一是出现在动词语之前。例如:

(47)辛亥卜,贞:其卒翌日,其延尊于室?(合 30373)

(48)辛酉卜,在𦘒贞:王田,卒逐,亡灾?(合 37532)

例(47)中的"卒翌日"是说举行完翌日祭,例(48)中的"卒逐"是说完成逐兽之事。这两例中的"卒"应看成动词,是完成、举行完的意思。

二是出现在动词语之后。例如:

(49)己丑卜,彭贞:其为祖丁𡆥门于𠦪卒卯彡?(合 30282)

(50)□□卜,争贞:升伐卒,于□湅王?十一月。(合 6667)

例(49)中的"𠦪卒"是说"𠦪"祭结束,例(50)中的"升伐卒"是说"升伐"祭完成。很明显,这种位置上的"卒"和第一种位置上的"卒"同义,都是完成、结束之义,也可以看成动词。

三是单独使用,自成一小句。例如:

(51)丙辰卜,旅贞:翌丁巳𠦪于中丁,卒,亡害?在八月。(合 22865)

(52)癸未王卜贞:酒彡日自上甲至于多毓,卒,亡害自畎?在四月,唯王二祀。(合 37836)

这种用法的"卒"跟第二种用法的"卒"其实是一回事。这种用法的"卒"前,一般是一个小句,而不是一个词语。小句表示一件事,"卒"是说(前面的事)结束或完成。这种"卒"也可以看成动词。把例(52)与前引例(43)、例(44)相比较,可以看出"卒"的位置比较灵活,可以在"至于多毓"之前,也可以在"至于多毓"之后,位置不同,但词性和基本意思应该是相同的。

四是出现在时间名词语前。例如:

(53)丙寅卜,□贞:卒今月㞢其禽抑,不禽执?旬六日壬午禽。(合 21390＋40819)(补 6725)

(54)壬戌卜,贞:在狱天邑商公宫,卒兹月亡畎,宁?(英 2529)

例(53)中的"卒今月"是说直到这个月终了。例(54)中的"卒兹月"是说直到这个月结束。上两例中的"卒"似可以看成介词。

总之,甲骨文中的"卒",应该主要有动词和介词两种词性。做动词时,是完成、结束之义;做介词时,是直到……结束之义。

考察甲骨文中的"氘"和"瞀",都是出现在动词所能出现的位置上,或者单独成一小句,或者在一个小句中做谓语中心,或者与其他动词在一个小句中构成复杂谓语,等等。"氘"和"瞀"可以在一小句中构成并列关系,也可以和其他祭祀动词,如"侑""升""岁""伐"等构成并列关系。所以从"氘"和"瞀"的语法位置来看,它们应该是跟"侑""升""岁"一样的祭祀动词。"至于"前是可以出现祭祀动词的,例如:"己未贞:其□祭自祖乙,[岁]至于父丁?"(屯 441)"氘至于"中的"氘"与"岁至于"中的"岁"相同,都是祭祀动词,"氘至于"不能与"卒至于"进行类比。

四 结 语

对于甲骨文中"氘""瞀"两者的用法,目前学术界主要有两说,一种是认为它们都是祭祀动词,另一种认为它们都是表总括之词。

后一种说法的提出,除了字形和字音的分析之外,主要是基于对卜辞中的"氘""瞀"用法的全面排比分析,以及与"率""皆"(还有"卒")用法的对比。后一种说法从五个方面论证"氘""瞀"是跟"率""皆"一样的表总括之词。本文则对这五个方面的论证一一加以检讨,认为皆可商榷。

本文认为,若要对"氘""瞀"的用法和"率""皆"(包括"卒")的用法进行比较,应该是用法的全面系统比较,而不只是一种用法的比较。笔者全面概括了甲骨文中"率""皆""卒"的用法和语法位置,并把它们与"瞀""氘"的用法和语法位置进行比较。发现"率""皆""卒"与"瞀""氘"的用法和语法位置完全不同。"率""皆"都是副词,主要出现在谓语动词之前,有些例子中似乎是单独成句、做谓语中心,但那是谓语中心词的省略。"卒"主要是做动词,有时可以做介词。"瞀""氘"则都是出现在祭祀动词所能出现的语法位置上,可与"侑""升""岁""伐"等用牲法动词处于并列的位置上,因而赞同"瞀""氘"都是祭祀动词的传统说法。

参考文献

[1]于省吾:《甲骨文字释林》,中华书局 1979 年。
[2]陈剑:《甲骨文旧释"瞀"和"蠿"的两个字及金文"龏"字新释》,《甲骨金文考释论集》,线装

书局 2007 年。

[3]裘锡圭:《释"𩠕""𥼚"》,《古文字论集》,中华书局 1992 年,第 37 页。

[4]许进雄:《明义士收藏甲骨释文篇》,安大略皇家博物馆 1997 年,第 39 页。

[5]唐兰:《天壤阁甲骨文存并考释》,北京辅仁大学 1939 年,第 64 页。又《天壤阁甲骨文存并考释》,上海古籍出版社 2016 年。

[6]裘锡圭:《甲骨文中所见的商代农业》,《古文字论集》,中华书局 1992 年,第 174-175 页。

(张玉金:华南师范大学文学院,510006,广州)

释殷墟甲骨文"奔"字

时 兵

提要 "奔"字常见于殷墟甲骨文中,其字形从大从丙,丙亦声;其本义是"手持几案"。卜辞中,"奔"单用表示持几供神凭依;"奔献"连用表示授几供人凭依。"奔"又用作氏族名称,读作"房"。它又假借为"报""彭"。卜辞中另有从雨从奔的字,读作"跰"。

关键词 甲骨文 奔 持几 报壬 跰

在殷墟甲骨文中有一从大从丙的字(见附图一、二、三,下文以"△"代之),见于《甲骨文编》字号 4730、5151[①],《殷墟甲骨刻辞类纂》字号 229、230、276[②],《甲骨文字编》字号 2623[③] 所收录之字形。检《甲骨文字集释》[④]、《甲骨文字字释综览》[⑤]、《甲骨文字诂林》[⑥]、《甲骨文字诂林补编》[⑦]等工具书,见有学者把"△"释作"燕"[⑧],或"奉"[⑨],或"更"[⑩]等,又或将"△"理解为"舞之祭仪"[⑪]、"祈求止雨之祭"[⑫],然于义均有未安之处。

先就字形而言,张玉金先生指出:"△"的构件"丙"兼有表音和表义双重功能[⑬]。

---

① 孙海波:《甲骨文编》(改定本),中华书局 1965 年,第 843、890 页。
② 姚孝遂主编:《殷墟甲骨刻辞类纂》,中华书局 1989 年,第 101-103 页。
③ 李宗焜:《甲骨文字编》,中华书局 2012 年,第 789-790 页。
④ 李孝定:《甲骨文字集释》,"中研院"历史语言研究所 1970 年,第 3473-3476 页。
⑤ 松丸道雄、高嶋谦一:《甲骨文字字释综览》,东京大学出版会 1994 年,第 504 页。
⑥ 于省吾主编:《甲骨文字诂林》,中华书局 1996 年,第 261-263 页。
⑦ 何景成:《甲骨文字诂林补编》,中华书局 2017 年,第 49-53 页。
⑧ 贝塚茂树:《京都大学人文科学研究所藏甲骨文字·本文篇》,京都大学人文科学研究所 1960 年,第 439 页。
⑨ 张玉金:《释甲骨文中的"奔"》,中国古文字研究会、中华书局编辑部编:《古文字研究》(第 28 辑),中华书局 2010 年,第 36-40 页。
⑩ 朱凤瀚:《殷墟花园庄东地甲骨卜辞中的人物关系再探讨》,李宗焜主编:《古文字与古代史》(第 3 辑),"中研院"历史语言研究所 2012 年,第 55-77 页。
⑪ 岛邦男:《殷墟卜辞研究》,濮茅左、顾伟良译,上海古籍出版社 2006 年,第 616 页。
⑫ 中国社会科学院考古研究所编著:《殷墟花园庄东地甲骨》(第六分册),云南人民出版社 2003 年,第 1567 页。
⑬ 同⑨。另外,"△"构形特征类似于"殷",后者"从'殳'从'册','册'亦声,它比较原始的意义就是'举册'"。参看谢明文:《"鷖"、"鸎"等字补释》,中国文字编辑委员会编:《中国文字》(新三十六期),艺文印书馆 2011 年,第 99-109 页。

其说颇有启发性。甲骨文中的"丙"字,本象几案之形①。据此,字形"△"所图示的便是"人双手执几案"之貌。其所指在殷墟师组肥笔类与典宾类卜辞中还可用"以丙"来表达。例如(释文采用宽式):

(1)己巳卜,王:侑 𠬝 司,以丙。(《甲骨文合集》19777,以下简称"《合集》")

(2)□卯卜,争贞:以丙……(《合集》3739)

例(1)贞问:在用"𠬝"(人牲)、"侑"祭"司"(神灵)的过程中,要手持几案。"以丙"的目的是在祭祀的过程中供神凭依。

"△"字所指亦见于先秦传世文献。例如:

(3)主人降,受宰几。尸、侑降。主人辞,尸对。宰授几,主人受,二手横执几,揖尸,主人升。尸、侑升,复位。主人西面,左手执几,缩之,以右袂推拂几三,二手横执几,进授尸于筵前。尸进,二手受于手间。(《仪礼·有司》)

(4)宰夫彻几,改筵。公出,迎宾以入,揖让如初。公升,侧受几于序端。宰夫内拂几三,奉两端以进。公东南乡外拂几三,卒,振袂,中摄之进,西向。(《仪礼·聘礼》)

这两例中"二手横执几""奉(几)两端"是指用双手抓着或托着几案的两端,其所指与"△"相同,但"能指"不同:前者是分析式(小句或短语),后者是综合式(词)。

再就辞例而言,"△"最常见的表达式是"王△,惠吉",见于事何类(包括宾组与何组)卜辞。例如:

(5)戊寅卜,事贞:王△,惠(惟)吉。(《合集》5251)

(6)贞:王△,惠(惟)吉,不遘雨。(《合集》5250)

(7)壬子卜,事贞:王△,惠(惟)吉,曛。八月。(《合集》5280)

(8)壬戌卜,事贞:王△,惠(惟)雨。(《合集》12624)

这里的"王△"就是指"王手持几案",其目的也是在祭祀中供神灵凭依。"△"作为祭仪,经常出现在祼祭之后。例如:

(9)庚午卜,史贞:祼,△,惠(惟)[吉]。(《合集》5291)

(10)贞:惠祼,△。用。(《合集》25632)

---

① 于省吾先生论甲骨文"麐"字所从偏旁"丙"实"象几案",其说甚是。参看于省吾:《双剑誃殷契骈枝·双剑誃殷契骈枝续编·双剑誃殷契骈枝三编》,中华书局 2009 年,第 268-269 页。近有学者考证甲骨文"丙"字为"'房俎'之'房'的初文"。参看葛亮:《古文字"丙"与古器物"房"》,复旦大学出土文献与古文字研究中心编:《出土文献与古文字研究》(第 7 辑),上海古籍出版社 2018 年,第 50-70 页。

(11) 丙午卜,何贞:夕祼,△……(《合集》30921)

(12) 丙寅卜,蠡贞:王往于夕祼,不遘雨。△,惠(惟)吉。(《甲骨文合集补编》9539)

(13) 己巳卜,何贞:王往于日,不遘雨。△,惠(惟)吉。允雨不遘。四月。(同上)

(14) 乙丑卜,何贞:王宾夙,不遘雨,△,惠(惟)吉。

乙丑卜,何贞:王宾夙,△,惠(惟)吉,不遘[雨]。

丙寅卜,何贞:王宾夙,不遘,△,惠(惟)[吉]。(《合集》30528)

(15) 辛酉卜,壴贞:王宾夙,△,惠(惟)吉,不遘雨。(《合集》27382)

例(12)、例(13)是同版卜辞,参照例(12)"王往于夕祼",可知例(13)"王往于日"后省略了"祼"字。例(14)、例(15)"王宾夙"也是卜辞常见表达式"王宾夙祼"的省略①。"祼"祭实乃降神之祭。能否让神灵降临,受诸多因素制约。其中有两个必不可少的前提:一是不能下雨,上举卜辞中皆以"不遘雨"或"瞰"为"吉",这是因为下雨会给神灵降临带来不便;二是神灵降临必有所凭依,因此例(5)至例(15)皆言"△"(即"手持几案"义)。

几案可供神灵凭依,也可供人凭依,后者见于花东子卜辞。例如②:

(16) 己酉卜:翌日庚子呼多臣△献丁。用。不率。(《花园庄东地甲骨卜辞》34,以下简称为"《花东》")

(17) 乙未卜:呼崒△献。用。(《花东》290)

(18) 庚戌卜:子呼多臣△献。用。不率。

庚戌卜:弜呼多臣△。(《花东》454)

(19) 庚戌卜:子惠发呼献丁,罙大亦△。用。昃。(《花东》475)

(20) 弜呼发△。

呼崒△。不用。

乙亥卜:弜呼崒△。用。

乙亥卜:弜呼多贾献。用。(《花东》255)

(21) 己酉卜:子寝△。

[惠][寝]子毋□呼献丁。用。(《花东》372)

例(18)第二条卜辞"△"后省略"献"字。在前三例中,"△献"连用表"手持几案进献"之义。其所指类同于上例(3)"二手横执几,进授……"。

---

① 有关"王宾夙祼"的用例参看姚孝遂主编:《殷墟甲骨刻辞类纂》,中华书局1989年,第412-416页。

② 本文关于花东卜辞的释文多参考姚萱:《殷墟花园庄东地甲骨卜辞的初步研究》,线装书局2006年。

例(19)贞问:"子"叫"发"来向"丁"进献(几案),"大"也(跟着"发")手持几案。这里的"大"是备选,"发"才是贞问的焦点人物。

后两例中"△"与"献"互文现义。例(20)四条卜辞分别贞问:①不要叫"发"持几(进献);②叫"䧹"持几(进献);③不要叫"䧹"持几(进献);④不要叫"多贾"(持几)进献。例(21)两条卜辞分别贞问:①"子寝"持几(进献);②不要叫"子寝"(持几)进献"丁"。

在花东子类卜辞中,"△""献"同现,与单用"献"(同版相关卜辞不提及"△")在表达上存在着区别。试比较:

(22)甲申卜:子惠豕殁罙鱼献丁。用。(《花东》26)

(23)己卯卜:子献晖以瑵丁。用。

　　以一邕献丁。用。(《花东》37)

(24)辛亥卜:子其以妇好入于狱,子呼多御正献于妇好,肇綖十,往夒。

　　辛亥卜:发肇妇好綖三,䧹肇妇好綖二。用。往夒。

　　辛亥卜:惠发献于妇好。不用。(《花东》63)

(25)甲卜:呼多臣献瞪丁。用。(《花东》92)

(26)己亥卜:子梦[人]献子瑵,[亡]至艰。(《花东》149)

(27)乙亥:子惠白圭禺用,唯子献。(《花东》193)

(28)辛亥卜:子肇妇好瑵,往夒。在狱。

　　辛亥卜:呼䧹面献于妇好①。在狱。用。(《花东》195)

(29)庚卜:子其献丁□,以。用。

　　庚卜:子其献丁卤,以。(《花东》202)

(30)万家献一。(《花东》226)

(31)庚寅岁祖甲牝一,子雍献。(《花东》237)

(32)甲卜,在敦:皆献邕于丁。(《花东》249)

(33)戊寅卜:翌己子其献玉于丁,侃。用。(《花东 427》)

(34)戊寅卜:自龟带其见(献)于帚(妇)好。用。(《花东》451)

(35)己卯:子献晖以璧、瑵于丁。用。

　　己卯:子献晖以圭罙玗璧丁②。用。

---

① "面"字隶定参看黄天树:《花园庄东地甲骨中所见的若干新资料》,《黄天树古文字论文集》,学苑出版社2006年,第447-453页。"面献"与"△献"结构相同,"面"字究竟何义,有待进一步研究。

② "玗"字释读参看时兵:《说花东卜辞的"厚"》,《考古与文物》(增刊)2007年,第202-203页。

己卯：子献晆以圭于丁。用。

己卯：子献晆以琡丁，侃。用。(《花东》490)

(36) □献一。(《花东》502)

例(24)第三条卜辞"惠发献于妇好"后省"肇紒三"。例(28)第二条卜辞"献"字后省"琡"。总之，上述单用"献"的例句无一例外地提到"所进献的物品"，包括肉类（"豕""鱼"）、酒类（"鬯"）、盐类（"卤"）、纺织品（"紒"）、玉器类（"璧""琡""圭""玕"）等。"△献"则从不提及这些进献物品，这是因为其所献即是"人手所持之几案"。

"△献"连用，目前仅见于花东子卜辞，其目的是供商王"武丁"凭依①。相较而言，"△"单用大多为了供神凭依。在王卜辞中，执行"△"的人绝大多数是"王"本人，仅有一例是把"△"作为荣誉赐予"多射"来执行的。例如：

(37) 贞：翌乙亥赐多射△。(《合集》5745)

在花东子卜辞中，执行"△"的人只有"子"。例如：

(38) 己巳卜：子叞△。用。庚。

　　　弜巳叞△。

　　　辛未卜：叞△。不用。

　　　弜巳叞△。用。(《花东》391)

(39) 癸卜：子弜释△，受丁祼。(《花东》262)

例(38)"叞△"是说：先洒扫粪除②，然后手持几案，这些都是降神的仪式。从"己巳"到"辛未"也就两天时间，恐无必要再次（实质性地）"洒扫粪除"。因此，"叞"只应是象征性的仪式。另外，凭"子"的身份，也不可能真的去做打扫卫生的工作。

例(39)贞问："子"不要放弃持几，接受"丁"让他主持"祼"祭的命令。这里顺便提一下，"祼"祭在王卜辞中多由"王"主持，偶尔也可"呼子"为之③。检索武丁时期的甲骨卜辞会发现，"武丁"实际上只吩咐过"子宾"主持"祼"祭，例如："贞：呼子宾祼于有妣"(《合集》3171 正甲)，"勿呼子宾祼"(《合集》3165 正)④。如果把这两条卜辞与例

---

① 在花东子卜辞中，多次见有"献于妇好"（"妇好"是商王"武丁"的妻子）的记载，而未见"△献妇好"。

② "叞"字释读，参看裘锡圭：《释"叞"》，《裘锡圭学术文集》（第 1 卷：甲骨文卷），复旦大学出版社 2012 年，第 552—565 页。

③ 贾连敏：《古文字中的"祼"和"瓒"及相关问题》，《华夏考古》1998 年第 3 期。

④ "宾"字释读参看陈剑：《说"安"字》，北京大学汉语语言学中心《语言学论丛》编委会编：《语言学论丛》（第 31 辑），商务印书馆 2005 年，第 343—369 页。

(38)合观,花东卜辞的"子"便有可能是"子宾"①。

"△"在殷墟卜辞中大都做动词,表"持几"义。它很可能是从名词"丙"(表"几案"义)派生出来的②,在字形上通过添加构件"大"以示分化区别。

卜辞中的"△"还可用作氏族名称。例如:

(40)甲申卜,㱿贞:勿呼妇妌以△先于悖。(《合集》6344)

(41)己巳卜:子、△田叉(?)。用。(《花东》23)

"△"又从"丙"得声,在例(40)、例(41)中读作"房",二者的上古音都在帮纽阳部。郑樵《通志》云:"房氏,祁氏,舜封尧子丹朱于房,今蔡州遂平故吴房县是也。以楚后封吴夫概于此,故谓之吴房。丹朱生陵,后世国绝,子孙以国为氏。"

卜辞中的"△"又假借为"报""彭"。例如:

(42)其侑于△壬,卬侑于公,王受[祐]。

　　弜卬侑,其妍于△壬,王受祐。(《合集》27651)

(43)□寅卜:其侑于△壬,惠羊……亡……(《合集》27652)

(44)庚戌[卜],□贞:王心[若]△,其唯孽……□……(《合集》5297)

例(42)、例(43)中"△"读作"报"。甲骨文有"匚乙""匚丙""匚丁",《史记》谓之'报乙''报丙''报丁'③。"丙"和"匚"的上古音都在帮纽阳部。"报壬"即"示壬",它们均见于无名组卜辞。"报壬"的出现可能是受"报乙""报丙""报丁""报示"等称谓的类化所致,其出现率极低,仅见上举3例;而"示壬"的说法有百余例。

例(44)"△"读作"彭"(上古音在滂纽阳部),二者声近韵同。《说文解字》(卷五·壴部):"彭,鼓声也。"这里的"彭"就用其本义,做拟声词。"王心若彭"大致可译作"王的心脏如此怦怦地跳"。这里显然是指"王"的心脏跳动得不正常,意味着会有灾难发生。在卜辞中,与"王心若彭"类似的说法另有"心荡"④,试比较:

---

① 关于花东卜辞"子"的身份,学术界有"孝己""子狱"等说。"孝己"说参看杨升南:《殷墟花东H3卜辞"子"的主人是武丁太子孝己》,王宇信、宋镇豪、孟宪武主编:《2004年安阳殷商文明国际学术研讨会论文集》,社会科学文献出版社2004年,第204-210页。"子狱"说参看姚萱:《殷墟花园庄东地甲骨卜辞的初步研究》,线装书局2006年,第40-55页。关于其他诸说的概述参看韩江苏:《殷墟花东H3卜辞主人"子"研究》,线装书局2007年,第6-7页。

② "丙"表"手持"义还保留在"柄"字的构形中。《说文解字》(卷六·木部):"柄,柯也。从木丙声。"其实,"柄"的偏旁"丙"亦表义,即"手持"义("柄"的本义包含[+木][+手持]两个语义特征)。这个义项显然是从"△"的本义"手持几案"虚化而来。

③ 王国维:《戬寿堂所藏殷虚文字》,《甲骨文献集成》(第1册),四川大学出版社2001年,第28页。

④ 裘锡圭:《殷墟甲骨文考释四篇》,《裘锡圭学术文集》(甲骨文卷),复旦大学出版社2012年,第437-443页。

(45)贞:王心荡,亡来艰自方。(《甲骨缀合集》350)

在殷墟卜辞中,还有一个从"△"从"雨"的字(见附图四,下文以"A"代之),

(46)丁酉卜:王其夙田,不遘雨。大吉。兹允不雨。

　　　弜夙田,其遘雨。

　　　其雨,王不 A①。吉。

　　　其 A。吉。(《小屯南地甲骨》2358)

有学者认为:"A 大概也是多加了意符'雨'的△字……△(A)是止雨之祭的具体方法。"②这种说法会遇到两个困难:一是"△"对于主体来说是一种可控行为,因此对"△"的否定应该用"勿",如:"贞:勿△。八月。"(《合集》24638/26807)然而,例(46)中用"不"来否定"A"则表示其所指行为是主体无法控制的行为。二是根据司礼义"其"字规则(在正反对贞的卜辞中,用"其"字的卜辞比不用的表达了占卜者忧虑的语气)③,例(46)中"其 A"与"王不 A"正反对贞,可知前者是占卜者所不期望的,而这与"止雨之祭"的说法是相抵触的。

"A"也从"丙"得声,在例(46)中读为"跰"④,表"失足摔倒"义。《广雅·释言》:"跰、踦,踜也。"王念孙《疏证》:"《玉篇》:'跶,足跌也。''跶'与'踜'同。《说文解字》:'跰,曲胫马也。'"有学者进一步指出:"跰"与"蹉"同义⑤。《说文解字》(卷二·足部):"足,跌也。"段玉裁《注》:"'跌'当为'胅',字之误也。肉部曰:胅,骨差也。蹉者,骨委屈失其常,故曰胅,亦曰差跌。"

例(46)前两条卜辞分别贞问:①王一早去田猎,不会遭遇下雨;②不要一早去田猎,可能遭遇下雨。后两条卜辞分别贞问:①下雨,王不会失足摔倒;②王失足摔倒。"跰"肯定是贞卜者所不期望发生的,因此在"不跰"与"跰"正反对贞时,通过"其"的使用以凸显贞卜者忧虑的语气。

综上所述,"△"字的本义是"手持几案"。在卜辞中又假借为"房""报""彭"。另甲骨文中有从"△"从"雨"的字,读作"跰"。

---

① 有学者把"A"释作"雨△"两个字,不确。参看曹锦炎、沈建华编著:《甲骨文校释总集》,上海辞书出版社 2006 年,第 6256 页。

② 孙亚冰:《由一例合文谈到卜辞中的"㞢叀吉"》,宋镇豪主编:《甲骨文与殷商史》(新二辑),上海古籍出版社 2011 年,第 143-165 页。

③ Surruys, Paul L M.(司礼义). Studies in the language of the Shang Oracle Inscriptions. T'oung Pao 1974(60):1-3.

④ "A"很可能是"跰"字的初文,从"雨"从"△"会"雨天持几易于摔倒"之意,"△"亦声。

⑤ 余云岫:《古代疾病名候疏议》,人民卫生出版社 1953 年,第 278 页。

附图(以下字形摘自李宗焜《甲骨文字编》①)

(《合集》793)　　(《合集》27870)　　(《合集》12505)　　(《屯南》2358)
图一　　　　　图二　　　　　图三　　　　　图四

(时兵:安徽大学文学院,230039,合肥)

---

① 李宗焜:《甲骨文字编》,中华书局 2012 年,第 789－790 页。

论"商代陶文"应单独列为一系
——兼谈"陶文"与"陶符"的区别原则

黄亚平

提要 无论从社会发展程度,还是从成熟的汉字体系业已形成并普遍应用于社会生活的各个方面这一客观事实出发,商代都存在包括陶文在内的通行汉字。"商代陶文"应是一种体系性的存在,它是商代通行汉字的重要组成部分,而且是较早出现的那一部分。正确区分"商代陶文"和"商代陶符"应坚持"字符传承原则"和"有限记语原则",凡字符来源清楚、符号传承链条明确,且能在同时代的甲骨文、金文中找到相对应符号者,可视为"商代陶文"。对表意文字早期的初文而言,只要能基本实现表意和信息传递功能,有限记语或表现语音,就已经达到了"文字"的程度,未必完全记语才能算是"文字"。"商代陶文"主要包括"记数陶文"和"记名陶文"等内容,它们均与甲骨文、金文存在一脉相承的符号关联,其符号传承和相互渗透的痕迹比较明显,同属于商代通行文字系统,汉字发展史研究应给予其相应的位置。

关键词 商代陶文 字符传承原则和有限记语原则 记数文字和记名文字

高明先生在讨论陶符与汉字起源的关系时,指出了"陶文"和"陶符"的区别,并列出了两者不同的理由:其一,"文字必须在一定的社会经济条件下产生,新石器时代母系氏族内部不能产生文字";其二,"文字与语言结合并表达语言,陶符不能表达语言";其三,"文字随着语言不断发展,陶符孤立存在停滞不前";其四,"陶符与文字是两种不同的事物,各有不同的用途"。① 现在看来,第一、二条理由强调文字系统产生的社会语境和文字的记语性质,的确是区分"陶符"和"陶文"的关键,应在部分修正的基础之上予以重申和坚守,但第三、四条理由似可商榷。

应予部分修正者如下:其一,虽然新石器时代母系氏族内部不能产生成熟文字,但会有"原始文字"或文字萌芽出现,即便是最保守的估计,大汶口文化象形文字、良渚文化中的记号组合等情况,都已经是地域性的原始文字。而且,新石器时代不能产生成熟文字,并不等于说青铜时代也不能产生文字,如果把时间延伸到殷商时期,则

---

① 高明:《论陶符兼谈汉字的起源》,《北京大学学报》(哲学社会科学版)1984年第6期,第52—56页。

殷商社会完全具备成熟文字出现的社会语境,并且已经出现了甲骨文、金文等成熟文字,显然不宜从理论上一口否定"商代陶文"存在的可能性。其二,"文字与语言结合并表达语言"的表述不够清晰,文字与语言结合到什么程度才算是"结合"? 此外,如果承认部分商前期陶文已经是与甲骨文、金文形体近似的早期汉字,难道它们没有"表达语言"的能力吗? 由此可知第二条原则的表述不够完善,若修正为"有限记语性"原则,或许更接近商代陶符和陶文的事实。

似可商榷的内容如下:其一,就考古发现的商代"陶符"和"陶文"的实际材料来看,"陶符"和"陶文"并非界限明晰、用途不一的"两种不同的事物",两者之间始终存在着相互纠缠的情况,很难区分为互不相融的两大符号系统。而且,即便"陶符孤立存在",那至少也是一个独立的符号系统,其系统内部应同样存在符号发展演变的现象,不应出现"孤立存在停滞不前"的情况。从实际材料观察,所谓的"商代陶器符号"应是一个庞杂的符号混合体,其中既有各类标记符号,又有数字符号,还有文字,这些不同性质和功能的符号或文字,有可能是陶器生产者制造陶器时留下的种种记号或记数符号,也有可能是陶器所有者家族的标记徽号,虽然它们承担的符号功能各不相同,但相互补足,共同构成"商代陶器符号"这一庞杂的符号混合体,并非界限明晰,互不相干的两种事物。其二,我们在讨论商代汉字的发展和演变问题时,显然无法排除"商代陶器符号"与商代通行汉字之间的关联性。"从小屯陶文与成熟的甲骨文系统的关联性,我们有理由认为已发现的商代前期各批陶文对探讨当时文字系统的发展都具有标本价值,由这些标本我们可以推断商代前期应该有一个广泛流行的文字系统,并且殷墟甲骨文应该是这个系统的进一步发展和完善,他在商代前期的发展水准已与甲骨文系统相差不远。"[①]

在讨论了高明先生提出的区分陶文和陶符的四条理由并做了些微的补充和修正之后,我们在这里尝试提出三条区分商代陶符与陶文的原则,以就教于大方之家。

其一,字符传承原则,凡字符来源清楚、符号传承链条明确,且能在同时代的甲骨文、金文中找到相对应符号者,可视为"商代陶文";相反的情况,则仍可视为原始文字或标记符号。说到这里,我们需要特别强调表意汉字的普通文字学价值。我们认为:"记语性"原则作为文字体系或成熟文字的判定标准是合适的,但"记语性"原则并不完全适用于表意汉字体系的文字性质的判定,尤其是对表意文字体系中早期文字性质的判定。在表意文字体系中,符号的性质更多受制于符号出现的语境和符号功能,

---

[①] 黄德宽:《殷墟甲骨文之前的商代文字》,《汉字理论丛稿》,商务印书馆2006年,第13页。

而非符号的记语能力。或许我们可以这样表述：对于早期表意文字体系的文字而言，某一符号若被置于一定的语境之中，用来表意或记事，有了相对固定的读音，它就是"文字"了。反过来说，即使是同一个符号，但若将其置于器物的某些显著位置，用来表现美感，在这种情况下它很可能还是具有装饰功能的图案或纹饰。至于究竟是不是记语的"文字"或者装饰性的"符号"，在表意文字的早期并没有明确的界限，只能从使用者赋予其什么样的功能、将其置于何种语境来加以确定。

其二，有限记语性原则，记语的文字系统（成熟文字）是人类社会发展到一定程度的产物，只有社会发展到较高阶段，出现了类似国家的形态和组织形式，需要动员更多社会人群参与大规模的社会活动之时，才有可能诞生记语的文字系统或成熟文字，具体表现为文字能够有效地表现语言，并出现在一定的句子和篇章之中。而在史前部落社会或地域文化的生活语境中，在一定范围内反复出现并使用的符号，无论其是否表现语音，抑或是以单个的形式，还是以"成串"的形式出现，只要它们能满足氏族或部落社会的需求，初步实现表意和信息传递功能，就已经达到了原始文字的程度。很显然，对原始文字（即文字早期的文字）而言，使用成熟文字的标准来衡量并不合适，但若使用"有限记语性"原则，则没有问题。

其三，时、空符合原则，若要明确"商代陶文"的概念内涵和界限，还需要坚持时、空符合的原则，即在殷商时代、商王朝统治势力范围内发现的材料，才有可能具备我们所说的"商代陶文"的资质；而在殷商时期众多方国之内发现的陶文或符号，其符号性质则要视其与中原殷商文化的亲疏远近来确定。其中，凡受殷商王朝影响较大，与其存在明确的朝贡关系者，其陶文应具有殷商陶文的基本属性；反之，受中原殷商文化影响较小而地域特色明显者，仍可视为地域性文字或标记符号，而不应看作殷商陶文。

在确定了以上三条原则之后，我们尝试列举并讨论部分与商代甲骨文、金文相互对应的商代陶文的例子[①]，以便充分揭示殷商时期在不完全同质的汉字字符——陶文、甲骨文、金文和有可能存在的商代竹简书之间发生的相互渗透、符号传承与互动。

早在考古发现的龙山文化晚期直至商代后期通常所说的"陶符"中，就发现了少量的与古汉字近似的"陶文"。如河南登封王城岗三期发现的标本 WT195H473:3

---

① 据我们的初步统计，散见于商代陶器上的前后两期陶文约有百余例之多。关于商代陶文的样貌和具体情况，参见黄亚平：《汉字起源和汉字体系形成问题的探索和思考——兼谈汉字起源"渐变说"和"突变说"的融通》，《出土文献与古文字研究》（第九辑），上海古籍出版社 2021 年。

出现的陶文"𠂉"(共)字;①中原龙山文化陶寺遗址陶扁壶标本 H3404 上出现的朱书陶文"文尧"二字;②河南偃师二里头遗址三期(约当夏代或早商时期)发现的 ⼂、个、口、刀、囧、凵、凵、半、亼、州、ᑐᑕ、丨、丫等夏代陶文③,等等。

到了商代,陶文的数量明显增加。据我们的统计,迄今为止,考古发现的商前期陶文(包括数字在内)约 50 例。这些陶文主要发现在郑州商城(二里岗期)、郑州小双桥遗址、藁城台西遗址等地的陶器残片上。商前期陶文的书写形态既有抽象,又有象形,其书写风格与甲骨文、金文基本上一脉相承,两者之间存在明显的符号传承关系;同一个陶文单字,在各地重复出现的情况也比较普遍,其中较多出现的是"记数陶文"和"记名陶文",也有部分普通用法的陶文,等等。此外,部分"陶文"和"陶符"之间较难区分;另有部分陶文具有地域风格。

商后期陶文中最有代表性的是殷墟陶文,它们与甲骨文、金文同处一时、同出一地。另在江西清江(今樟树)吴城三期陶文、上海马桥遗址四层、福建漳州虎林山商代遗址等地也发现了数量不等的商后期陶文。在商后期陶文尤其是殷墟陶文中,字的结体和书写风格不但与甲骨文、金文基本一致,而且与商前期陶文异曲同工。商后期陶文的单字数量比商前期略少,若去除重复形体相同的情况,则商后期新增陶文的数量接近 40 例。此外,在吴城陶文中,还发现了部分明显带有地域元素和南方风格的陶文,比如其横写的"戈"字,箭镞的"镞"字,就有明显装饰风格;部分"多字陶文"还具有南方越人文化的地域风格。④

商代陶文的数量,保守一点讲也接近百例,这其中还不包括众多的未识字、抽象记号、部分数字及其合文等。如果今后能有更多的新材料发现或者我们对陶文的释读能力进一步提高,甲骨文之前的商代陶文的总数很有可能达到数百例以上的规模。对于表意汉字文字早期而言,陶文的数量和规模已经不能算小了。

无论从社会发展条件和社会需求的角度,还是文字制度和书写习惯的形成与积累程度来看,商代都已然存在通行范围甚广的汉字系统,其中当然应包括陶文在内。鉴于此,我们认为:"商代陶文"应是一种体系性的存在,它是商代通行汉字的重要组成部分,而且是较早出现的那一部分。虽然在"商代陶文"中还存在较多的"符号",

---

① 河南省文物研究所、中国历史博物馆考古部:《登封王城岗与阳城》,文物出版社 1992 年,第 56-59 页。
② 何驽:《陶寺遗址扁壶"文字"新探》,《中国文物报》2003 年 11 月 28 日。
③ 曹定云:《夏代文字求证——二里头文化陶文考》,《考古》2004 年第 12 期,第 77-82 页。
④ 江西省文物考古研究所、樟树市博物馆:《吴城:1973—2002 年考古发掘报告》,科学出版社 2005 年,第 375-378 页。

"文字"和"符号"的界限有时难以确定,甚至有部分陶文未见于甲骨文和金文,但这些现象都是由汉字早期阶段文字尚未完全成熟、只能有限记语的原因造成的,并不能因此否定"商代陶文"的独立性。至于"商代陶文"仍以单字为主,多字形式相对较少,且书写潦草的现象,恐怕是由陶文的功能和性质决定的。或许金文是商代文字的"正体",甲骨文是特殊用途的文字,商代陶文和今后可能发现的商代竹简书是商代的"行草书"。但无论正体字、特殊用字,还是"行草书",它们总归都是商代通行汉字的重要组成部分。

下面,我们尝试将商代陶文进一步区分为"记数文字"和"记名文字"两类,以此考察商代陶文的内部组成。

1. 商代陶文中的"记数文字"

数字往往是各大文字系统中起源较早的部分。殷墟甲骨文中的数字系统已经非常完善,不但能够满足当时社会对大宗物品计数和记录往来账目的需求,而且从根本上奠定了我国古代的十进制计数法的坚实基础。

殷墟甲骨文的数字系统和数字符号都不是凭空而起,而是渊源有自的。在商代前、后期陶文中,都已经普遍存在"一、二、三、四、五、六、七、十"等数字符号,甚至还有部分数字合文。① 将商代陶文材料与同时代的甲骨文、金文加以对照,可以管窥商代通行文字系统中数字词的部分特征,并由此追踪商代陶文数字的演变踪迹。

其一,无论商代前期、后期,还是在甲骨文、金文中,从一到七等几个数字都是一脉相承的,其间存在着明显的符号继承关系,这一点应明确无误。但在商代陶文中尚未真正发现数字"八"和"九"的痕迹,商前期陶文中似乎也没有发现"十",这说明商代陶文的数字系统尚不够完善,所谓"五进制""十进制"之类的数字系统,并不完全适用于对陶文材料中数字的描写。当然,商代陶文中尚未形成唯一性的数字系统的原因也有可能是目前发现的陶文材料还比较少。虽然江西鹰潭角山遗址发现了比较成系统的"五进制"陶文数字,但该遗址文化的主体属于地域性的"越人"文化,虽然与中原殷商文化有一定的联系,但毕竟不是纯粹的中原殷商系统,因此还不能作为中原殷商系陶文数字系统的直接证据。当然,至今尚未发现完善的殷商陶文数字系统的原因,除了发现材料较少之外,也有可能受陶文自身的功能局限。总之,造成商代陶文数字系统不够完善的原因比较复杂,需进一步深入讨论。

---

① 关于商代前后期陶文中"记数文字"与甲骨文、金文的对应情况,请参见黄亚平:《汉字起源和汉字体系形成问题的探索和思考——兼谈汉字起源"渐变说"和"突变说"的融通》之表一:商代陶文部分"记数文字"与甲骨文、金文对照表,(该文载入《出土文献与古文字研究》(第九辑),2021年)。

其二，商代陶文中的"一、二、三、五"几个数字都有竖写和横写两套符号。唯有"四"在陶文中只有竖写，在甲骨文、金文中只有横写，这似乎是一个例外。我们发现：金文和甲骨文中竖写的"丨""丨丨""丨丨丨""✕"仅出现在"记名金文"之中，用来表示名称，如"丨瓠""丨丨又父乙觯""丨丨丨子父丁罍""✕葡爵"或"✕鼎"，并未用于数字；只有横写的"一、二、三、五"才表示数字。这一现象或许表明"一、二、三、五"这几个通常所说的数字符号在商前期陶文中兼具"记名文字"和"数字"的双重身份，在进入甲骨文、金文之后，竖写的"一、二、三、五"仍保留着"记名文字"的用法，用为数字词时则需要使用横写形式。甲骨文、金文中数字"四"只有横写形式，没有竖写形式，但在商代陶文中却相反，形成一个鲜明的对比，这种情况正好可做旁证，用来佐证数字词一至五在进入成熟文字系统后，只允许横写形式来表现，并从此固定下来，成为商代文字系统中数字词固定书写形式的事实。

其三，商代陶文中的数字词书写形式多样，如数字陶文"五"不但有横写的"✕"和竖写的"✕"之分，还有简写的"✕"和繁写的"✕"之别。张世超等指出："然则'✕'本象交午之意，假以纪数，后增画为'✕'也。"①数字陶文"六"有"∧""∧""𠆢"三种写法，这三种符号当有不同的符号来源。其中，符号"∧"见于寺洼文化，其形与"干支"和"卦爻"符号近似；符号"𠆢"在陶文、甲骨文和金文的数字符号中出现，当为假借。张世超等认为："甲骨文作∩，∩若∩，∧，实古屋庐之两种形象，为庐之象形初文，假以纪数。"②数字陶文"七"有"十""一丨"两种书写形式，符号"十"之形当为甲骨文、金文数字"七"字符源头；符号"一丨"主要出现在江西吴城、江西鹰潭角山遗址中，显然具有越人文化的地域色彩。丁山指出："（"七"之本义为"切"）"七古通十者，刓物为二，自中切断之象也。"③殷商陶文中未见数字"八""九"，甲骨文、金文中做数词使用的"八""九"均为假借。"八"字的构型为"象分别相北之形"，借用为纪数词"八"；"九"字构型初为"肘"之象形，其后借用为纪数词"九"。④ 数字"十"之构型初以直竖表十位数，金文将直竖变为肥笔，其后再变为直竖加点或环，最后简化为短横，以区别于战国文字之"七"。⑤ 以上所述，可知甲骨文、金文中的"五""六""九"等数字乃借字为之，"七"

---

① 张世超等：《金文形义通解》，中文出版社1996年，第3379页。
② 同上，第3382页。
③ 丁山：《数名古谊》，《"中研院"历史语言研究所集刊》一本一分93页，转引自张世超等：《金文形义通解》，中文出版社1996年，第3384页。
④ 同①，第3387页。
⑤ 同①，第470页。

"十"则为借意为之。

其四,商代陶文中的个别合文有不同写法,而与甲骨文、金文合文则有一定的形体差别,如"十五"的合文在商代前期陶文中为"|ㄨ""ㄨノ",甲骨文"十五"合文也有"|ⵝ""ⵝ|"两体,但陶文与殷商甲骨文的结构方式相同而书写形式均有所区别。陶文用简写的"ㄨ"构字,甲骨文则使用繁写的"ⵝ"构字;再如"五十"的合文,在商前期陶文中作"Ψ""Ψ"两形,但在甲骨文、金文中通常作"Ψ""Ψ"两形。将商前期陶文中的合文"五十"与商周甲骨文、金文合文两相对照,会发现陶文的形体比较草率,有可能受到南方吴越文化的影响,而甲骨文、金文的形体则相对规范,明显具有中原殷商文化的风格。

甘肃寺洼文化中发现了一些商代晚期的陶文和符号,其中有部分数字符号,如"五、六、七"等,与殷商甲骨文近似,但数量较少。① 寺洼文化属于殷商晚期的羌人文化,与中原殷商文化有着密切的关联,甲骨文中屡屡发现征伐羌人,并以其俘获的羌人作为牺牲献祭的卜辞。故寺洼文化的陶文数字似可作为商代同期"王畿外"陶文的佐证材料来使用。

江西鹰潭角山遗址发现了数量众多的商代晚期的数字符号和明确的数字进制,尤其是"五进制"使用的痕迹,但由于该遗址文化的属性与中原殷商文化尚有一定距离,该文化虽与中原殷商文化有所接触或受其影响,但并没有完全纳入商人统治范围之内,而是带有一定的地域文化特色。角山遗址数字符号形态较原始质朴,多呈左右单括号形状,多数符号是在陶器烧制前,陶工用左、右手指甲刻画在产品之上的,少数符号见于生产工具。廖根深认为:刻画在产品上的记数符号有部分是作为氏族、家族或个人标记来使用的,"角山记数符号便有表数与标记的双重职能"。② 角山符号的形态明显与中原殷商文化的数字不同,带有鲜明的地域性特征,因此,并不适宜作为殷商陶文"五进制"的直接证据来使用,但把它作为中原殷商系数字陶文的参照系来加以比较研究则应该是没有问题的。

2. 商代陶文中的"记名文字"

与殷商陶文中的数字陶文一样,"记名文字"也是商代陶文中出现较早且数量较

---

① 甘肃省文物工作队、北京大学考古学系、西和县文化馆:《甘肃西和栏桥寺洼文化墓葬》,《考古》1987年第8期,第682页;中国社会科学院考古研究所泾渭工作队:《甘肃庄浪县徐家碾寺洼文化墓地发掘纪要》,《考古》1982年第6期,第589页。

② 廖根深:《鹰潭角山商代记数符号的初步研究》,《百越民族研究》,江西教育出版社1990年,第349-351页。

多的一类文字。① 甲骨文、金文中保留并沿用的商代陶文"记名文字",大致可区分为几种情况:其一,仅做标记或徽号一类的图形文字;其二,主要用作记名文字的专有名词;其三,兼具图形文字、专有名词和普通名词中的两种或三种用法的情况。

(1)仅有标记功能的商代陶文"记名文字"。这一类的记名文字如"丅、丰、囗"等抽象符号,它们在商前、后期陶文中均有出现,且多保留在金文图形文字中,或作为构字部件用于构成图形文字,在金文中主要作为标记和宗族或家族徽号来使用,而少见有作为记语的通行文字独立使用的情况。我们推测,这一类的图形文字起初只是氏族或部落社会里专门从事手工业劳动的家族或宗族使用的标记,或被用于标记所有权,或被用来指代生产者和产品拥有者。它们或许已有读音,可以读出声来,但其主要功能还是标记而不是记语,尚未真正融入记语的通行文字系统之中。在早期文字中,"丅、丰、囗"一类的图形文字的数量应该是较多的,金文、甲骨文字典附录中多包含此类图形文字,今后应予以深入挖掘。另外,商代陶文中竖写的"丨、丨丨、丨丨丨"等抽象符号在文字早期或许兼具表示器物名称的"记名文字"和"数字陶文"的双重功能,并非仅做数字使用。商前期与竖写形式的陶文"丨、丨丨、丨丨丨"相同的符号仅出现在"丨瓠""丨丨又父乙觯""丨丨丨子父丁罍"等图形文字之中,仍保留着商前期的传统,尚未有数字词的用法。只有横写的"一、二、三"才在甲骨文、金文中用作数字词,同时排斥图形文字的用法。至于数字"五",在商代陶文中就有"X""X"等简、繁不同的书写形式,当另有渊源。在战国文字中,似乎竖写和横写的形式再度出现混淆,这或许是一种复古现象,或与不同的地域文化传统有关,应进一步深入讨论。

(2)具有"部分记语"能力的商代"记名陶文"。这一部分商代陶文早在商前期就已经开始使用,并在商后期的甲骨文、金文中沿用为记名文字使用,同时又兼有图形文字或图形文字构件的功用。此类陶文有"亞、戈、田、木、帚、龍、俞、中、乙、卜"等。

商前期陶文"亞"字,如吴城二期出现的"✤",考古报告明确指出:"此字似与甲骨文早期'亞'字一样,有可能是族徽"②。商后期陶文"亞"字,如殷墟遗址发现的"",李孝定认为"当释亞",其意义与甲骨文、金文中的"亞"字近似。③ 甲骨文、金文中的"亞"字还用来表示人名、族名、职官名、宫室名等专名,主要作为"记名文字"的专

---

① 有关商代陶文中"记名文字"与甲骨文、金文的对照,请参见黄亚平:《汉字起源和汉字体系形成问题的探索和思考——兼谈汉字起源"渐变说"和"突变说"的融通》之表二:商代陶文中部分"记事文字"与甲骨文、金文对照表。(该文载入《出土文献与古文字研究》(第九辑),2021 年。)

② 江西省博物馆等:《江西清江吴城商代遗址第四次发掘的主要收获》,《文物资料丛刊》(第 2 辑),文物出版社 1978 年。

③ 李孝定:《陶文考释》,李济:《殷墟陶器研究·附录》,上海人民出版社 2007 年,第 199 页。

有名词使用。用例如"庚申卜，□，贞，亞亡不若"（铁：37.1）、"乎亞获豕"（合 105）、"卜贞多马亞其有祸"（前 5.6.5）、"其作亞宗"（后下 27.1）、"亞中，'❏❏'，❏"（亞盉）、"诞令臣谏以□□亞旅处于❏"（臣谏簋）等。另外，在商周金文、甲骨文中，作为族徽使用的"亞"甚多，仅容庚《金文编》附录上（第 1053－1072 页）就收录了数十例。此外，甲骨文、金文未见有使用《说文解字》所列"亞"之本义和引申义的辞例，可见在殷商文字中，"亞"字的性质当属于典型的具有部分记语能力的"记名文字"，只有图形文字和专有名词的用法，并未有作为普通名词来使用的辞例，也没有更多后世常见的引申用法。

"戈"字应是青铜时代才能出现的文字，而且有不同的地域风格。"戈"字出现在商前期者，如郑州二里岗期南关外发现的"❏"字的残留部分，商后期者如殷墟陶文中的"❏"字，其符号形态与殷墟小屯村发现的陶文"❏"基本相同。除了上述中原地区的陶文"戈"字，在江西清江吴城二期、江西新干大洋洲和吴城三期陶文中发现的"戈"字似有明显的地域性风格。商代陶文中两种风格的"戈"字在甲骨文和金文中都被继承下来，并具体表现为"❏"与"❏"的区别。但无论哪种书写风格，"戈"字在甲骨文、金文中主要作为记名文字的专有名词来使用，用来表示制造"戈"的族团名、方国名、人名，或者作为这个族团的徽号来使用。卜辞中用作族团名、方国名和人名者如"辛丑卜，宾贞，❏彗令以戈人伐❏方戈十三月"（金 522）、"庚寅，令戈人步"（林 25.11）、"壬子贞，子戈亡祸"（京 3147）。在金文中，"戈"字还是常见的图形文字之一，或者作为图形文字中的框廓和构件出现，如父丁盉、父乙壶、父丁爵等，并没有后世普通名词和动词的用法。

"帚"字在商前期和商后期陶文中均出现过。商前期者如吴城一期陶文的"❏"字，商后期者如殷墟陶文"❏"。在卜辞中，"帚"字仍有用作神祇之名者，如"贞于帚御卓三月"（甲 2121）之例。但绝大多数"帚"字已经借指商代"诸帚"，作为专有名词使用。商代诸帚的人数多达数十人，如帚好、帚妌、帚娘、帚姪、帚妥、帚汝等。卜辞中商代诸帚的地位崇高，她们可以参与国家大事、带兵打仗、戍守边防、主持祭祀，死后还能享受商王或贵族的祭祀。我们推测，卜辞中的"诸帚"应是已归顺于商王朝的姻亲族团，其地位类似于周代的"世妇"。在金文中，"帚"作"❏""❏""❏"等形，其体简略写真，象扫帚之形。金文中常用来表示男性之配偶，或用于表示商王配偶，如帚好、帚妌、帚妥等私名之中，常常作为图形文字的构件，用来宣示器主的所有权。可见商代甲骨文、金文中的"帚"字当与商代陶文存在字形上的关联，在甲骨文和金文中，"帚"字虽仍保留图形文字的用法，但已经主要作为专有名词来使用了。

(3)具备完全记语能力的"商代陶文"。这类商代陶文在甲骨文、金文中兼具图形文字、记名文字、普通名词和动词的用法,用途广泛,已经完全融入商代通行的记语文字体系之中,此类陶文如"中、土、目、臣、矢、鱼、天、止、田"等字。

"中"字出现在商前期和商后期陶文中,商前期者如吴城二期陶文的"中"字,商后期者如殷墟陶文"▨""▨"。殷墟陶文的两种"中"字,前者为繁写形式,后者为简写形式。在甲骨文和金文中,"中"字的繁写和简写形式均被沿用下来。繁写形式"▨"当源于氏族社会在部落居住区的中间位置竖立旗帜以聚众的习俗,至于简写形式的"▨"字,则应是对繁写形式的省变。① 甲骨文、金文的"中"既用作表示宫室名、人名、庙号名等记名文字的专有名词,如"丁巳卜,▨小臣剌…以勺于中室"(甲 624)、"丙子,小臣中"(前 4.27.6)、"己卯卜,翌庚辰▨于大庚至壬中丁一牢"(后下 40.11)又用作表示空间位置和时间次序、建立中间位置等含义的普通名词,如"中日至墉兮启"(甲 547)、"丁酉贞,王作三师右中左"(粹 597)、"己亥卜,夬贞,王勿立中"(粹 1218)。可见卜辞的"中"字,已经一身而兼记名文字的专有名词与普通名词两职。金文虽有许多用作图形文字的例子,如中戈、中父乙爵、中作宝鼎、中鼎、中觯等,同样也有用作表示空间和时间次序的"中庭""中厥"等普通名词的用法。商代陶文、甲骨文和金文的"中"字在字符来源方面一脉相承,但在字义和用法方面,则甲骨文、金文的"中"字已经完全融入记语的商代通行文字系统之中,其用法灵活,使用广泛,功能多样。

"土"字,在商前期吴城一期陶文中作"▨",在商后期马桥四层陶文中作"▨",两者形体近似,区别仅在于顶部的尖与圆。卜辞"土字"有较多的书写形式,如合 9738 作"▨",后下 38.3 作"▨",其顶部两侧皆有表示尘土的小点,且点数多少也有分别。发展至晚期,还有将一圆形轮廓减省为一竖画者,如合 36975"▨"等例。卜辞"土"字的书写形式虽然多样,但其基本轮廓仍保留商代陶文中尖头和圆头两种书写形式,这两种书写形式始终是卜辞"土"字字形的主要来源,如合 6057 正等例作"▨",顶部呈圆形,合 33272 等例则呈尖形"▨"。在甲骨文和金文中,"土"字作为方国名、族群名、神名、人名等记名文字的专有名词使用,例如"王从伐土方"(合 6087)、"贞,勿正土方"(合 6448)、"贞,寮于土(社)"(合 14395)、"于亳社御"(合 32675)、"王位于宜,入土(社),南向"(矢簋)、"吴王孙无土之胭鼎"(吴王孙无土鼎)又做"土地""疆土""国土"等普通名词使用。再如,"东土受年"(合 9335)、

---

① 唐兰:《殷虚文字记》,中华书局 1981 年,第 53-54 页。

"西土受年"（合 9741）、"北土受年"（合 9745）、"南土受年"（合 9738）、"粤我其遹省先王受名受疆土"（盂鼎）。在金文中，"土"字的形状尚有"▲""▲"两种，前者为一竖笔肥写，后者则在竖写肥笔中部还添加了一个圆点，这两种形状介于卜辞的圆笔和尖笔之间，当是卜辞"土"字的简省形式。金文中又有少量的图形文字"土"，或以"土"为框廓或构字部件的例子，如作父己觯、▲父癸爵、几父壶、戈▲盂等。这种情况充分说明，"土"字在金文和甲骨文中既主要作为方国名、族群名、神名等记名文字的专有名词使用，又保留有少量的图形文字的用法，同时还兼有普通名词的用法，已经完全融入记语的文字系统之中。

"矢"（镞）当为铜石并用时代的产物，其物虽源于石器时代，但作为常用兵器之一而大量制造，且形成一定规模，则不应早于铜器时代。"矢"字头部较大，尾部分岔，为该字基本造型。商后期陶文中的"矢"（镞）见于商王畿腹地内外各考古遗址。偃师商城发现的陶文"矢"字作"↓""↑"两形，若忽略其朝向，似皆为"矢"（镞）字。小双桥遗址发现的"▲"与偃师商城发现的后一符号相同。

商王畿之外，吴城遗址二至三期发现的陶文"矢"（镞）字有两种风格：其一是填实头部的箭镞形"▼""▼"，此为实用的铜制箭镞之象；其二是突出头部的铜制镞形"⋀""⋀"，亦是实用箭镞之形。两相比较，前一种箭镞形或为商王畿腹地内的"矢"（镞）形，其特点是强调实用和规范；后一种或为商王畿之外的"矢"（镞）之形，带有南方地域文化特色，具有较明显的装饰风格。甲骨卜辞和金文中的"矢"（镞）则兼两者之长，既保留了头部填实的写实风格，又吸收了南方装饰性风格。如"↑"（合 36481 正）、"↑"（合 23053）等例，金文"↑"（簋）、"↑"（盂鼎）等例。在卜辞中，"矢"（镞）字除了作为"箭矢"的普通名词外，又用为神祇名、地名和方国名等专有名词，如"丁巳卜，行贞，小丁岁罙矢岁饮"（文 336）、"循矢方"（续 5.9.3）、"矢伯获作父父癸彝"（矢伯卣）。在金文中，"矢"字同样可以独立作为图形文字，或作为图形文字中的构字部件，如↑盂、↑鼎、↑爵、▲甗、↑鼎等。

通过以上对商代"陶文数字"和商代"记名文字"的讨论可知，"商代陶文"已经是一个不宜轻易否认的系统性存在了。可以明确地说：商代陶文与甲骨文、金文在形体和符号构意方面基本上都是一脉相承的，它们应属于同一个通行的大文字体系，而且都是这个通行的文字系统的重要组成部分。如果我们承认"商代陶文"已经是一种较早出现的、成系统的文字，那就应该专门独立出来，与甲骨文、金文和将来可能会发现的商代竹简书等商代文字并列起来，作为汉字体系形成早期的活水源头来对待，并在汉字发展史研究中给予其相应的位置。

参考文献

[1] 高明:《论陶符兼谈汉字的起源》,《北京大学学报》(哲学社会科学版)1984年第6期,第52－56页。

[2] 黄德宽:《殷墟甲骨文之前的商代文字》,《汉字理论丛稿》,商务印书馆2006年,第4－31页。

[3] 河南省文物考古研究所:《郑州商城:1953—1985年考古发掘报告》,文物出版社2001年,第762－768页。

[4] 宋国定:《郑州小双桥遗址出土陶器上的朱书》,《文物》2003年第5期,第43－44页。

[5] 季云:《藁城台西商代遗址发现的陶器文字》,《文物》1974年第8期,第50－53页。

[6] 河北省文物管理处台西考古队:《河北藁城台西村商代遗址发掘报告》,《文物》1976年第6期,第38页。

[7] 唐兰:《关于江西吴城遗址与文字的初步探索》,《文物》1975年第7期,第72－76页。

[8] 江西省文物考古研究所、樟树市博物馆:《吴城:1973—2002年考古发掘报告》,科学出版社2005年,第375－378页。

[9] 李孝定:《陶文考释》,李济:《殷墟陶器研究·附录》,上海人民出版社2007年,第184－204页。

[10] 廖根深:《鹰潭角山商代记数符号的初步研究》,《百越民族研究》,江西教育出版社1990年,第349－351页。

[11] 刘钊主编:《新甲骨文编》(增订本),海峡出版发行集团、福建人民出版社2014年。

[12] 容庚编著,张振林、马国权摹补:《金文编》,中华书局1985年。

[13] 王心怡编:《商周图形文字编》,文物出版社2007年。

[14] 张世超等:《金文形义通解》,中文出版社1996年。

(黄亚平:中国海洋大学文学与新闻传播学院,266100,青岛)

上古时期汉字规范综述*

张 素 凤

提要 文字统一规范是思想文化统一的基础,因此历次改朝换代往往都会伴随着文字的统一和规范。先秦两汉阶段有迹可循的汉字规范有:黄帝统一各个部落后,史官苍颉对汉字的整理规范;周代以《史籀篇》为代表的汉字整理规范;秦代"书同文字";西汉以官吏选拔和考核等引导的汉字规范;东汉以石刻经文和《说文解字》为代表的汉字规范。其中秦代"书同文字",从字体角度说是失败的,从字构和字用规范角度说,是十分成功的。总的来说,汉字整理规范的历史就是人为规范和自然发生的"不规范"反复互动,促使汉字一次次走向新的发展阶段。

关键词 汉字 规范 统一 说文解字

汉字的职能是记录汉语,汉字规范就是对汉字与语词对应关系进行整理和规定,在一定范围内形成汉字使用的统一标准,以便准确有效地进行书面交流。显然,汉字规范是对字词关系研究成果的应用,体现了规范制定者对字词关系的认识。因此,汉字规范是字词关系研究史中不可或缺的重要方面。

汉字作为书面交流的工具,从它记录语言开始,就存在字词不对应问题。虽然造字依据是一个词的音义,但当它用来记录语言时,除了记录本词,往往还记录同音的他词或同源词,形成一字记录多词现象;反过来,不同的造字者可能为同一个词创造不同的字形,形成一词对应多字现象。由于字词不一一对应现象从汉字开始记录汉语就已产生,而且随着时间的推移,一字对多词和一词对多字现象会越来越严重,当这种现象发展到一定程度或发生重大社会变革时,汉字整理规范就会应运而生。不过因汉字整理规范的范围和力度有大有小,产生的影响也不尽相同。这里对上古时期的汉字整理规范,按照先秦、秦和汉代的历史顺序进行阐述。

---

* 本文是2019年国家社科基金重点项目"汉语字词关系研究史"(19AYY016)阶段性成果。

一 先秦汉字整理规范

秦以前的汉字规范,由于时代久远,文献中没有明确记载,只能从相关文献中去推阐。根据《吕氏春秋·君守》"苍颉作书",《韩非子·五蠹》"苍颉之作书,自环者谓之私,背私谓之公",《淮南子·本经训》"苍颉之作书,天雨粟,鬼夜哭"等,一般认为苍颉(或作"仓颉")是汉字的创造者。然而,汉字不可能是某一个人创造的。"就初期状况而言,应该是不同部落、不同地域的人各自零散创造的。"(李运富,2012:29)正如戴侗《六书故·六书通释》所言"六书不必圣人作也。五方之民,言语不同,名称不一,文字不通。圣人者作,命神瞽焉,协其名声;命史氏焉,同其文字——厘其烦慝、总其要归而已矣"。意思是说汉字是"五方之民"分别创造的,不同方国之间"文字不通";"圣人"出现之后,统一了各部落,命令史官"同其文字"。显然,这个"同其文字"的史官应该是能够统一各个部落的最强大部落的史官,苍颉正是最强大的黄帝部落的史官。因此我们推断,苍颉作为黄帝的史官,在黄帝统一各个部落后,对各个部落的汉字进行了整理规范,使汉字成为统一部落联盟的通用文字,扩大了汉字的使用范围。所以说,第一次大规模的汉字整理规范应该发生在黄帝统一华夏各个部落时期,而负责整理规范的正是作为黄帝史官的苍颉、沮诵等。

经过苍颉等史官对汉字的整理规范,华夏民族所用的文字得到统一。经过夏、商两代的传承和发展,汉字数量不断增加;从出土甲骨卜辞看,殷商时期汉字已经发展为成熟的汉字体系。不难理解,伴随夏朝建立和夏商更替,可能会有一定范围和规模的汉字整理规范,可惜没有文献记载,具体情况不得而知。目前文献记载与汉字规范有一定关系的是西周时期的《史籀篇》。根据《大戴礼记·朝事》"九岁属瞽、史,谕书名,听声音",意思是西周时期贵族子弟九岁时要跟乐师学音乐,跟史官学汉字。《汉书·艺文志》"《史籀篇》者,周时史官教学童书也,与孔氏壁中古文异体",明确说明《史籀篇》是周代史官教儿童识字、写字的教材,而且指出《史籀篇》的文字与战国时东方六国文字的代表"壁中书"不同。不难理解,《史籀篇》作为史官为贵族学童专门编写的识字教材,其中的字一定是经过整理规范的。可见,文献中虽然没有明确记载周代汉字规范情况,但从《史籀篇》这样的识字课本可以推断,周王室不仅重视汉字整理规范,而且编写教材,从儿童抓起,进行规范汉字教育。

二 秦代文字整理规范

关于秦代汉字整理规范,大家马上会想到"书同文字"。这里从发生背景、内容与措施、效果和影响三个方面对"书同文字"进行介绍。

(一)"书同文字"的背景

春秋之前,汉字主要被巫史和贵族垄断,使用范围较小,文字呈稳定渐变的趋势,字形变异总体上并不明显。春秋战国之交,旧的贵族阶级逐渐为新兴地主阶级所取代,文字开始扩散到民间,使用范围越来越广,使用文字的人越来越多,导致文字形体发生剧烈变化,俗体字迅速发展。同时,由于"诸侯力政,不统于王,恶礼乐之害己,而皆去其典籍。分为七国,田畴异亩,车涂异轨,律令异法,衣冠异制,言语异声,文字异形"(《说文解字·叙》),不同区域间文字发展极度不平衡。地处西方的秦国,因为地理阻隔,文化比较封闭,又加上与西周特殊的地理联系,较好地承袭了西周的文化传统,文字保持一种相对稳定状态。① 而关东六国文字则变化较大,不仅俗体、简体流行,同时也伴随着大量的繁化和异体现象,与传统写法大相径庭。不仅如此,"在正体和俗体的关系上,秦国文字跟东方各国文字也有不同的特点。东方各国俗体的字形跟传统的正体的差别往往很大,而且由于俗体使用得非常广泛,传统的正体已经被冲击得溃不成军了。秦国的俗体比较侧重于用方折、平直的笔法改造正体,其字形一般跟正体有明显的联系。……战国时代东方各国通行的文字,跟西周晚期和春秋时代的传统的正体相比,几乎已经面目全非。而在战国时代的秦国文字里,继承旧传统的正体却仍然保持着重要的地位"(裘锡圭,2003)。詹鄞鑫也指出:

> 汉字在春秋中后期开始依国别或地区而分化,至战国时代,秦与东方各国的文字分化大大加剧。秦系文字比较保守,与西周和春秋前期的正统文字相比,除了书写风格上逐渐趋于规整匀称以外,结构上的变化总体而言并不明显,而六国文字则几乎面目全非了。即使不考虑最终由秦统一中国并统一文字的事实,也可以认为,在汉字发展史上,秦系文字代表了汉字发展的主流,而六国文字代表了支流。至秦始皇统一中国,废除了六国文字,从而六国文字被历史淘汰,真正成为支流;而秦系文字上承商周古文,下启汉魏晋隶书乃至楷

---

① 这可由石鼓文的特点进行证明。石鼓文是春秋战国之间秦国的文字,字形与西周晚期金文十分相似,说明秦国文字发展比较缓慢,保持着稳定态势。

书,成为汉字发展史中的一个环节。这种历史的巧合,似乎也寓含着造化的神功。(詹鄞鑫,1991:101)

由此可见,秦统一天下后,用承袭商周文字的秦系文字为标准来"书同文字",保持了中国文字发展的主流,这种历史的"巧合"对于华夏主流文化的传承具有非凡的意义。

(二)"书同文字"的内容与措施

《史记·秦始皇本纪》记载,秦始皇统一中国后,为了适应中央集权政治的需要,有效巩固自己的胜利成果,采取了"一法度衡石丈尺,车同轨,书同文"措施,其中"书同文"就是对文字进行统一和规范。

1."书同文字"的内容

"书同文字"的具体情况许慎在《说文解字·叙》中有所阐述:"秦始皇帝初兼天下,丞相李斯乃奏同之。罢其不与秦文合者。斯作《仓颉篇》,中车府令赵高作《爰历篇》,太史令胡毋敬作《博学篇》。皆取史籀大篆,或颇省改,所谓小篆者也。"《汉书·艺文志》也有记载:"《仓颉》七章者,秦丞相李斯所作也;《爰历》六章者,车府令赵高所作也;《博学》七章者,太史令胡毋敬所作也。文字多取《史籀篇》。而篆体复颇异,所谓秦篆者也。"据此,再结合其他文献,秦"书同文字"的内容和方法可以概括为:

(1)以秦国固有文字为主要标准,废止"不与秦文合"的六国文字。

战国时期的文字异形,多数是异体字,而且数量并不太大。各国之间,大多数文字基本相同,书面交际也基本上能进行。秦始皇的"书同文字""罢其不与秦文合者",实际上是对原东方六国的异体字进行一次全面的整理,以使文字在新的形势下达到新的统一。(刘又辛、方有国,2000:213-214)

根据出土文献用字情况,秦在文字统一过程中,也采纳了部分六国文字。孙雍长等通过对"书同文字"前后文献文字情况比较,归纳出秦"书同文字"的具体内容:一是废除六国文字中"不与秦文合者"之类的异体字、俗体字;二是统一偏旁的写法;三是确定偏旁的位置;四是简省多余的偏旁;五是固定书写笔画。(孙雍长、李建国,2005)

(2)以小篆为标准字体。需要说明的是,由籀文"省改"而成的小篆,并非李斯等人的创造,而是如钱玄同所说"实则战国时秦文已如此。可见李斯诸人但取固有的省改之体来统一推行,并非(创)自他们也"①。也就是说,李斯等人的作用主要是在秦国已有小篆的基础上,参考大篆及六国古文,对文字进一步改进和整理规范。

---

① 钱玄同为卓定谋《章草考》所作序,见于裘锡圭:《文字学概要》,商务印书馆2003年。

（3）制定并颁布标准字体范本。为了树立用字规范标准，丞相李斯编写了《仓颉篇》，主要供庶人百姓日常使用；中车府令赵高编写了《爰历篇》，主要供狱吏文簿人员使用；太史令胡毋敬编写《博学篇》，主要供朝廷史官记载天时星历使用。这三部书成为当时由民间至官方全社会的用字规范，相当于当时"书同文字"的规范字表。

（4）具体规定个别字的用法或写法。里耶秦简8—461号木方提供了有关秦代"书同文字"最直接的史料。（陈侃理，2014）该木方采用"某如故，更某"句式具体说明了某些多义字的职能分散方法，例如：从"大"分出"太守"的"泰"，从"赏"分出负偿之义写作"偿"，从"吏"分出事务之义写作"事"，从"卿"分出乡里之义写作"乡（鄉）"，从"酉"分出酒食的"酒"，从"灋"分出"废官"的"废（廢）"，从"鼠"分出"予人"的"予"。这些记录大都在秦统一前后的简牍文字中得以印证。可见，分散"大""赏""吏""卿""酉""灋""鼠"等多义字的职能，确实属于"书同文字"内容，并且在秦代官方文书的实际使用中基本落实了。用以分职的"泰""事""乡（鄉）""酒""废（廢）"等字，在实际使用场合大都已经存在，可见，秦代"书同文字"主要是对既有字形和用法的规范和确认，而非创造新字。此外，木方对某些字的写法有特别规定，如"故皇今更如此皇"，意思是将"皇"废除，而统一改写为"皇"。①

2．"书同文字"的措施

（1）统一前"渐进式"。

从出土文献看，"书同文字"实际上早在战国末期的兼并战争过程中就在悄悄进行，如青川木牍作于秦灭蜀之后、统一六国之前，其文字风格明显与秦灭蜀之前不同；同样，云梦睡虎地秦简写于秦统一六国之前，其文字主体风格已是秦隶特点。这说明秦在征服一个地区之后，马上推行秦的制度文化，当然也包括推广秦文字，只不过当时还没有把它作为一项文化政策提出来，有措施、有组织地来实施而已。

（2）统一后"法令式"。

统一六国后，秦王朝认识到"书同文字"对加强中央集权统治的巨大作用，于是利用行政权力以法令形式反复强力推行"书同文字"。据《史记·秦始皇本纪》记载，在二十六年初并天下时，通过法令来"一法度衡石丈尺，车同轨，书同文字"；两年后又在琅邪刻石刻上"维二十八年，皇帝作始。端平法度，万物之纪。……器械一量，同书文字"。另据《李斯列传》："始皇三十四年……明法度，定律令，皆以始皇起；同文书，治离宫别馆，周偏天下。"可见，秦王朝在统一六国后，多次以法令强力推行"书同文字"。

---

① 许慎《说文解字》却以"皇"为正字，可见秦以后的情况还比较复杂。

（3）利用刻石"垂范式"。

统一六国后，秦王朝不仅运用行政权力多次以法令形式强力推行"书同文字"，而且在秦始皇出巡时，所到之处刻石纪功所用文字都是标准的小篆字形。显然，这种垂范作用对推广汉字规范有较强的助力。据《史记·秦始皇本纪》记载，秦皇五次出巡，共留下峄山刻石、泰山刻石、琅邪台刻石、之罘刻石、东观刻石、碣石刻石和会稽刻石等七处刻石，刻石上的字都是出于李斯之手的小篆字体。后来，秦二世继位，亦曾出巡刻石。这些刻石文字也如同规范字表，为人们临摹、传写提供了样板，为长期地、大规模地宣传"书同文字"起到了表率作用，促进了该法令政策的贯彻落实。

（三）"书同文"效果和影响

1. 字体角度——以小篆为标准失败

"书同文字"是秦王朝为加强中央集权统治而采取的措施，是统治者认识到文字在实现意识形态大一统方面的作用后，利用国家机器强力推行的举措。然而从文字使用的实际情况看，秦王朝的"书同文字"政策实施得并不彻底，主要表现在，规范的小篆字形并未在民间得到普及，其应用范围主要限于官方正式场合。原因可概括为以下三点：第一，小篆字形笔画圆转规整，书写速度慢，不适应当时繁忙的事务需要；第二，早在战国末期，社会上已产生一种书写便捷的新兴字体——古隶，这种字体更符合文字书写的规律，对小篆的推广造成干扰和冲击；第三，秦王朝立国时间短暂，短短的15年之中，在政治、经济、文化各个领域全面实现中央集权，绝非易事，尤其是文字的规范统一要具有广泛、深刻的社会基础，决不是一纸政令、几篇规范字表能彻底解决的问题。因此，秦王朝虽然对"书同文字"反复强力推行，并利用巡游刻石垂范来促进，影响所及的范围也是极其有限的。

可见，文字规范光靠行政命令是不行的，必须要符合汉字本身的发展规律，更要有广泛的社会基础。因为：

> 文字的变异总是按照自身的演进规律而发展变化。一般来说，这种发展变化都要经历一段较长的渐变过程。殷代文字演变为西周文字，西周文字演变为春秋文字，春秋文字演变为战国文字，都有其历史、地域、人为诸方面的复杂因素。很难设想，一种古文字在某天早晨会变成另一种古文字。秦始皇统一六国之后，采取中央集权的威力，罢黜六国古文，推行秦文字，是一场雷厉风行的文字革命，堪称文字学史上仅见的文字"突变"。（何琳仪，2003：1）

由于小篆在民间没有群众基础，所以，尽管秦王朝以强有力的行政权力推行以小篆为标准的"书同文字"，多措并举，结果小篆却没能真正推广普及。这个事实说明，文字整理规范首先要适应社会需要和文字自身规律,在此基础上用行政力量进行有意识、人为的统一规范,才能真正推广开来。

2. 结构角度——秦隶得到规范

秦王朝用小篆为标准进行"书同文字"虽然不成功,但其同时承认秦隶的合法性,表现出对汉字使用约定俗成的一种尊重和对汉字发展规律的一种认同,则是值得肯定的。秦隶在战国末期已经萌芽并发展,其字体摆脱象形特点的束缚,更便于书写,符合人们趋简的心理。秦王朝于是顺应形势,允许秦隶在民间使用。《汉书·艺文志》"是时造隶书矣,起于官狱多事苟趋省易,施之于徒隶也"。《说文解字·叙》"是时秦烧灭经书,涤除旧典,大发隶卒,兴役戍。官狱职务繁,初有隶书,以趋约易"。

> 下士人程邈为衙御史,得罪始皇,幽系云阳十年,从狱中作大篆,少者增益,多者损减,方者使圆,圆者使方,奏之始皇。始皇善之,出以为御史,使定书。或曰,邈所定乃隶字也。(《晋书·卫恒传》)

这些文献记载与事实并不完全相符,但有一点是肯定的,即秦代隶书已经在民间通行,说秦代"由于官狱多事,才建隶书,这是倒果为因,实际是民间已通行的书体,官狱事繁,就不得不采用罢了"(唐兰,2005)。因为"从考古发现的秦系文字资料来看,战国晚期是隶书形成的时期"(裘锡圭,2003)。不难理解,程邈对隶书的贡献主要是整理和规范,而不是创造隶书。

对于隶书,秦王朝没有着力推行,但在民间却流行开来,逼着秦王朝承认其合理性。

> 这是社会发展的力量比帝王强,民间所流行的书法逼得上层统治者不得不屈尊就教。是草篆的冲击力把正规的篆书冲下了舞台,而形成为隶书的时代,秦始皇的杰出处就是他顺应了历史潮流,他跟着时代的进步而一同进步了。(郭沫若,1972)

这个事实再次说明,文字整理规范工作,一定要了解群众实际,适应社会需要,遵从文字自身规律。

秦王朝以小篆为标准字体进行的"书同文字",从字体角度说是失败的,小篆终究被隶书取代;从汉字结构角度说,则是成功的。秦统一前:

> 秦、楚文字之间的这些差异,如果除去因文字书写风格不同造成的差异,仅就文字构成本身的差异来看,与文字的总体相比,所占的比例,在20%左右。我们把楚文字与秦文字、《说文》以及后世的字书进行了对比,据不完全的统计,被"书同文"罢掉的楚文字大约占21.5%。(张传旭,2010)

由于东方六国大多俗字、异体字都被"书同文字"给废止了，那些被作为标准的小篆字形，虽然字体没能在民间得以沿承，但其结构却成为隶书的主要依据和参照，所以，"书同文字"对于隶书结构的规范统一产生了巨大影响，取得了巨大成功。通过马王堆帛书等汉初楚地文字与以长沙子弹库楚帛书为代表的战国楚文字相比较，也可以看到秦始皇"书同文字"对汉字规范的显著影响；西汉时南北文字的高度一致，也是秦始皇"书同文字"历史功绩的见证。

三　汉代文字整理规范

汉代文字整理规范分为西汉和东汉两个阶段。

（一）西汉文字规范

隶书在秦代只是得到官方默许的辅助字体，主要用于处理日常事务，而不能登"大雅之堂"。由于它具有形体简易、便于书写的特点，越来越受欢迎，到了汉代，便取代小篆成了主要字体。

作为一个新建立的中央集权王朝，西汉朝廷没有像秦王朝那样以行政权力强力推行"书同文字"，而是用相关政策引导人们注意用字、写字的规范。其采取的有效措施主要包括：

首先，把用字、写字规范作为选拔、考察官吏的重要条件。《汉书·艺文志》记载：

> 汉兴，萧何草律，亦著其法，曰太史试学童，能讽书九千字以上，乃得为吏；又以六体试之，课最者以为尚书御史、史书令史。吏民上书，字或不正，辄举劾。六体者，古文、奇字、篆书、隶书、缪篆、虫书，皆所以通知古今文字，摹印章，书幡信也。（《汉书·艺文志》）

《说文解字·叙》："太史试学童，能讽九千字以上者，乃得为吏，吏民上书，字或不正，辄举劾之。"出土的张家山汉简《史律》"试史学童以十五篇，能风书五千字以上，乃得为史。有以八体试之，郡移其八体课太史。太史诵课，取最一人以为县令……"（朱红林，2005）这些文献记载说明，西汉初期中央朝廷将用字的规范作为选拔、考察官吏的重要标准，要求官吏不但能正确书写规范汉字，而且要能博通古今文字。"书或不正，辄举劾之"，可以说是一项有关用字规范非常严厉的政策。显然，这一政策虽然看似与老百姓日常用字关系不大，对于读书人却有很强的制约作用，因而对整个社会用字规范产生引导作用。

其次，编纂规范字书，注重儿童文字规范教育。西汉初年，为文字问题曾召开两次较大规模的学术会议(孙均锡,1991):第一次在汉宣帝时,主要解决《苍颉篇》中古字"正读"问题,即通过对汉字形音义进行规范,为正确使用汉字提供依据;第二次在汉平帝元始年间,这次会议让百余名"通小学"的学者将各自所记识的汉字都书写下来,然后由扬雄"取其有用者"编写成《训纂篇》一书。《训纂篇》实际上就是由朝廷组织编写的、汉代社会用字的新"规范字表"(孙雍长、李建国,2005)。在70多年时间内,先后两次由中央朝廷出面召集大批学者专门研讨汉字规范问题,充分体现了西汉王朝对文字规范的高度重视。除了《训纂篇》,西汉时期编写的字书还有司马相如《凡将篇》,史游《急就篇》,李长《元尚篇》等,这些字书不仅是汉字规范的标准,也是儿童识字用书。

可见,西汉时期汉字规范有以下特点:抓住关键,在官吏选拔和考核中严格汉字规范标准,巧妙引导社会用字规范;从儿童抓起,放眼未来,将汉字规范作为一项长期的工作;尊重汉字规律,发挥学者在汉字规范中的作用。总之,与秦相比,西汉王朝汉字规范政策相对柔性,主要涉及官吏和学童,对普通民众没有造成明显影响,这种以四两拨千斤的方法对社会大众用字规范的的影响是潜在的、慢性的,因此文献中对此没有大书特书。

(二)东汉文字规范

东汉时期开始有学者自觉对汉字进行整理规范,因此这个时期的汉字规范分为官方的汉字规范和学者汉字整理规范。

1. 官方的汉字规范

两汉之际,社会动荡不安,统治者无暇顾及社会用字规范问题,于是"虽有尉律不课,小学不修"(《说文解字·叙》),俗字泛滥起来。东汉初,伏波将军马援注意到自己官印上"伏"字写法有差异,他上书说:"符印所以为信也,所宜齐同。"(范晔,1965:839)《后汉书·马援列传》李贤注引《东观汉记》提到,当时城皋县衙的印章中,同一"皋"有三种写法:"城皋令印,'皋'字为'白'下'羊';丞印,'四'下'羊';尉印,'白'下'人','人'下'羊'"。马援感叹:"即一县长吏,印文不同,恐天下不正者多。"于是上奏光武帝"正郡国印章",即对印章用字加强规范。由此可知,当时文字书写非常混乱,以至官印上的同一字写法都不同。面对汉字使用的混乱状态,东汉统治者采取了一些正字措施。主要有:

第一,编纂规范字书。东汉时期继承了西汉时期著名学者编写字书的传统,这个时期编纂的字书有班固《续训篇》、贾鲂《滂喜篇》、蔡邕《圣皇篇》等,这些汉字规范字书也是儿童识字用书。

第二，大规模镌刻石经。东汉时期文字规范的另一举措是进行大规模石刻。由于当时经籍主要依靠手抄笔录，辗转相传，难免讹误，贻误后学。为纠正文字谬误，蔡邕于汉灵帝熹平四年（公元175年）"奏求正定《六经》文字。灵帝许之，邕乃自书于碑，使工镌刻立于太学门外"（《后汉书·蔡邕传》）。这就是后世所称"熹平石经"。该石经包括石碑46块，全部碑文约20万字，历时九年完成，内容包括《易》《书》《诗》《礼》《公羊》《论语》六经和《后记》。虽然这次刻石的目的是为经书正字，并不是纯粹意义上的汉字规范；但其影响极大，"及碑始立，其观视及摹写者，车乘日千余两，填塞街陌"。当时读书人都以石经作为学习范本和依据，石经不仅对儒家经典版本具有统一规范作用，也提高了全社会语言文字的规范意识，因此客观上起到了汉字规范作用。

事实证明，东汉统治者虽然采取了一些正字措施，但未能遏止俗字泛滥的势头。这一方面由于文字自身发展正处于古今字转折时期，不同字体的过渡使汉字呈现不稳定状态；另一方面，由于当时社会处于"衰世"，朝廷行政权力大打折扣，政令得不到有效的贯彻执行。可见，汉字规范政策的推行实施，必须有强有力的行政权力做保证。

2. 学者对汉字规范的贡献

在官方汉字规范不能明显奏效的情况下，一些学者开始自觉进行汉字整理规范。成绩最为卓著，对后世影响最大的就是许慎《说文解字》。

(1) 历史背景。

西汉末年，古文经的发现，导致今古文之争。古文经学者解经说字，言必有据，严重威胁、动摇了今文经学的地位，受到今文经学者的猛烈攻击。他们批评古文经学者"诡更正文，向壁虚造不可知之书，变乱常行以耀于世"，并依据当时通行的隶书说解字形，出现像"马头人为长""人持十为斗""虫者，屈中也"等谬说误解。古今文学派为争夺学术正宗地位展开的激烈斗争，使经学研究更趋混乱，文字也混乱不清，不利于文字的规范和人们的交流，也不利于思想统一和社会安定。于是东汉章帝于建初四年（公元79年）亲自组织召开由古今文经学代表人物参加的白虎观会议，评议五经同异，会议的结果由古文经学家班固整理成《白虎通义》。《白虎通义》杂糅古今文经学和谶纬学，对此后经学发展产生一定影响。

古今文经之争加深了人们对汉字功用的认识。许慎《说文解字·叙》"盖文字者，经艺之本，王政之始，前人所以垂后，后人所以识古。故曰：本立而道生，知天下之至赜而不可乱也"，深刻概括了汉字功用。文字是儒家经典的载体，它的形音义的说解如果不统一，正确解释经义就无从谈起。因此，由文字学入手研究经学，以达明经致用的目的,在当时无疑是正确的途径。正是出于对文字功用的深刻认识,被称作"五经无双"的许慎倾其心力创作了《说文解字》。

(2)《说文解字》汉字规范内容及影响。

从文字学的角度来说,《说文解字》是第一次自觉对汉字形体进行整理,有助于汉字的规范和统一,对人们随意解说汉字形体起到了遏止作用。《说文解字》在汉字规范方面的内容主要包括以下几个方面。

第一,部首编排法有助于人们掌握汉字规律,规范使用汉字。《说文解字》以小篆为字头,将9353个字头分入540部,以部首为统领,揭示汉字总体构形规律,有助于人们以简驭繁掌握汉字,正确使用汉字。

第二,字形说解有助于人们理解形义关系,正确使用汉字。《说文解字》不仅给出标准字样,还对每个字的义、形、音进行解释,说明字形与音义之间的联系,帮助人们系统地认识汉字,有效掌握汉字,规范使用汉字。

第三,确立标准字形,恰当处理正体与异体的关系。许慎选择9353个字形为标准字形,对其形、音、义进行说解,各类重文以或体、俗字、籀文、古文、奇字等形式列在后边,共收重文1163个。这种处理方式,既有效保存了文字资料,又突出强调了标准字形,有效遏止各类异体的漫延流行,有助于文字使用的规范统一。

第四,博采众长,包容诸家。《说文解字》的取材以古文经学为主,兼收今文、谶纬、九流百家;收词以书面语词为主,兼揽方言俗语;释义以本义为主,兼列别义歧解;形体以小篆为正,兼备重文异体;读音以本音为主,兼具异音变读;说解以己见为主,兼采前代和并世学者之说。(史鉴,1995)《说文解字》不局限于一家之说,有利于广泛的接受和传播,有益于在汉字规范方面发挥更为广泛的作用。

总之,《说文解字》"隐括有条例,剖析穷根源,……若不信其说,则冥冥不知一点一画有何意焉"(《颜氏家训·书证》),由于它系统地而非零散地、科学地而非臆度地整理和规范汉字,引导人们实事求是地认识汉字,理解汉字,所以对文字规范具有权威性。自从《说文解字》成书后,文字的运用及其发展变化就纳入了规范化轨道,所有文字形体结构都以《说文解字》为准绳。因此,可以说它是一部科学系统的汉字规范字典。

汉安帝十五年,许慎之子许冲将《说文解字》献给朝廷,被朝廷接受并颁布推行。《说文解字》作为一部汉字规范工具书,由于得到官方支持而发挥更大作用,对当时"诸生竞说字解经谊"的风气自然起到一定的遏止作用。毫无疑问,《说文解字》对汉字规范的影响力无论于当时还是于后世,都是巨大的。

四　结　语

　　"书同文字"是思想文化统一的前提,是巩固政治统治的有效措施。因为"在造成政治统一和文化统一的一切文化力量中,文字的一致性(与方言的多样性正好形成对比)几乎肯定是最有影响的因素"(崔瑞德、鲁惟一,1992:73)。因此,每当改朝换代或疆域变化,都会伴随着文字的统一和规范。先秦两汉阶段有迹可循的汉字整理规范有:黄帝统一各个部落后,史官苍颉对汉字的整理规范;周代以《史籀篇》为代表成果的汉字整理规范;秦始皇"书同文字";西汉以官吏选拔和考核等引导的汉字规范;东汉以石刻经文和《说文解字》为代表的汉字规范。

　　一般认为,秦王朝以小篆为标准字体的"书同文字"是不成功的。的确,从字体角度看,小篆被隶书取代成为官方使用字体,但是如果不考虑书写形式,而从汉字结构来考虑,秦王朝强有力的"书同文字"政策对于汉字的统一规范还是有影响的。根据龙仕平统计,"《睡简》1630个(含无法用'六书'来分类的20个单字数)单字,通过与《说文解字》所收字字形比较,二者在形体结构上完全不合的有375字,占总字数的23.00%;二者在形体结构上略异的有410字,占总字数的25.13%。也就是说二者形体结构不合的共占48.15%,二者形体结构相合的占51.85%"(龙仕平,2010)。这个数字说明,从战国时期的《睡简》到东汉时期的《说文解字》,结构一致的字有51.85%,说明《说文解字》小篆与战国秦简具有一定的传承性,属于同一个文字系统;48.15%的结构不合,尤其是《睡简》中异构字繁多,同一个字偏旁往往有不同的写法,说明从战国到《说文解字》时代,近一半的汉字结构有所变化。张捷认为"但这从另一个方面来讲恰是《说文》小篆所体现的规范"。(张捷,2012:37)我们认为,不能把这将近一半的汉字结构变化完全归因于《说文解字》的规范作用,《说文解字》应该是秦"书同文字"和西汉、东汉的汉字规范成果的集大成者,它在继承前人汉字规范成果的基础上,进一步对汉字进行整理和规范。它最大的贡献是通过部首归类法和字形说解,使汉字规范具有理据性和权威性,对后世汉字规范产生更为深远的影响,成为后世汉字规范的一个重要参照和标准。

　　我们也应该看到,"书同文字"是一个反复的过程,经过统一规范的文字,以后还可能出现不规范现象,如秦代官方文书中已经区别使用的"卿""鄉",到汉代又出现了较为普遍的混同现象。汉字整理规范的历史就是人为规范和自然发生的"不规范"反复互动,促使汉字一次次走向新发展的阶段。

参考文献

[1]〔英〕崔瑞德、鲁惟一:《剑桥中国秦汉史》,中国社会科学出版社 1992 年。
[2]陈侃理:《里耶秦方与"书同文字"》,《文物》2014 年第 9 期。
[3]郭沫若:《古代文字之辩证的发展》,《考古学报》1972 年第 3 期。
[4]何琳仪:《战国文字通论》(订补本),江苏教育出版社 2003 年。
[5]李运富:《汉字学新论》,北京师范大学出版社 2012 年。
[6]刘又辛、方有国:《汉字发展史纲要》,中国大百科全书出版社 2000 年。
[7]龙仕平:《〈睡虎地秦墓竹简〉文字研究——以〈说文解字〉为主要参照系》,西南大学博士学位论文 2010 年。
[8]裘锡圭:《文字学概要》,商务印书馆 2003 年。
[9]史鉴:《〈说文解字〉与汉字规范》,《语文建设》1995 年第 8 期。
[10]孙钧锡:《中国汉字学史》,学苑出版社 1991 年。
[11]孙雍长、李建国:《秦汉时期的汉字规范》,《广州大学学报》2005 年第 6 期。
[12]唐兰:《中国文字学》,上海古籍出版社 2005 年。
[13]詹鄞鑫:《汉字说略》,辽宁教育出版社 1991 年。
[14]张传旭:《从秦楚文字的对比研究反观"书同文"政策之实施》,《求索》2010 年第 12 期。
[15]张捷:《从〈说文解字〉看汉字规范》,广州大学硕士学位论文 2012 年。
[16]朱红林:《张家山汉简〈二年律令〉集释》,社会科学文献出版社 2005 年。
[17][南朝]范晔:《后汉书·马援列传》,中华书局 1965 年。

(张素凤:汉字文明传承传播与教育研究中心,450001,郑州)

《鸟虫书通考》补遗

曹 锦 炎

提要 文章对近年新见的六宗鸟虫书铭文资料加以考释介绍,作为《鸟虫书通考》的补遗。四件为越王剑、铍,一件为蔡侯戈,一件为郲公铍。郲国兵器为出土文物首见。郲公铍用"棘"自名,为文献中一般训为戟或矛的"棘"提供了新的解释。

关键词 《鸟虫书通考》 越国青铜器 补遗

拙作《鸟虫书通考》(增订版)于 2014 年出版后,①陆续又收集到公私所藏近二十宗鸟虫书铭文资料,主要有兵器和乐器等,以越国铜器为主。除了目见实物外,也包括拓片或照片,皆未曾著录。现将笔者已有专文论述之外,②拣其重要者,以做介绍,用为补遗,体例一仍其旧。

一 句践剑

铭文:戉(越)王戉(越)王
　　　之子欨戈。

近年新发现,出土时间、地点不详,绍兴市博物馆拟征集文物。

铭文在剑格,正面四字,其中重文两字;背面四字(图 1),其中"欨"字下赘增"口"旁,③"之""子"字构形皆附增鸟形。此剑与黄濬旧藏、1945 年入藏美国哈佛大学赛克拉美术馆(旧称福格美术博物馆)的"越王之子句践剑"(《集成》④11595;《通考》图 45)

---

① 曹锦炎:《鸟虫书通考》(增订本),上海辞书出版社 2014 年。以下简称《通考》。
② 曹锦炎、李则斌:《江苏盱眙西汉江都王墓出土越国鸟虫书镎于研究》,《文物》2016 年第 11 期;《新见鸟虫书句鑃铭文考释——徐人入浙的新证据》,《中国文字》2020 年夏季号;《论临汾新发现的鸟虫书铭吴王剑》,《中原文物》2021 年第 2 期。
③ 若分析此字构形为从"欠"从"台"声,亦可。
④ 中国社会科学院考古研究所编:《殷周金文集成》(修订增补本),中华书局 2007 年。以下简称《集成》。

形制相同，文字与书体风格两剑完全一致，颇疑为同范所铸。

图 1

另外，传出土于安徽寿县，最早著录于陈仁涛《金匮论古初集》（4·1）、黄濬旧藏的另一件"越王之子句践剑"（《集成》11594；《通考》图 44），铭文也在剑格，虽与上剑同文，但作阳文，"欪""戈"字构形下皆赘饰"口"旁，书体风格亦迥异。

"欪戈"，人名，即句践，越王允常之子，后继位为越王。1965 年于湖北江陵望山一号楚墓出土、现藏湖北省博物馆的越王句践剑（《集成》11621；《通考》图 46），越王名字作"欪浅"，清华大学藏战国竹简《系年》第二十章作"句戈"①，典籍皆作"句践"，皆为同音通假字。

越国自允常始称王，《史记·越王句践世家》张守节《正义》引《舆地志》："越侯传国三十余叶，历殷至周敬王时，有越侯夫谭，子曰允常，拓土始大，称王。"《史记·越王句践世家》："允常卒，子句践立，是为越王。"

陈梦家先生在《蔡器三记》中曾提及赛克拉美术馆藏剑，称"句践之子剑"②，今从张振林先生说，改称为"越王之子句践剑"③。此剑做于允常为越王时，句践尚未即位，故称"越王之子"，剑铭用以表明器主的贵族身份，这是春秋时青铜器铭文的一个重要特点，同时也证明了允常称王的史实。

二　越王者旨於赐铍

铭文：戉（越）王戉（越）王

　　　者（诸）旨（稽）於赐。

2018 年绍兴市博物馆征集入藏，出土时间、地点不详。铭文在铍格正、背两面，共八字，其中重文两字（图 2）。

---

① 李学勤主编：《清华大学藏战国竹简》（二），中西书局 2011 年。
② 陈梦家：《蔡器三记》，《考古》1963 年第 7 期。
③ 张振林：《关于两件吴越宝剑铭文的释读问题》，《中国语文研究》1985 年第 7 期。

图 2

"者旨於賜"即"诸稽於赐",也就是句践之子鼫与,经各家考证,已成定论。《史记·越王句践世家》:"句践卒,子王鼫与立。"《索隐》引《竹书纪年》:"于粤子句践卒,是为菼执。次鹿郢立,六年卒。"而《吴越春秋》则谓"兴夷即位一年卒",当以《竹书纪年》为是。者旨於赐在位共6年(公元前464—前459年)。

《通考》著录的越王者旨於赐剑有十九柄(《通考》图47-65),2017年北京某藏家又从日本购回一柄,其剑身满饰菱形花纹,呈银色亮斑,系20世纪30年代流入海外,原为日本国九州大分市中尾家旧藏,①加之合计已多达二十柄,但者旨於赐铍尚是首见。此铍形制颇似剑,但以其植柄方式实为铍。《说文解字》:"铍,大针也。一曰剑如刀装者。"铍是"剑如刀装者",故其形制似剑。

三　越王者旨剑

铭文:戉(越)王者(诸)旨(稽),

　　自乍(作)用鐱(剑)。

此剑出土时间、地点不详,现为天津某氏所藏。铭文两行八字,分布在剑身中脊两侧,少数字作简化的鸟虫书体(图3)。

铭文"戉"字作"邟",赘增"邑"旁,也见于江陵望山一号楚墓出土的越王句践剑(《集成》11621;《通考》图46)。春秋战国时地名、国名、姓氏用字,往往赘增"邑"旁。越国国名,典籍作"越",青铜器铭文大都作"戉",或作"邟",乃是以为国名的专用字。

按1992年香港中文大学文物馆购藏的一件鸟虫书越王铜矛(《通考》图74),铭文在矛身中脊两侧,两行八字:

　　戉(越)王者(诸)旨(稽),

　　自乍(作)用矛。

---

① 曹锦炎:《记新发现的越王者旨於赐剑》,《收藏家》2018年第1期。

越王之名亦作"者旨"。游学华先生在介绍此矛时指出,"矛铭'者旨'应系'者旨於赐'的省称"①。我曾经指出,"者旨"即"诸稽",为越王姓氏,"於赐"是名②。现在新发现的这件剑铭和矛铭相同,皆作"越王者(诸)旨(稽)",即只称氏而省略了名,证实了我的看法。

从目前已发现的越王兵器而言,此剑及香港中文大学文物馆藏矛的器主,当为越王者(诸)旨(稽)於赐的可能性最大。越王诸稽於赐兵器传世不少,但单以"越王者旨"铭器者,旧仅见香港中文大学藏铜矛,剑唯此独见,弥足珍贵。

附带指出,有学者将香港中文大学文物馆藏铜矛铭文的"者旨"改释为"者旨",认为"旨"读为"咎","者咎"即"诸咎",为越王翳太子,于越王翳三十六年七月弑君自立,同年十月被杀。③ 这是不谙鸟虫书文字构形规律所致。其实此铜矛的"旨"字上部所饰的鸟首已简化,成弯曲交叉形,这在其他鸟虫书文字构形中也能见到。新发现的这柄越王者旨剑的"旨"字上部不增饰简化鸟形,便是很好的证明。可见其确非"旨"字,不必改释。

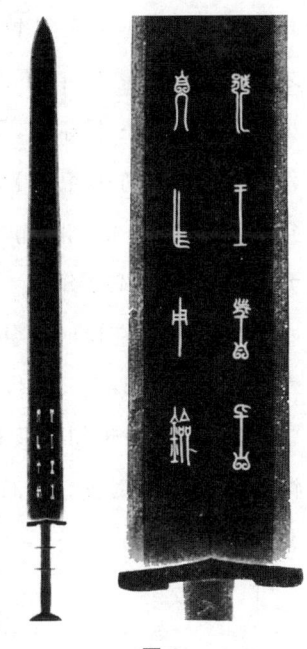

图 3

四　越王州句剑

铭文:戉(越)王州句,戉(越)王州句,

　　自乍(作)用金(剑)。自乍(作)用金(剑)。

图 4

此剑出土时间、地点不详,现为杭州某氏所藏。铭文在剑格正、背两面,共十六字,其中重文八字(图 4)。

---

① 游学华:《记中文大学藏越王者旨於赐矛》,《香港大公报》1992 年 6 月 12 日。
② 曹锦炎:《越王姓氏新考》,《中华文史论丛》1983 年第 3 期。
③ 董珊:《吴越题铭研究》,科学出版社 2014 年,第 65 页。

"州句",越王名,《竹书纪年》作"朱句",句践曾孙、者旨於賜(鼫与)之孙,不寿之子。《竹书纪年》:"不寿立十年见杀,是为盲姑,次朱句立。"而《史记·越王句践世家》则作:"王不寿卒,子王翁立。王翁卒,子王翳立。"《越绝书》和《吴越春秋》亦作"翁"。据《竹书纪年》,"翳"为朱句子,可知朱(州)句之名或作"翁"。《竹书纪年》记载,越王朱(州)句三十四年灭滕,三十五年灭郯,功绩显赫,三十七年卒(公元前448—前412年)。

越王州句在位时间甚长,因此考古发现和传世州句剑甚多,《通考》著录共计二十六柄(《通考》图77-102,不包括其未即位前所作)。但剑格铭文除一柄外,正面皆作"戉(越)王州句州句",只有1977年于湖南益阳赫山庙42号墓出土、现藏湖南省博物馆的州句剑(《集成》11631,《通考》图99)正面"戉王"二字亦为重文,与这柄州句剑铭文相同。

五　蔡侯申戈

铭文:蔡侯𠨮(申)
　　　之用戈

出土时间、地点不详,现为绍兴某氏所藏。铭文六字,援部、胡部各三字(图5),错金。

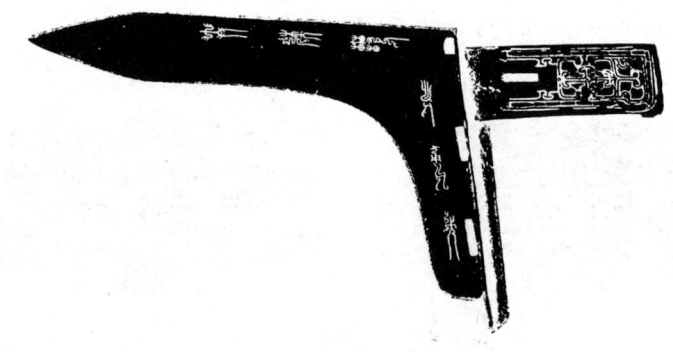

图 5

器主蔡侯𠨮之名,曾屡见于1955年安徽寿县蔡侯墓出土的铜器铭文上。由于蔡国是在公元前493年楚昭王伐蔡时,因吴国的解救为避楚而迁往州来(今寿县),后又在公元前447年被楚灭掉,所以这个蔡侯是谁,学术界曾有六种不同说法。于省吾先生详加考察了"𠨮"(或作"𠨮")字的演变情况后指出:"蔡昭侯本名𠨮,典籍作'申'系借用字。"①1978年湖北随县曾侯乙墓出土的编钟乐律铭文,有国名写作"𢆉"(或作"𢆇"),裘锡圭、李家浩先生认为,"𢆉""𢆇"是"𤕫"的省体,即西周金文中屡见的"𤕫"字的变体;根据近年河南洛阳出土的𤕫伯谚壶、南阳出土的𤕫公彭宇瑚和南𤕫伯太宰禹父簋来看,这三件铜器铭文中的"𤕫"字并当读为"申息"之"申",所以曾侯乙编钟铭文中的"𢆉"或"𢆇"也应读为"申"②。从而进一步确认了蔡侯𤕫即蔡侯申,也就是蔡昭侯,即始迁州来之蔡侯。

据《史记·管蔡世家》记载,蔡昭侯为悼侯弟、灵侯孙。昭侯十年朝楚时,因未献美裘给楚相子常而被扣留三年。归国后怨楚,曾请晋国伐楚,后使其子为质于吴,以共伐楚,协助吴国破楚入郢。昭侯二十六年,"楚昭王伐蔡,蔡恐,告急于吴。吴为蔡远,约迁以自近,易以相救,蔡侯私许,不与大夫计。吴人来救蔡,因迁蔡于州来"。昭侯二十八年,"昭侯将朝于吴,大夫恐其复迁,乃令贼利弑昭侯"。在位共28年(公元前518—前491年)。

已见著录的蔡侯申戈共有四件,其中两件铭文为鸟虫书。一件1980年出土于安徽霍山南岳乡春秋晚期墓葬中,③现藏霍山县文化馆文物组(《集成》11142;《通考》图254)。另一件见张光裕(2004)著录(《通考》图255),出土时间、地点及收藏情况不详。④ 包括本戈,三件鸟虫书蔡侯申戈铭文皆错金,凸显奢华,鸟虫书构形则略有差异。

六　郯公铍

铭文:郯公埮(坎)母
　　　自乍(作)用棘(棘)。

郯国兵器为出土文物首见。此铍出土时间、地点不详,现为杭州某氏所藏。铭文两行八字,分铸于铍身中脊两侧(图6)。

"郯"为先秦时期位于山东地区之小国,《春秋·宣公四年》:"四年春,王正月,公及齐侯平莒及郯。"杜预注:"莒、郯二国相怨,故公与齐侯共平之。"杨伯峻注:"郯音谈,国名,据昭十七年《传》,为少暤之后,则为己姓;然《史记·秦本纪赞》云:'秦之先为嬴姓,其后分封,以国为姓,有徐氏、郯氏。'则郯似又出于伯益。……郯国故城当在

---

① 于省吾:《寿县蔡侯墓铜器考释》,《古文字研究》(第一辑),中华书局1979年。
② 湖北省博物馆:《曾侯乙墓》(附录二:曾侯乙墓钟磬铭文释文与考释),文物出版社1989年。
③ 王步毅:《安徽霍山县出土吴蔡兵器和车马器》,《文物》1986年第3期。
④ 张光裕:《雪斋学术论文二集》,艺文印书馆2004年,第86页,编号18。

图 6

今山东省郯城县西南二十里。"①《春秋·襄公七年》:"春,郯子来朝。"经、传文皆称郯之国君为"郯子",从此铍铭文看,是称"郯公"。据《史记·楚世家》记载,顷襄王十八年时仍有郯国,是郯国至战国时犹存。晋烈公四年(公元前 414 年),越王朱句三十五年灭郯国,地入越,见《竹书纪年》记载。

"坂"字所从"欠"旁上增"爪",为"坎"字繁构。古文字构形增"爪"为繁构,常见于楚简。"坎母"乃郯公之私名。

枣,"棘"字异写。《说文》:"枣,羊枣也。从重束。"又谓:"棘,小枣丛生者。从并束。"从古文字分析,"枣""棘"同源,实为一字分化。按棘字除训为"刺"义外,又可训为棱角整饬,锋刃锐利。《诗经·小雅·斯干》:"如跂斯翼,如矢斯棘,如鸟斯革。"毛亨传:"棘,棱廉也。"此兵器形制似剑,实为铍。据《说文解字》,铍是具有剑之特征、植柄如矛的兵器,铭文作"棘"正突出其"棱角整饬,锋刃锐利"之特点,故以其名之。

传世文献中曾经出现"棘"作为兵器名的例子,《左传·隐公十一年》:"颖考叔挟辀以走,子都拔棘以逐之。"杜预注:"棘,戟也。"《春秋左传词典》从之②。按"棘"字通"戟"当然没有问题,但既然郯公铍铭文自称其器名为"棘",那么子都所拔之兵器不是戟而是铍的可能性,也是存在的。值得指出的是,1988 年山东莒县刘家苗蒋村出土的"不降戈"(《集成》11286),铭文作"不降棘。余子之赀金。右军"。而传世兵器有"不降矛"(《集成》11541),铭文作"不降棘。余子之赀金"。"不降"当为地名;"棘"显然是兵器之自名,一称戈,一称矛,两者所指不同。结合郯公铍自名为"棘",这为古书的名物训诂,提供了一种新的解释。

另外,1954—1955 年于山西长治分水岭 14 号战国墓出土的"宜无戟"(《集成》11112),铭文作"宜无之枣或(戟)",旧读"枣"为"造"。但假若其铭文中"枣"字亦即"棘"字之异写,用"棱角整饬,锋刃锐利"之义来形容戟,也是可以成立的。因为古代戟的形制本来就是在戈体上配带矛刺。

(曹锦炎:中国美术学院汉字文化研究所,310002,杭州)

---

① 杨伯峻:《春秋左传注》,中华书局 1981 年,第 676 页。
② 杨伯峻、徐提:《春秋左传词典》,中华书局 1985 年,第 691 页。

郑氏厨鼎补释*

程 燕

提要 南阳物资城春秋墓 M3 出土的铜鼎,原被释作"郑佗之厨鼎"的铭文应为"郑陡(地)之
頭(厨)贞(鼎)"。该鼎与蔡侯申鼎铭格式完全相同,形制也属于典型的楚鼎样式。

关键词 郑氏厨鼎 地 厨 楚鼎

2009 年 10 月,南阳市文物考古研究所发现了一座疑似春秋时期的古墓,后被命
名为南阳物资城春秋墓 M3,该墓出土三鼎,其中一鼎盖顶内有五字铭文,鼎铭拓片
如下所示:

铭文拓片　　　　拓片背照

李长周、乔保同二位先生将鼎铭释作"郑佗之厨鼎",考释如下:

第二个字,从从。右边的上下疑似两个一样的变体,可拣选一个,即。《金文
编》有、字,与近似,释为"它""也"。他们认为:"'也'与'它'为一字,而'沱'字
经典皆作'池'可证。徐铉曰:沱沼之'沱'今别作'池',非是也,盖不知'也'即'它'
也。"左边的,从卜从,疑似攴的变体。《甲骨文字释林》161-167 有"释攸",于省吾先
生考证说:"攸字,许氏《说文》:作攺。按典籍中每借'施'为。本义为以攴击它(蛇),
攸从攴它,它也声,读与'施'同。'施'为攸的后起引申借字。训为剖腹支解,即凌迟

---

* 本文是国家社科基金项目"出土文献《诗经》异文整理与研究"(批准号 18BYY155)的阶段性成果。

之刑的起源,简称'割解'。"总之,该字训为"施",是比较合适的。①

按:上字释作"佗",不确。字形如下:

此字应隶作"陀",从"阜"从"土","它"声,即"地"之异体,战国文字中的"地"多作:

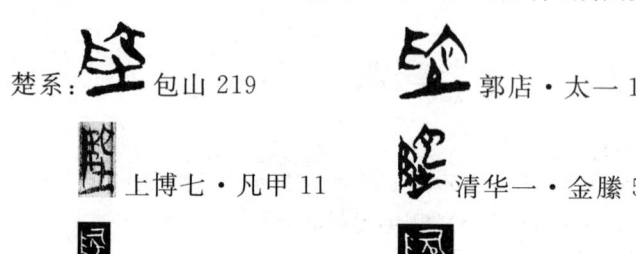

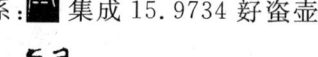

其左旁"自"的竖笔稍向左撇,与上举包山简和郭店简的右旁"自"写法同。右旁正如李、乔二位先生所言是两个一样的变体,即两个"它",构形较为奇特。

第四字李、乔二先生疑为"脰"字,从李学勤先生的说法,读为"厨",并引李先生之说:"从字音上说,脰从豆声,豆和厨在上古都是侯部定母字。从字形上说,厨字从广,是从庖厨作为一种建筑方面着眼的;脰字从肉,则是从庖厨掌烹割的职能方面着眼的。战国铜器铭文有㡿、䏪二字,㡿疑厨之异文,从广朱声,朱声与尌声同部,䏪亦当释厨,其字从肉与脰字正同。胞字可看作庖的异体字,庖字或从广或从肉,与厨字或从广作厨、㡿,或从肉作脰、䏪情况正同。"按:此字读作"厨"甚确,但隶作"脰",不妥。此字作:

应隶为"頭"。此字形不从"月(肉)",与"脰"有别。"脰""頭"在春秋战国文字中分别作:

脰:

———————
① 李长周、乔保同:《南阳春秋楚彭氏家族墓地发现郑氏厨鼎》,《湘鄂豫皖楚文化研究会第十六次年会会议论文汇编》2019年11月,第90—92页。文中所引李、乔二先生的说法,皆出自此文,下文不再赘注。

頭：楚系 ![] 集成 2223 蔡侯申鼎盖　　![] 望山 2·49

晋系 ![] 玺汇 1361　　![] 玺汇 2108

蔡侯申鼎盖的这个"頭"亦读作"厨"，辞例为"蔡侯𧊒（申）之頭（厨）貞（鼎）"。值得注意的是，曾畠公臣鼎的"厨"写作：

从"月（肉）"，"頭"声。所以"厨"写作"頭"，可能是"𩠐"的省简，以至于和表示身体部位的"頭"同形；也有可能用"頭"记载词义"厨"，因容易与表示身体部位的"頭"发生混乱，特意加"月（肉）"进行区别。

综上分析，鼎铭应释作"郑陞（地）之頭（厨）貞（鼎）"，与蔡侯申鼎铭格式完全相同。"郑地"与"蔡侯申"一样，人名。"厨鼎"指厨官所用之鼎。此鼎应是一位生活在楚国申县的郑氏厨官所用之物。通过比勘上文中所列的字形，我们可以肯定鼎铭具有典型的楚文字特征。李、乔二先生因鼎铭有"郑"字样，推测该鼎（M3:7）来自战争所取或郑国赠送，恐怕不能成立。另外，我们还可以将其和蔡侯申鼎进行器形对比：

郑地之厨鼎　　蔡侯申鼎①　　蔡侯申鼎②

可见，此鼎的形制属典型的楚鼎样式。

据李、乔二先生介绍，自 20 世纪 70 年代以来，该墓北部的原南阳市西关煤厂、市物资城、市重工化工公司等院内，自北向南发现了"申公彭宇"墓、"申公之孙彭无所"墓、"申公之孙彭子射"墓、"申公"墓、"彭启"墓。物资城 M3 为目前所发现的南阳八一路春秋楚彭氏家族墓地第六排，即最靠南的一排的一座。申县，乃楚文王灭申国以为县也。《国语·晋语》："申人鄫人召西戎以伐周。"韦昭注："谢，申伯之国"，即今之南阳。彭氏家族是春秋时期南阳地区非常显赫的一个家族，楚王曾将令尹之重位封给彭氏家族中彭仲爽，足见其地位。《左传·哀公十七年》：子谷曰："……彭仲爽、申

---

① 五省出土重要文物展览筹备委员会：《五省出土重要文物展览图录》，文物出版社 1968 年，图版 37。
② 河南博物院编著：《群雄逐鹿：两周中原列国文物瑰宝》，大象出版社 2003 年，第 195 页。

俘也。文王以为令尹,实县申、息,朝陈、蔡,封畛于汝。"申县彭氏家族墓地出现郑氏的的铜器,的确很特别。不过,申、郑两国在春秋时有互通婚姻的历史,《左传·隐公元年》载有"初,郑武公娶于申"。因此,两国在政治和人事上有交往,郑国的贵族到申国为官,郑氏出现在申县,不足为怪。但载有郑氏铭文的鼎为什么会出现在申县名门彭氏的家族墓地中?此郑氏与彭氏家族到底是什么关系?这些我们就不得而知了。

(程燕:安徽大学文学院,230039,合肥)

史墙盘"㫃尹亿疆"小补*

许世和

提要 史墙盘铭"㫃尹亿疆"旧多误解,朱忠恒先生将"㫃"读为"勉"可从。我们对朱文略做补说,并认为"勉尹"乃偏正结构,铭文言康王努力管理广阔之疆土。

关键词 史墙盘 㫃尹亿疆 㫃 勉

史墙盘(《集成》10175)1976年出土陕西扶风县,对研究西周历史具有重大价值,是西周重器。墙盘铭文前半部分叙述西周文、武、成、康、召、穆、共诸王的显赫事迹,后半部分则叙述微史家族历史。前半部分对康王的评价为:

渊哲康王,㫃尹䇂(亿)疆。

学界对"㫃尹䇂(亿)疆"的理解不一。早期学者多将㫃释为"兮""宾""豖"或"分",将"尹"训为"正、治"。① 后来有学者继续讨论,麻爱民释㫃为"宾",疑读为"遍",意即广尹亿疆。② 陈斯鹏读㫃为"万",认为"万尹""亿疆"并列,言官员之多,疆土之广。③ 刘铭从之。④ 朱忠恒读㫃为"勉",认为"勉尹"即勉于治,与清华六《子产》简5"勉政"似相合。⑤ 付强认为㫃和㫃(清华五《封许之命》2)都是"允"字,训取信,隐含保佑义。⑥

由上可见,学界对"㫃尹䇂(亿)疆"的解释可谓纷繁复杂。仔细分析诸说,朱忠恒先生借助新材料,后来居上,观点总体可从。但由于朱文只在按语中做简略阐述,故我们打算对此做一小补。墙盘此句理解的关键,亦即诸说的分歧在于两点:一是㫃字的释读,二是"㫃尹䇂(亿)疆"的结构。下面我们分别展开论述。

---

* 本文是国家语委重大项目"出土文献典型资料分类整理与解读研究"(YWZ-J015)、吉林大学青年学术培育计划资助项目"战国古玺资料整理与研究"(2019FRLX08)的阶段性成果。

① 集释参见麻爱民:《墙盘铭文集释与考证》,东北师范大学硕士学位论文2002年,第30页。
② 麻爱民:《墙盘铭文集释与考证》,东北师范大学硕士学位论文2002年,第30—31页。
③ 陈斯鹏:《西周史墙盘铭新释》,《中山大学学报》(社会科学版)2013年第6期。
④ 刘铭:《西周史墙盘铭文集释补充》,《文教资料》2018年第35期。
⑤ 朱忠恒:《清华大学藏战国竹简(六)集释》,武汉大学硕士学位论文2018年,第147页按语部分。
⑥ 付强:《据清华简训释金文三则》,《考古与文物》2019年第1期。

㝬字主要有释"分""家""兮""宾",从"万"得声诸说。其中释"家""兮""分"与字形不符,学界早有怀疑。① 字形考释比较可信的有两说:一为李学勤先生释"宾"说②,二为陈世辉、汤余惠等主张的"万"为声符说③。《说文解字·卷六》"宾,所敬也。从贝丏声",古文字"宾"即用"万(丏)"做声符,所以释"宾"、释"万"本质上是一致的。以往释"万"的主要字形证据是汤余惠先生举出的吉语玺印"万"形,如㝬(《玺汇》4468)、㝬(《玺汇》4468)等。此说可靠,也得到后续公布古文字资料的验证。商周金文多见族名"万"(如㝬遘尊),学界普遍认为此是以职业"万舞"为族名。④ 郭店简《唐虞之道》简27"大明不出,万勿(物)皆匓(伏)"之"万"作㝬。⑤ 师望鼎(《集成》2812)"虔夙(夙)夜出内王命,不敢㝬不娎",㝬字学界多释为"宾",训敬。最近公布的清华九《成人》简8有字形㝬,句意和师望鼎近似,整理者释"宾",训敬,⑥可从。

可见,"万""兮"其实无别,"兮"可能就是在万形上部加八形做饰笔,⑦以往将其释为"万"或"宾"皆有依据。因此,近年来对㝬尹畜(亿)疆"的讨论,多以此为基础,如麻爱民、陈斯鹏、刘铭等。付强释"允"则显误,史墙盘铭文三行已有"畯"字作㝬,和㝬区别甚大,明显为二字。

2016年,清华六公布,其中《子产》篇提供了"兮"字新的用字习惯:

㝬政、利政、固政有事。　　　　　　　　　　　　　　(清华六《子产》5)

文理、形体、惴(端)㝬,共(恭)敛整齐,掩现有棶=(漆漆)。

(清华六《子产》5)

君人立(莅)民有道,情以㝬。　　　　　　　　　　　(清华六《子产》9)

整理者将清华简《子产》三形读为"勉"或"冕",⑧文意通畅无碍。朱忠恒先生即联系墙盘字形,认为㝬也应读为"勉"。其实古文字中"宾"和"免"声字相通不止此例。陈喜壶(《集成》9700)铭文"台(以)寺(待)民咡(选)、㝬客",㝬形旧说不一,或释"宗""铸"

---

① 林澐:《新版〈金文编〉正文部分释字商榷》,中国古文字研究会第八届年会论文1990年。董莲池:《金文编校补》,东北师范大学出版社1995年,第23页。
② 李学勤:《论史墙盘及其意义》,《新出青铜器研究》(增订版),人民美术出版社2016年,第65页。
③ 汤余惠:《包山楚简读后记》,《考古与文物》1993年第2期。
④ 裘锡圭:《甲骨文中的几种乐器名称——释"庸"、"丰"、"鼗"》,《裘锡圭学术文集》(甲骨文卷),复旦大学出版社2012年,第39、49页。
⑤ 荆门市博物馆:《郭店楚墓竹简》,文物出版社1998年,第160页,注释三三"裘按"。另外,张富海在古书中找到了与之对应的文句,验证了上有"八"形的"兮"就可直接读为"万"。
⑥ 黄德宽主编:《清华大学藏战国竹简》(九),中西书局2019年,第159页。
⑦ "考"也有上部加"八"形饰笔之例,最近公布的清华九《成人》简2"考"即作㝬形。
⑧ 李学勤主编:《清华大学藏战国竹简》(六),中西书局2016年,第140页。

"罚""宾"。① 后来谢明文先生据清晰照片■②对字形重新做了解释,认为字形右上部为"冕",全字从言、冕声,读为"宾"。③ 按此说更合乎照片字形细节,可从。既然"冕"可读为"宾",而"宾"又从"丏(丐)"得声,"冕"又从"免"得声,是以"丏"自然是可以和"免"声相通的。另外,郭店《语丛一》35"豊(礼)妻(齐)乐灵则戚(蹙),乐每(繁)豊(礼)灵则■",刘钊先生将■读为"慢",④可从。而"曼"声字和"免"声字是非常密切的,以往在讨论用字习惯时多忽略了这则材料。总之,丏是可以读为"免"声字的,以往部分学者坚持释"丏"而不破读,认为符合用字习惯。但所谓的用字习惯是一个随着新材料的累积和研究的深入而需不断丰富的动态结果。目前来看,其读为"丏"并非唯一的用法。

墙盘铭文言文王"匍有四方,迨受万邦"、言武王"䚄圄武王,遹征四方"、言成王"肇彻(彻)周邦"、言昭王"弘鲁昭王,广㹜(戡)⑤楚荆",讲述先王功绩都用动宾结构,即"迨受万邦""遹征四方""肇彻(彻)周邦""广㹜(戡)楚荆",⑥而且"万邦""四方"与"周邦"其实质是相同的,"迨受""遹征""肇彻(彻)""广㹜"也都是状中结构。因此,全铭关于西周诸王的评价句式是十分一致的。从这个角度看,"■尹""䇓(亿)疆"也应是动宾关系。除去释■为"分""敄""兮"的错误观点之外,陈斯鹏认为"丏尹""亿疆"为并列结构之说与铭文整体的用词规律不协,应误。李学勤训"丏(宾)"为"服",训"尹"为"治"之说和铭文用词亦稍有不协。陈世辉将"丏(緬)尹"理解为长久统治,麻爱民将"宾(遍)尹"理解为广尹,在结构搭配上胜于旧说。但"緬尹"颇似金文多见的"永宝用"之类话语,与其看作是对周王的评价,倒不如看作对后人的希冀,此理解或与文意稍有不适。"遍""宾"音近,但金文并无此相通之例。

综上,"■尹䇓(亿)疆"之■的破读需同时考虑其用字习惯、铭文用词规律和文意。我们认为朱忠恒先生读为"勉"之说可从。古文字材料多见勤于政务的表述,例如:

吾先祖桓王,邵(昭)考成王,身勤社稷,行四方,以忧劳邦家。

(《集成》2840 中山王鼎)

---

① 意见总结参谢明文:《陈喜壶铭文补释》,"古文字与上古音研究"青年学者论坛会议论文集,厦门大学 2019 年 11 月,第 91—92 页。
② 山西博物院:《争锋:晋楚文明》,山西人民出版社 2018 年,第 171 页。
③ 同①,第 92 页。
④ 刘钊:《郭店楚简校释》,福建人民出版社 2003 年,第 189 页。
⑤ 宋华强:《西周金文札记二则》,《简帛》(第 10 辑),上海古籍出版社 2015 年。
⑥ 麻爱民已指出这点,见《墙盘铭文集释与考证》,第 30 页。

是少(小)心恭齐,灵力若虎,堇(勤)裦(劳)其政事。

(《集成》276、285)

则繇隹(唯)乃先圣且(祖)考夹召先王,爵堇(勤)大令(命)。

(《新收》745—757)

助氒(厥)辟,堇(勤)恤王邦王家。　　　　　　(清华一《皇门》3、5)

中山王鼎所谓"身勤社稷"言君主勤于管理社稷,其余三例则言臣子辅佐君主勤于政事、邦家。把墙盘铭文"万(勉)尹䇂(亿)疆"与上述四例合观正合适,两者之别只是墙盘"万(勉)"做副词表努力、勤勉,修饰"尹",而后四例是以"勤"做动词。朱忠恒先生认为墙盘"勉尹"即勉于尹之义,与清华六《子产》简 5"勉政"似相合。按此略为不妥,朱之理解应是将墙盘"勉尹"之"勉"看作动词了。若"勉"做动词,则"万(勉)尹""䇂(亿)疆"无法联系在一起。

总之,结合金文辞例和用字习惯,我们认为"𠇑(渊)哲康王,万(勉)尹䇂(亿)疆",是言康王努力管理广阔疆土,是盛赞康王勤于政务的。

(许世和:吉林大学古籍研究所,130012,长春)

释它簋盖铭中的"怀属"

薛培武

提要 它簋盖铭文"用怀☒我多弟子"中的"☒"字,左旁应分析为"尌"字古形。该字在铭文中可读为"属",义为"赘连""集合"。铭文揭示了作为大宗族长的"它"祈求祖先帮助维系家族和谐关系的强烈愿望,体现了大宗的收族手段。

关键词 尌 属 怀属 收族

它簋盖(《集成》04330)铭文最后一段内容如下:

公唯寿它,用怀△我多弟子,我孙克有型,学懿父乃是子。①

其中"△"字作"☒",可隶定为"㧊",吴闿生先生释为"厘",郭沫若先生认为是"柔"之古字,李孝定先生认为该字左旁"与从攴同意,从夭象人之走,有大杖则逃之象,郭氏(郭沫若)谓有扑作教刑之意,是也"②。唐兰先生认为"△"即《玉篇》训为"走也"的"趌",铭文中读为"佐"③,陈梦家先生从之④,《集成》释文亦释为"佐"。《金文编》附录255号"宫☒父簋"中的"☒"字,刘钊先生认为"从木从𠂇,𠂇即左字初文",他认为"☒"字与它簋盖中此字右部为一字,并同意释"趌"的意见⑤。陈英杰先生亦认可"佐"字之释⑥;董珊先生近来论及它簋盖时,认为该字"左侧从手形在木下……即树之初文","右侧从夭形,是走字的表意字","㧊可以读为畜或聚","用怀㧊(聚)我多弟子,就是用此簋祭祀时,我同族小宗弟子皆来聚集之意"⑦。

---

① 铭文断句和释读参见:董珊:《它簋盖铭文新释——西周凡国青铜器的重新发现》,《出土文献与古文字研究》(第六辑),上海古籍出版社2016年,第155—170页。
② 上引三家说法参见:周法高主编,张日昇、徐芷仪、林洁明编纂:《金文诂林(附录)》,香港中文大学出版社1977年,第1588—1590页。
③ 唐兰:《西周青铜器铭文分代史征》,中华书局1986年,第325页。
④ 周法高主编,张日昇、徐芷仪、林洁明编纂:《金文诂林(附录)》,香港中文大学出版社1977年,第1589页。
⑤ 刘钊:《古文字构形学》(修订本),福建人民出版社2011年,第281页。
⑥ 陈英杰:《西周金文作器用途铭辞研究》,线装书局2008年,第840页。
⑦ 董珊:《它簋盖铭文新释——西周凡国青铜器的重新发现》,《出土文献与古文字研究》(第六辑),上海古籍出版社2016年,第165页。

吴闿生先生之释"厘",字形差别太远,陈英杰先生已辨其非是。至于陈英杰先生同意该字从"差",其根据是邓公簋盖(《集成》4055)"尊❐簋"之"❐"、牆伯卣(《保利藏金》131页)有人名作"❐",学者多将这两字释为"嗟"①。

谨按:"❐"和"❐",前者标识作器用途抑或作为"簋"的修饰语,其读法无从考察,后者在铭中作为人名,也无法判断,故释"嗟"无辞例证据可言。很明显,学者多将这类从又从木之形看作"差",显然是受到了中山王鼎铭"佐"字的影响。如上引刘钊先生就认为"古文字中❖形和木字在用为偏旁时,时常混用",他据"芐"字来说明此种现象,并且以中山王鼎铭中的确定用为"佐"的"❐"作为依据。此类意见看似有据,实则存在明显缺陷。"差"在早期金文中常作"❐""❐"等形②,或在下部叠加羡符"口",写作"❐"这类形体,战国文字中或又将上部之"朿"简化为"木"③,中山王鼎铭"佐"字即其例。上引邓公簋及牆伯卣为西周早期器,拿早期西周文字与晚期战国文字的简体直接比附,显然将问题看得过于简单。中山王鼎铭的"佐"字所从,实际上是一种很草率的"差"字的写法,"差"所从之"朿"形,偶然减省为"木"之后,已完全看不出其构形理据。中山王鼎铭中的❐("猎")字所从的"豕"形发生了剧烈的减省变化,也是同样的现象。

"❐"与"❐"同为一字是学者们一致认可的,这两字仍然有进一步讨论的空间。裘锡圭先生将"❐"字释为"㪥",认为从言权声,权象以手植木,为"树"之初文④,裘说显然有理有据。作为"尌(树)"之表意初文的"权",其手形无论作"又"还是作"ナ",都只有方向上的差别,对整个字形的表意不产生任何影响,甲骨文中的"权(尌)"所从的手恰好就兼具"又""ナ"两形⑤,颇可说明问题。上海博物馆藏战国竹书《用曰》篇和清华大学藏战国竹简《治政之道》篇有如下两字:

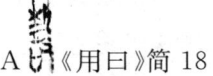　　　　　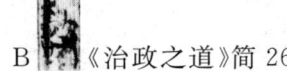
A《用曰》简18　　　　　B《治政之道》简26

《用曰》简18辞例为:"设立师长,建A之政,谕(会)谏(简)殷(选?)□……"A字原整理者释为"设",是将A机械的拆分为"木"和"设"两个部分,并拿拆分出的"设"与《说文》篆文的"设"直接认同。其误不辩自明,楚文字中一般用"埶"或以"埶"为声符的字

---

① 唐兰:《西周金文作器用途铭辞研究》,中华书局1986年,第840页"页下注2"。
② 董莲池:《新金文编》,作家出版社2011年,第531—533页。
③ 笔者认为"差"上部本从"朿",并兼有表音的作用。"朿"声与"此"声通,"此"声又与"差"声相通,而且从"朿"得声的"脊"与"差"有相通之例(详参邬可晶:《说"脊"、"脈"》,《出土文献》(第十三辑),中西书局2018年,第165—173页),"差"以"朿"为声旁,是完全有可能的。
④ 裘锡圭:《牆伯卣的形制与铭文》,《裘锡圭学术文集》(金文及其他古文字卷),复旦大学出版社2012年,第127页。
⑤ 刘钊:《新甲骨文编》(增订本),福建人民出版社2014年,第361页。

来表示"设"这个词,这是学者的常识,该句前面"设立师长"之"设"作从禾从埶省之形,即其例。B 所在的《治政之道》篇的前后文句为:"古之有国者,明政以来之,铂 B 以抚之。"该篇的整理者径释 B 为"教"①,后有学者指出该字还见于上揭《用曰》篇的 A。在此基础上,有学者进一步指出所谓"教"字与本篇其他几个写作"爻+言"之"教"不同,并怀疑该字从言、树省声,认为在《治政之道》中读为"诛"②。笔者认为,将 A 释读为"树"文从字顺,"建树"同义连文,与前文"设立"义近。该句中的"之"相当于不定代词"其","建树之政"即"建其政"与"树其政"。B 读为"诛"的意见值得商榷,若按照读"诛"的意见,将"诛"解释为"诛赏"之"诛",则该句意思就比较片面,何以安抚四方只强调"诛责"的一面,而不强调"赏赐"的一面。并且,读为"诛",则与后文"抚"在整句话的语义上存在冲突,结合"抚"训为"安抚"之义来看,B 应该不会是"杀""诛""责"这类的词。简文"铂"字被学者改释为"审"③,笔者从之。"审 B"与前"明政"结构一致,则 B 可径读为"树"。"树"即其所树立的典型、风范、事迹等,这里泛指施政的行为方式。《说苑·至公》:"善为吏者树德,不善为吏者树怨。""德"即贤德,"怨"即怨恨的事情或者典型。"审树以抚之"是对"明政以来之"的重要补充,"审树"强调有国者想要四方宾服,尤其要注意其风向标及树立榜样的作用。

战国文字"树"有如下形体:

《石鼓文·作原》　　《石鼓文·吾水》④

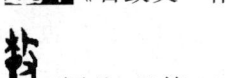《语丛三》简 46　　《季庚子问于孔子》简 18

石鼓文《作原》《吾水》和《语丛三》简 46 中的"树"字,学者皆无异议。《季庚子问于孔子》18 号简的"■"字,整理者濮茅左先生原释为"鼓",季旭升先生改释为"树"⑤,季说得到学者的普遍认同。上揭四个"树"字,从形体上可分为上下两组,一从又形,一从攴形。可见,就"树"字本身来说,偏旁中的"又"和"攴"可换用无别。

推而论之,以战国竹书中的 A 和 B 为代表的这类"树"字,则可视为西周金文"■"和"■"这类形体的延续。A 和 B 以"树"之初文"权"作为偏旁,则"■"和"■"也当作同

---

① 李学勤主编:《清华大学藏战国竹简》(九),中西书局 2019 年,第 128 页。
②③ 斯行之:《清华九〈治政之道〉初读 92♯》,武汉大学简帛网 2019 年 11 月 30 日,http://www.bsm.org.cn/forum/forum.php? mod=viewthread&tid=12426&extra=&page=10。
④ 单晓伟:《秦文字字表》,上海古籍出版社 2017 年,第 199 页。
⑤ 季旭升:《上博五刍议》(上),武汉大学简帛网 2006 年 2 月 18 日,http://www.bsm.org.cn/show_article.php? id=195。

样的分析,则释"諎"之说不攻自破。A、B 与"▨""▨"何以从言,或者说其是为何字而造,则可以从中山王方壶的"▨"字推测。"▨"字经过白于蓝、董珊两位先生的研究,基本上可以确定右部所从为"树"字早期形体,在方壶铭文中读为"属"①。"▨"字从言,很显然与"叮嘱""嘱托""嘱咐"有关,方壶铭文中训为"托付"的"属"与此义密切相同。所以,"▨"可看作是为"嘱托、嘱咐、托付"这个意义的"属"而造的字,"嘱"则是后起字。同理,A、B、"▨"、"▨"与"▨"造字着眼点应该是类似的,同样应该是为"属"而造。

通过分析上揭"▨"字,可知董珊先生将它篹盖"柎"字所从的"权"看作"树"之初文较其他众说可靠。董珊先生读为"聚",句义理解上可从,但是他并没有举出"树"声与"聚"声相通之例,这是他的不足之处。我们认为"柎"当读为"属","权"乃"树"字初文,其读音与"树"相同,"尌"与"属"相通②。"树"的基本声符为"豆"③,而"豆"与"属",文献有相通之例,如郭店楚简《老子甲》简1—2"三言以为使不足,或令之有呼豆",其中"豆"读为"属"④。清华简《系年》第二十章"遂以伐齐,齐人焉始为长城于济,自南山逗之北海",其中"逗"读为"属"⑤,其例甚多⑥,不赘举。

《左传》僖公七年:"君以礼与信属诸侯,而以奸终之,无乃不可乎。"僖公十九年:"夏宋公使邾文公,用鄫子于次睢之社,欲以属东夷","齐桓公存三亡国,以属诸侯,义士犹曰薄德"。诸句中的这些"属"皆训为"联系、联缀"。"属"由"联缀"义引申出"集、合"义,其后常加人做宾语,如《周礼·地官·州长》:"各属其州之民而读法。"郑玄注:"属,犹合也,聚也。"文献多见其例,兹不详举⑦。北京大学藏秦简《禹九策》简5、简19都有"毂(系)赘弟兄"一语,王挺斌先生指出"赘"当为"赘"的讹字,也有可能简文本来就是"赘"字,"赘"在简文中即"联系、连接"之义⑧。"赘"即"连缀、连属"之义,引申可指聚集众人,"赘""系"义近通用,"系赘弟兄"与"怀属我多弟子"颇可互参。"连接"与"集、合"意义近似,无论取何种意义,都与会聚、团结宗族兄弟、子孙有关。

在尤其重视血缘宗法的周代,宗族成员之间的政治、经济关系紧密联系。整个宗

---

① 白于蓝:《释中山王譻方壶中的"属"字》,《古文字研究》(第二十五辑),中华书局2004年。董珊:《中山国题名考释拾遗(三则)》,《北京大学中国古文献研究中心集刊》(第四辑),北京大学出版社2004年,第348-351页。
② 参看上引白于蓝先生文。
③ 裘锡圭:《释"尌"》,《裘锡圭学术文集》(甲骨文卷),复旦大学出版社2012年,第504-509页。
④ 刘钊:《郭店楚简校释》,福建人民出版社2005年,第5页。
⑤ 白于蓝:《简帛古书通假字大系》,福建人民出版社2017年,第232页。
⑥ 同上,第233、234、236页。
⑦ 宗邦福:《故训汇纂》,商务印书馆2003年,第628页。
⑧ 王挺斌:《北大秦简〈禹九策〉补说》,复旦大学出土文献与古文字研究中心网站2017年9月30日,http://www.gwz.fudan.edu.cn/Web/Show/3120。

族的命运常常与大宗本族的兴衰有密切的关系,大宗往往是世官世禄的继承者、全族赖以存在的经济基础和政治保证的代表。反过来讲,作为主理人,大宗对本族的发展和维系具有不可推卸的责任。正如《仪礼·丧服》所说:"大宗者,收其族也。""收族"即聚合、凝聚宗族成员,保证本族成员间团结、和谐的关系。簋铭中的"它"属于大宗家族的宗主,享有祭祀直系先公先祖的权利,"它"在祭祀先祖时,向先祖诉说其怀属众宗子弟的心愿,以尽力维系宗族子弟之间的团结关系,也是其作为宗主的应尽之义务。

文献和金文中多见"赐胙"的礼节[1],周王在祭祀完成之后,将"胙肉"分赐给同姓诸侯,表明与同姓共享祭祀成果(祖先的福赐)。学者指出,这也可视为一种笼络同姓的手段[2]。与此类似,铭文中"它"借祖宗、先公赐福的口吻,表达了希冀祖先能够帮助自己处理好宗族关系的强烈愿望,这在一定程度上可视为笼络手段。

(薛培武:苏州图书馆,215000,苏州)

---

[1] 见《周礼·春官·大宗伯》、《左传》(定公十四年),参郭永秉:《上博藏西周寓鼎铭文新释——兼并为春秋金文、战国楚简中的"羹"字祛疑》,《古文字与古文献论集》,上海古籍出版社 2011 年,第 15-17 页。
[2] 张淑一:《先秦姓氏制度考索》,福建人民出版社 2008 年,第 83 页。

晋侯苏钟所涉战争地名集释

姜 林 宏

提要 晋侯苏钟铭文记述了周王亲征、攻伐夙夷的三次战争,补充典籍史书之未及。铭文所涉战事记述详细,共记载了"葬""瞢""㝬""㽞夷""匔城""淖""列"七处具体地名。本文通过集释各家之说,综合字形、铭文记载与实际地望,以北宿说为出发点,考订"㽞夷"为山东东平。三次战争围绕郓城展开,晋军先后进攻顾地、郓城,进而追击郓城西及西北的溃逃之敌。

关键词 晋侯苏钟 夙夷之战 战争地名

一 引 言

晋侯苏钟共计十六件:两件有铭甬钟为 1992 年山西省曲沃县北赵村晋侯墓地 8 号墓抢救性发掘所得,剩余十四件后由上海博物馆自香港古玩肆抢救回归。十六枚编钟大小相次,可分为两组,每组八件,依据音阶、音律谐和的原则排为两列。其上共有铭文 355 字,首尾相连,刻凿于十六件钟正面。

从铭文内容来看,钟铭主要记述了周王巡狩东国、南国及在巡狩途中亲征攻伐夙[①]夷等重要史实,其记载补充典籍史书之未及,为研究西周晚期历史提供了新材料。晋侯苏钟涉及战争的铭文隶定如下:

佳(惟)王卅又三年,王亲(亲)遹省东或(国)、南或(国)。正月既生霸戊午,王步自宗周。二月既望癸卯,王入各(格)成周。二月既死霸壬寅,王𠊓生(往)东。三月方死霸,王至于葬,分行。王親(亲)令晋厌(侯)穌(苏):遹(率)乃自(师)左洀瞢北洀㝬,伐㽞夷。晋厌(侯)穌(苏)折首百又廿,执嘼(讯)廿又三夫。王至于匔𩥑(城),王親(亲)远省自(师),王至晋厌(侯)穌(苏)自

[①] "夙"与"㽞"为异体字,铭文严式隶定作"㽞"。为称说便利,正文非引用铭文原文处、用以统称时均采用宽式隶定"夙",如"夙夷之战"等。综述学者之说时保留原文用字。考订具体地望和确指该地时,用"宿"确指地点,如"南宿""北宿"等。

（师），王降自车，立（位）南卿（向）。窥（亲）令（命）晉（晋）厌（侯）穌（苏）：自西北遇（隅）臺（敦）伐匋贼（城）。晉（晋）厌（侯）達（率）氒（厥）亚旅、小子、或人先啟（陷）入，折首百，执嘛（讯）十又一夫。王至淖＝列＝尸（夷）出奔。王令（命）晉（晋）厌（侯）穌（苏）達（率）大室小臣车仆从，述（遂）逐之，晉（晋）厌（侯）折首百又一十，执嘛（讯）廿夫；大室小臣车仆折首百又五十，执嘛（讯）六十夫。王隹（惟）反（返），归在成周。公族整白（师），官……

据铭文记述可知，攻伐夙夷的战争共有三次：周王最初亲令晋侯苏率军伐䔖；战事顺利时周王到达匋城"亲远省师"，并制订作战计划，再次向晋侯苏下达进攻匋城的作战指令；后第三次下令，命晋侯苏追击奔逃之敌。战役直至大胜，周王方返回成周。从记述来看，周王对夙夷之战十分重视，坐镇前线、亲临督战，实时把控三次战争。整个夙夷之战可视作周王亲征之战，地位尤重。

二 晋侯苏钟战争地名集释

晋侯苏钟作为晋侯苏记功铭刻的重器，对其参与的重大战役，即攻伐夙夷的三次战争，记载尤为详细，涉及战争地点、进攻方式、作战人、作战实绩的具体记载。其中，战争地名的考释隶定能够帮助我们把握巡狩制度、周夷地望、作战范围、战争规模等史实信息。

铭文中出现的战争地名主要有"䔖""䔖""䦆""夙夷""匋城""淖""列"七处，因去时较远，铭文记录具体地点的相关地望较为模糊，各家观点不一。

（一）夙夷

马承源先生隶定作"夙夷"，指出古夙、宿通假，"夙夷"即为"宿夷"，这一观点基本已为学界公认。对其地望，马说考证为见于《左传》记载的东夷风姓之国，在今山东东平县内。[①] 何琳仪先生认为其说甚确，判断该地在今"山东东平东二十里古无盐城南，南临汶水"。[②] 黄锡全、李学勤、裘锡圭、李晓峰、叶磊等学者认同马说，指出宿系为太昊之后，在今山东东平东。[③] 黄盛璋先生赴山东东平实地考察宿国故地，得出结

---

① 马承源：《晋侯穌编钟》，《上海博物馆集刊》（第7期），上海书画出版社1996年，第14页。
② 何琳仪：《晋侯苏钟释地》，《安徽大学汉语言文字研究丛书·何琳仪卷》，安徽大学出版社2013年，第25页。
③ 黄锡全：《晋侯苏编钟几处地名试探》，《江汉考古》1997年第4期，第64页。李学勤：《晋侯苏编钟的时、地、人》，《夏商周年代学札记》，辽宁大学出版社1999年，第9页。裘锡圭：《晋侯苏钟笔谈》，《文物》1997年第3期，第66页。李晓峰：《天马——曲村晋侯墓地出土青铜器铭文集释》，吉林大学硕士学位论文2003年，第14页。

论"春秋之宿,战国为齐无盐","自汉以来传统记载全皆以为即古宿国",下至今之宿城镇。① 叶正渤先生认为"夙"读作"宿","宿夷"即指鲁西一带的东夷之一。②

王晖先生则认为前文周王巡狩"东国"即"入各(格)成周","南国"即夙夷之战所在地望,考证"南国"地望"在今河南禹县与许昌市之间一带"。因此,他认为"夙夷"之"夙"读为"宿"无误,但"宿"应为《春秋》"三月宋人迁宿"之"宿",推断此宿夷分布于宋国境内或宋国边疆一带。③ 周书灿先生将夙夷视作江淮流域的邦族,指出晋侯苏钟所载战事当发生于江汉、江淮地区。④

朱继平先生认为春秋之世有两宿并存的情况,被周人称为"宿夷"的获水流域之宿为南宿,地望相对偏北的东平无盐之宿为北宿。结合铭文前句"左洀龏北洀■",将"洀"理解为以舟渡水,则铭文所记"夙夷"当位于获水流域,与宋国毗邻,认同王晖先生以"宿夷"为宋人所迁"宿"的论断。⑤ 但王说宿夷已属宋境的说法有误。宿夷故地当在今安徽宿州市附近。

汇总各家对"夙夷"之地的隶定及地望判断,如表1所列:

表1 夙夷地望

学者	隶定字形	地名	具体地望
马承源、黄锡全、李学勤、裘锡圭、李晓峰	夙夷	宿夷(北)	东夷风姓之国,今山东东平县
何琳仪			山东东平东,古无盐城南
黄盛璋			今宿城镇(山东东平县宿城镇)
王晖		宿夷(南)	宋国境内或宋国边疆一带
朱继平			获书流域,与宋国毗邻,今安徽宿州市附近
周书灿			江汉、江淮地区

按,朱继平先生在文章中系统考察了历代有关宿地的记载,梳理出春秋时期并存的两处宿地。《左传》僖公二十一年:"任、宿、须句、颛臾,风姓也,实司大皞与有济之祀,以服事诸夏。"郑注:"任,今任城县也。颛臾在泰山南武阳县东北。须句在东平须昌县西北。四国封近于济,故世祀之。"郑注勾画出几个风姓之国的大致范围在济水一带。

---

① 黄盛璋:《晋侯苏钟重大价值与难拔丁子指迷与解难》,《文博》1998年第4期,第39页。
② 叶正渤:《西周标准器铭文疏证》(三),《中国文字研究》(第十四辑),大象出版社2011年,第50页。
③ 王晖:《晋侯穌钟铭■城之战地理考》,《中国历史地理论丛》2006年第3期,第105–106页。
④ 周书灿:《晋侯苏编钟的作战地点与行军路线》,《中国历史地理论丛》1998年第4期,第222–223页。
⑤ 朱继平:《宿国地望及相关问题探析》,《中国历史地理论丛》2012年第3期,第47–50页。

又《左传》隐公元年："九月,及宋人盟于宿。"郑注："宿,小国,东平无盐县也。"《左传》隐公七年："七月庚申,盟于宿。公伐邾,为宋讨也。"可知宋在宿地与鲁国和郑国分别举行过会盟,按照"凡盟以国地者,国主亦与盟"的原则,宿君应当作为亲宋之国的身份,参与了这两次盟会。《春秋》庄公十年载"宋人迁宿"也从侧面证明宋与宿地联系密切,地理位置相距不远。而按郑注,宿为东平无盐,则地望偏北,临近齐国,距离宋国较远,不适宜做宋国与他国会盟之所。

因此,春秋时期应当存在一南一北两处宿地:北宿为东夷风姓之国,地处济水一带,东平无盐之地;南宿临近宋国,为宋国两次会盟之地,也是"宋人迁宿"之宿地。

学者们对宿地的理解存在分歧,表1简单列出各家对宿夷的地望判断,大致可以分为两类:马承源、李学勤等多数学者所持的北宿说,认为宿夷之"宿"为东夷风姓国,处于无盐之地,即今山东东平县;王晖、朱继平等学者所持的南宿说,将宿夷视作宋人迁宿之"宿",临近获水流域,即今江苏宿迁市附近。基于北宿与南宿在理解上的分歧,晋侯苏钟中出现的其他战争地名也考释各异。

(二) 匔城

马承源先生将"匔城"隶定为"匔城",认为匔从熏得声,熏、郓同部旁纽可以通假,故将该地释作读音相近的"郓城",位于今山东郓城之东。① 李学勤先生进一步指出郓城分东西二郓,此为西郓,在今山东郓城东十六里。② 李晓峰先生同样认为此地为西郓,位于今山东郓城东。③ 黄锡全、陈双新等学者与其观点一致。④ 李仲操先生则认为铭文"匔城"实指东郓,在今山东诸城县西南,即今管帅镇附近。⑤ 周书灿先生认为"匔"与"邧"韵部相同可通假,该地可能为古邧城。⑥

朱凤瀚先生在考释柞伯鼎铭文中"昏邑"一地时,怀疑晋侯苏钟之"匔城"即"昏邑",位于河南南部淮水流域,即今信阳地区。但柞伯鼎称昏邑之人为"戎",晋侯苏钟称"夷",这一看法只在"戎""夷"区分不严格时成立。⑦ 李凯先生将柞伯鼎铭文与晋侯苏钟铭文对比,推断"匔城"为山东郓城而非在南国。⑧ 并联系柞伯鼎所记战事,指

---

① 马承源:《晋侯稣编钟》,《上海博物馆集刊》(第7期),上海书画出版社1996年,第14页。
② 李学勤:《晋侯苏钟的时、地、人》,《夏商周年代学札记》,辽宁大学出版社1999年,第9页。
③ 李晓峰:《天马——曲村晋侯墓地出土青铜器铭文集释》,吉林大学硕士学位论文2003年,第16页。
④ 黄锡全:《晋侯苏编钟几处地名试探》,《江汉考古》1997年第4期,第64页。陈双新:《晋侯苏钟铭文新释》,《中国文字研究》(第二辑),广西教育出版社2001年,第267页。
⑤ 李仲操:《谈晋侯苏钟所记地望及其年代》,《考古与文物》2000年第5期,第29页。
⑥ 周书灿:《晋侯苏编钟的作战地点与行军路线》,《中国历史地理论丛》1998年第4期,第223页。
⑦ 朱凤瀚:《柞伯鼎与周公南征》,《文物》2006年第5期,第72、96页。
⑧ 李凯:《柞伯鼎与西周晚期周和东国淮夷的战争》,《四川文物》2007年第2期,第83—84页。

出"匍"即柞伯鼎"昏",在山东郯城东,实为古时西郓,是东方淮夷的一部分。①

王晖先生从周王亲临督战的特殊性推断,"匍城"应是"南国"王畿之地。据音韵考为"钧台",位于河南中南部的阳翟之南钧台一带。②

表 2 匍城地望

学者	隶定字形	地名	具体地望
马承源、李学勤、黄锡全、陈双新、李晓峰、李凯等	匍城	郓城	山东郯城之东(西郓)
李仲操			今山东诸城县西南,即今管帅镇附近(东郓)
朱凤瀚		昏邑	河南南部淮水流域,即今信阳地区
王晖		钧台	今河南禹州市之南,中南部的阳翟之南钧台一带
周书灿		邴城	古邴城

按,杜预《春秋释例》土地名篇:"鲁有二郓。"郓城自古分为东郓和西郓。莒、鲁所争之地为东郓,在今山东沂水县东北。鲁成公所筑城为西郓,在今山东郓城县东。

"匍城"为晋侯苏钟铭文所记的第二次战争发生的地点,战前周王"窥(亲)远省自(师)",到达"匍城"附近,向晋侯苏下达自西北方向攻伐"匍城"的命令。如表2所列,有关"匍城"的地望考订大致可分为两类:一是以马承源先生为代表的多数学者,认为"匍城"位于山东境内,在今山东郯城县之东,即史书所载的西郓,位于东平宿夷之西南。一是以王晖先生为代表的南宿派,考察该地地望为今河南禹州市之南,古钧台一带,位于春秋时期宋国西部。就文意而言,两类观点都符合"王儥生(往)东"的总体行军方向。

从字形来看,"▨"与"军"形体相近,"军"在金文中形体如表3所列:

表 3 "军"字形体表

《集成》③11484 郾右军矛 战国时期	《集成》11220 郾庆奎戈 战国早期	《集成》11758 中山疾钺 战国中期
《集成》02840 中山王譽鼎 战国中期	《集成》11402 枝里瘟戈 战国晚期	《集成》11325 九年将军戈 战国晚期

---

① 李凯:《〈柞伯鼎〉蠡测》,《出土文献与商周文明初探》,北京联合出版公司2015年,第91—94页。
② 王晖:《晋侯稣钟铭▨城之战地理考》,《中国历史地理论丛》2006年第3期,第102—106页。
③ 本文以《集成》简称中国社会科学院考古研究所编《殷周金文集成》(中华书局2007年),下文同,不另具注。

以上"军"字所存形体为异写字，中部"曰"或由直笔加曲笔组成，或由三划直笔相接，或用一曲笔首尾相连，其中直笔逐渐向曲笔演变。金文"郓"字形体如下：

☒（《集成》10828　郓戈　战国晚期）　　☒（《集成》10923　阿武戈　战国时期）

晋侯苏钟出现的☒形体与中部写作直笔加曲笔的"军"字形体相近。《说文解字·邑部》："郓，河内沁水乡。从邑军声。鲁有郓地。""郓"谐"军"声，故二者可通，又该字用作地名，从东夷风姓之国地望判断，该地地望为郓城较为合理。"䡇城"当即郓城。

（三）𦳝

"☒"为第一次伐夙夷"分行"之地。马承源先生认为该字从串、从艹，从橐省，当隶定为"𦳝"，认为该地是周王攻伐夙夷的军队分行出击之地，距夙夷较近，但尚在夙夷境外。① 未言明具体地望。李学勤先生认为该字从"马"声，将该字释为"菡"，其古音为谈部，"应即《春秋》桓公十一年的阚，在今山东汶上西"。②

裘锡圭先生认同马承源先生隶定的字形；据《说文解字》认为"☒"与"氾"均从"马"声，怀疑此地当读为"范"，就其地望而言，在郓城西北面，宿夷所居的东平以西。③

按，《孟子·尽心上》："孟子自范之齐。"赵岐注："范，齐邑。"汉代置范县，故址在今山东范县东南，后划归河南省，在今河南东北部，与山东接界。

何琳仪先生据《说文解字》谐声系统和典籍所载补充裘说。④ 黄锡全先生根据方位，结合《说文解字》对"氾"（范字声旁）从"马"的解释，亦赞同裘说。⑤ 陈双新、李晓峰、李凯、叶正渤、叶磊等学者从地理位置判断，认为当以裘锡圭先生之说见长。⑥

李仲操先生同样认为该字从"马"得声，隶定为"苬"，读为"演"，是"允"的本字，在

---

① 马承源：《晋侯鮇编钟》，《上海博物馆集刊》（第7期），上海书画出版社1996年，第14页。
② 李学勤：《晋侯苏编钟的时、地、人》，《夏商周年代学札记》，辽宁大学出版社1999年，第10页。
③ 裘锡圭：《晋侯苏钟笔谈》，《文物》1997年第3期，第65—66页。
④ 何琳仪：《晋侯苏钟释地》，《安徽大学汉语言文字研究丛书·何琳仪卷》，安徽大学出版社2013年，第23页。
⑤ 黄锡全：《晋侯苏编钟几处地名试探》，《江汉考古》1997年第4期，第64页。
⑥ 陈双新：《晋侯苏钟铭文新释》，《中国文字研究》（第二辑），广西教育出版社2001年，第266页。李晓峰：《天马——曲村晋侯墓地出土青铜器铭文集释》，吉林大学硕士学位论文2003年，第12页。李凯：《〈柞伯鼎〉蠡测》，《出土文献与商周文明初探》，北京联合出版公司2015年，第92页。叶正渤：《西周标准器铭文疏证》（三），《中国文字研究》（第十四辑），大象出版社2011年，第50页。叶磊：《晋国金文整理与研究》，西南大学硕士学位论文2019年，第207页。

郓城附近,即今山东兖州。①

王晖先生赞同李说释为"菡",认为该字应读为《左传》僖公三十年"晋军函陵"之"函",函陵在今新郑市北,洧水支流黄河北岸,恰在成周洛邑之东。② 与铭文周王自成周"儥生(往)东"行进方向一致。

按,该字隶定作"骉"当无疑问,从"马"声。从语音角度来看,"马"为谈部,"演"为元部,"范"为侵部,声近易通转。因此读为"范"和"演(兖)"皆有可能。

从文献记载来看,《左传》庄公三十一年:"秋,筑台于秦。"杜注:"东平范县西北有秦亭。"提及范县隶属东平。《晋书·地理志》以东平国领范县,《魏书·地形志》以东平郡领范县。可见范县与东平联系密切,长期为东平所领。《宋书·州郡志》:"兖州东平郡有范县。"兖州曾为古九州岛之一,古时辖区面积大,比如今的山东兖州范围广,在某一历史时期范县也曾是兖州的辖区。就铭文内容而言,该地为作战时分行地点,显然确指范县更为合适。

再由铭文文意出发,"王儥生(往)东"到达"骉",在此地分别行动(或做分析行动路线解),接下来令晋侯苏率领军队展开伐宿夷的第一次战争。从行军路线的逻辑来分析,"骉"应在宿夷以西,范县恰在东平以西,持北宿说观点的学者中以裘锡圭先生隶定为"范"之说见长。另外,范县也在第二场战争的攻伐对象郓城之西北,与后文"自西北遇(隅)臺(敦)伐䤦䤦(城)"再次印证,故该地指范县较为可信。持南宿派观点的王晖先生将此地考订为新郑市北,位于宋国以西,但位于其考订的"䤦城"所在地钧台一带北偏东的位置,与下文自西北攻伐䤦城的地理位置矛盾。

(四)瀵

马承源先生将铭文"左洍"后出现的地名隶定作"瀵"。③ 黄锡全先生认为该字从屵从水从蔓,即"濩"字异体,从铭文方位和古音角度来看,认为"濩"即"顾",该地位于今山东鄄城县东北,旧治范县东南。④ 陈双新先生从此说。⑤ 李晓峰先生认为该地尚不能确定为"顾",但黄锡全先生的意见可备一说。⑥

李仲操先生则认为此字与"蒙"形体相近,当即蒙山之蒙。⑦ 朱继平先生将其隶

---

① 李仲操:《谈晋侯苏钟所记地望及其年代》,《考古与文物》2000年第5期,第28页。
② 王晖:《晋侯鲦钟铭䤦城之战地理考》,《中国历史地理论丛》2006年第3期,第106页。
③ 马承源:《晋侯鲦编钟》,《上海博物馆集刊》(第7期),上海书画出版社1996年,第14页。
④ 黄锡全:《晋侯苏编钟几处地名试探》,《江汉考古》1997年第4期,第64-66页。
⑤ 陈双新:《晋侯苏钟铭文新释》,《中国文字研究》(第二辑),广西教育出版社2001年,第267页。
⑥ 李晓峰:《天马——曲村晋侯墓地出土青铜器铭文集释》,吉林大学硕士学位论文2003年,第14页。
⑦ 李仲操:《谈晋侯苏钟所记地望及其年代》,《考古与文物》2000年第5期,第28页。

定为"瀽",又写作"瀫","瀫水"即"获水",是"一条自今商丘东北到徐州北的东西向河流",临近宋国,是宋人的重要活动区域。①

何琳仪先生指出该字下部从"瀫"、上部从"尚"省其"口"形,钟铭为"蕫尚"合文,自下而上倒读作"瓠上",指瓠子河。② 张乐先生释"洍"为"沿"时引用此处"洍蕫"辞例,采用了何琳仪先生释"蕫"为水名的意见。③ 叶磊先生分析该字所从的 当为省略部分形符保留声符的"蓳",释"瀫"之说不可信,地望待考。④

按,从字形来看,字当从凸、从水、从蔓省声,隶定为"蕫"。"蔓"形体如下,"蕫"字省略其上部"艹":

（《集成》02840 中山王鼎 战国中期）

（《集成》04668 蔓圆窑里人豆 战国晚期）

《说文解字·水部》:"瀫,雨流溜下。从水蔓声。""蕫""瀫"谐声偏旁相同,故可相通。"瀫"与"顾"二者韵部可对转,存在音近互通的可能。

从地理位置来看,"瀫"为"顾"地的可能性较大。《诗经·商颂·长发》:"韦顾既伐,昆吾夏桀。"毛传:"有韦国者,有顾国者。"陆德明《经典释文》:"韦、顾,二国名也。""顾"为早期国名。又见《左传》哀公二十一年:"公及齐侯、邾子盟于顾。"杜预注:"顾,齐地也。"顾地早期为齐地小国,如今处于山东省鄄城县东北。该地临郓城,位于郓城以西,范县以南。故考"蕫"为顾地,其地望所在恰与从范地分行后"左洍蕫北洍 "的行军路线相合。

（五）

第二钟"北洍"后一字残泐不清,黄锡全先生怀疑该字为范城西南之庀,在今山东郓城县之北。⑤ 何琳仪先生推测为"汶"或"汶上",恰好北渡汶水为宿国,接续下文"伐宿夷"。⑥ 陈秉新先生据字形残存的 判断该字仍为"蕫"。⑦ 牛清波、王保成、陈

---

① 朱继平：《宿国地望及相关问题探析》，《中国历史地理论丛》2012年第3期，第49-50页。
② 何琳仪：《晋侯苏钟释地》，《安徽大学汉语言文字研究丛书·何琳仪卷》，安徽大学出版社2013年，第24页。
③ 张乐：《西周早期征讨夷方金文研究的整理与考论》，华东师范大学博士学位论文2018年，第470-471页。
④ 叶磊：《晋国金文整理与研究》，西南大学硕士学位论文2019年，第210页。
⑤ 黄锡全：《晋侯苏编钟几处地名试探》，《江汉考古》1997年第4期，第64页。
⑥ 同②，第25页。
⑦ 陈秉新：《晋侯苏编钟铭文考释》，《文物研究》（第13辑），黄山书社2001年，第261页。

世庆先生从此说。① 朱继平先生据字形残存的"止"与近似"彳"的形体,隶定该字为形似"从"或"逵"的字。在此字前句读,从辞例而言组成"从伐""逵伐"的习语。②

按,该字字形残漶不清,从仅余的字形结合文意来看,陈秉新先生之说可从。即"左洀甏北洀▨",这次战役应是从左从北两个方向攻打"甏"地。上文将"甏"考为顾地,结合后文"自西北遇(隅)𦥑(敦)伐匓𪔅(城)"的战役,并未言及两地合兵以进攻郓城的情况,且顾地又恰在郓城西北,侧面印证作战地点"甏"与▨同为顾地。

(六)淖、列

"▨、▨"二字下有重文符号,马承源先生将其视为连读的重言叠字,即"淖淖列列",形容战败的夷人奔逃之状。③ 叶正渤先生故疏证时,亦释为宿夷出奔的狼狈貌。④ 李仲操先生指出"淖列"应为地名,或指地貌,指夷人居住的低湿多泥之地。⑤ 牛清波、王保成、陈世庆先生不将其视为地名,从马承源先生之说。⑥

而李学勤先生将其断句为"王至淖列,淖列夷出奔",⑦ 如此一来"淖""列"皆为夙夷地名。李晓峰先生认同"淖""列"应视作地名,具体地望待考。⑧ 何琳仪先生从李文断句,并进一步考释具体地名,从声系角度,认为"淖"应读为"焦",即今安徽亳州市;"列"应读为"厉",在今河南鹿邑东。二地距离极近,故钟铭合称"淖(焦)列(厉)",⑨黄锡全先生则认为"列"即郓城周围的"犁(黎)",为春秋时期黎侯在卫所居之地,即卫邑,在今山东郓城县西;"淖"在列地之东,更靠近郓城,推定为"高鱼",今山东郓城县西北。⑩ 陈双新先生认为黄说所考地望大致不误。⑪

按,黄锡全先生所持为北宿说,以此考订的"匓城"所在地为"郓城",结合铭文,晋侯苏从西北方向攻伐郓城获胜,王亲至郓城观战,淖、列二地(郓城西及西北)的夷人闻风溃败奔逃,其意可通。

需要注意东国、南国、宗周、成周虽为巡狩地名,但其地望的判断也影响了战争地

---

① 牛清波、王保成、陈世庆:《晋侯苏钟铭文集释》,《中国文字学报》(第五辑),商务印书馆2014年,第94页。
② 朱继平:《宿国地望及相关问题探析》,《中国历史地理论丛》2012年第3期,第50页。
③ 马承源:《晋侯𬯎编钟》,《上海博物馆集刊》(第7期),上海书画出版社1996年,第15页。
④ 叶正渤:《西周标准器铭文疏证》(三),《中国文字研究》(第十四辑),大象出版社2011年,第50页。
⑤ 李仲操:《谈晋侯苏钟所记地望及其年代》,《考古与文物》2000年第5期,第29页。
⑥ 同①,第94页。
⑦ 李学勤:《晋侯苏编钟的时、地、人》,《夏商周年代学札记》,辽宁大学出版社1999年,第8页。
⑧ 李晓峰:《天马——曲村晋侯墓地出土青铜器铭文集释》,吉林大学硕士学位论文2003年,第19页。
⑨ 何琳仪:《晋侯苏钟释地》,《安徽大学汉语言文字研究丛书·何琳仪卷》,安徽大学出版社2013年,第25—26页。
⑩ 黄锡全:《晋侯苏编钟几处地名试探》,《江汉考古》1997年第4期,第65—66页。
⑪ 陈双新:《晋侯苏钟铭文新释》,《中国文字研究》(第二辑),广西教育出版社2001年,第268页。

名的判定。何琳仪先生与其他学者观点有异,他认为周王在这次军事行动中先后征服了"东国"和"南国",铭文中"东国"特指夙夷,在今山东郓城一带,"南国"特指焦厉夷,即所考淖列之地,在今安徽亳州市、河南鹿邑县一带。从何文来看,所列作战讨伐对象一共有二,分别是夙夷和焦厉夷;战争发生于东国和南国两个主战场上。基于这一认识,何琳仪先生对战争地名的地望判定存在山东郓城作战区和安徽、河南作战区的南北两地之隔。

而多数学者认为此次战事攻伐对象仅限夙夷,发生于不同地点的战事均为夙夷之战的一部分。例如,持北宿说的陈双新先生认为,周王巡狩自宗周到达成周,其后在巡狩南国的过程中,东国发生叛乱,周王东行,同时命晋侯苏率军平乱。整个战争发生于巡狩途中,期间周王到达郓城亲自指挥战斗,战争中心也集中于此。① 南宿说的王晖先生则指出"东国"即成周洛邑,"南国"为河南禹县与许昌市之间的一带,作战地点也仅位于南国境内。② 以上各说虽考订地望各不相同,但对作战对象的判断均为夙夷,作战地点也集中于一地周围。

三 晋侯苏钟战争路线梳理

晋侯苏钟涉及的历法纪日问题复杂难辨,限于篇幅本文未做讨论,铭文所见"王"统一以周王代称。攻伐夙夷的三次战争记载中出现了周王亲征的记录,并记载了七处具体战争地点。其中考释中心为夙夷,以马承源先生为代表的多数学者认为该地在山东东平,以王晖先生为代表的的少数学者认为在宋国境内,或与宋国毗邻。基于北宿说和南宿说的不同判定,学者们对其他地点展开文意和逻辑推理,所得地名考释意见各异。

由铭文中各处地望判断,取北宿说解释更为圆融。尽管以王晖先生为代表的学者们提出新见,但尚未用南宿说对晋侯苏钟铭文所涉的全部战争地名进行解释,系统稍欠完备。本文仍取能够系统解释各个地点的北宿说。

结合各位学者对战争地名的考释意见,本文试对晋侯苏钟铭文所记战争路线进行简单梳理:古时有天子巡狩地方的传统,有时是单纯巡视天下,有时是为了镇压诸侯。前者如秦始皇巡游天下,后者如高祖刘邦为削平韩信之假意巡游。西周中晚期以后,周室王权式微,地方挑衅势力抬头,周王巡狩以平天下。以此观之,晋侯苏钟所

---

① 陈双新:《两周青铜乐器铭辞研究》,河北大学出版社 2002 年,第 201—208 页。
② 王晖:《晋侯鮇钟铭■城之战地理考》,《中国历史地理论丛》2006 年第 3 期,第 104—105 页。

记周王巡行目的很可能就是镇压宿夷叛乱。铭文记录的三次攻伐夙夷的战争活动发生于山东附近,周王对此次平叛战争尤为重视,东行到达范县,指挥平叛。首先,周王命令晋侯苏率军从左从北两个方向攻打顾地,即范县以南、今山东鄄城县东北(该地临近郓城),从而推进夙夷之战。其后,王到达位于东平宿夷之西南的郓城附近,亲自视察军队,敦促晋侯苏从西北方向攻打郓城,此战获胜。此后,王亲至郓城,指挥晋侯苏乘胜追击淖列之地(郓城西北及北部)奔逃溃散的夷人,扫清边患。直至此战大获全胜,周王方返回成周。

参考文献

[1]陈秉新:《晋侯苏编钟铭文考释》,《文物研究》(第13辑),黄山书社2001年。
[2]陈双新:《晋侯苏钟铭文新释》,《中国文字研究》(第二辑),广西教育出版社2001年。
[3]陈双新:《两周青铜乐器铭辞研究》,河北大学出版社2002年。
[4]何琳仪:《晋侯苏钟释地》,《安徽大学汉语言文字研究丛书·何琳仪卷》,安徽大学出版社2013年。
[5]黄盛璋:《晋侯苏钟重大价值与难拔丁子指迷与解难》,《文博》1998年第4期。
[6]黄锡全:《晋侯苏编钟几处地名试探》,《江汉考古》1997年第4期。
[7]李凯:《柞伯鼎与西周晚期周和东国淮夷的战争》,《四川文物》2007年第2期。
[8]李凯:《〈柞伯鼎〉蠡测》,《出土文献与商周文明初探》,北京联合出版公司2015年。
[9]李晓峰:《天马——曲村晋侯墓地出土青铜器铭文集释》,吉林大学硕士学位论文2003年。
[10]李学勤:《晋侯苏钟笔谈》,《文物》1997年第3期。
[11]李学勤:《晋侯苏编钟的时、地、人》,《夏商周年代学札记》,辽宁大学出版社1999年。
[12]李仲操:《谈晋侯苏钟所记地望及其年代》,《考古与文物》2000年第3期。
[13]马承源:《晋侯编钟》,《上海博物馆集刊》(第7期),上海书画出版社1996年。
[14]牛清波、王保成、陈世庆:《晋侯苏钟铭文集释》,《中国文字学报》(第五辑),商务印书馆2014年。
[15]王晖:《晋侯穌钟铭■城之战地理考》,《中国历史地理论丛》2006年第3期。
[16]王世民、李学勤、陈久金、张闻玉、张培瑜、高至喜、裘锡圭:《晋侯苏钟笔谈》,《文物》1997年第3期。
[17]吴镇烽:《商周青铜器铭文暨图像集成》,上海古籍出版社2012年。
[18]吴镇烽:《商周青铜器铭文暨图像集成续编》,上海古籍出版社2016年。
[19]叶磊:《晋国金文整理与研究》,西南大学硕士学位论文2019年。
[20]叶正渤:《西周标准器铭文疏证》(三),《中国文字研究》(第十四辑),大象出版社2011年。
[21]张乐:《西周早期征讨夷方金文研究的整理与考论》,华东师范大学博士学位论文2018年。
[22]周书灿:《晋侯苏编钟的作战地点与行军路线》,《中国历史地理论丛》1998年第4期。
[23]朱凤瀚:《柞伯鼎与周公南征》,《文物》2006年第5期。
[24]朱继平:《宿国地望及相关问题探析》,《中国历史地理论丛》2012年第3期。

(姜林宏:北京文献语言与文化传承研究基地、
北京语言大学文献语言学研究所,100083,北京)

关于《穷达以时》中
旧释为"召繇"和"召坙"的释读

李 家 浩

提要 郭店楚简《穷达以时》中有旧释为"召繇"和"召坙"的字词，一直没有得到真正的解决。本文根据在郭店楚简公布之后新发现的古文字资料和古文字研究成果，对所谓的"召繇"和"召坙"进行了重新研究，在释读方面提出了与学术界完全不同的意见。

关键词 勺　傅说　负樵

1993 年 10 月，湖北省荆门市郭店一号楚墓出土的一批战国竹简，在当时轰动整个学术界，十分热闹。虽说郭店楚简发现已二十多年了，经过许多学者研究，但是仍然有一些问题至今还没有得到真正的解决。本文拟就《穷达以时》中旧释为"召繇"和"召坙"的问题谈点不成熟意见，谬误之处，敬请大家批评指正。

《穷达以时》中旧释为"召繇"和"召坙"的字词，见于 3 号和 10 号简。[①] 本文在学术界已有研究成果的基础上，把跟"召繇""召坙"有关的文字重新释写于下，但是这四个字仍然按照旧的释法：[②]

　　a. 召繇衣枲盖（褐），冒径（经）冢懂（巾），择（释）板管（筑）而差（佐）天子，塀（遇）武丁也。（3—4 号）

　　b. 骥（骥）駬张山，騹（骐）空于召坙，非亡（无）臘（体）壮（状）；穿（穷）四海，至千里，塀（遇）告（造）古（父）也。（10—11 号）

先让我们看看整理者在《穷达以时》释文前的"说明"："其内容与《荀子·宥坐》、《孔子家语·在厄》、《韩诗外传》卷七、《说苑·杂言》所载孔子困于陈蔡之间时答子路的一段话类似，与后二书所载尤为相近。"据此"说明"的提示，把《韩诗外传》《说苑》中

---

① 荆门市博物馆：《郭店楚墓竹简》，文物出版社 1998 年，第 27—28、145 页。
② 参看武汉大学简帛研究中心、荆门市博物馆：《楚地出土战国简册合集（一）郭店楚墓竹书》（文物出版社 2011 年）第 42—46 页释文、注释及其说明。

跟 a、b 两条类似的文字摘抄在下面,以便比较:

  A. 傅说负土而板筑,以为大夫,其遇武丁也。(《韩诗外传》卷十七)

   傅说负壤土,释板筑而立佐天子,则其遇武丁也。(《说苑·杂言》)

  B. 夫骥罢盐车,此非无形容也,莫知之也。使骥不得伯乐,安得千里之足?造父亦无千里之手矣。(《韩诗外传》卷七)

   夫骥厄罢盐车,非无骥状也,夫世莫能知也。使骥得王良、造父,骥无千里足乎?(《说苑·杂言》)

许维通对 B《韩诗外传》的文字做过校勘,他说:"'非'上'此'字衍。'莫'上脱'世'字,或'世'字误为'此',校者移在上句。《说苑·杂言》篇无'此'字有'世'字。"①B《说苑·杂言》首句的"厄"字,为《韩诗外传》与此句相当的文字所无,疑是衍文。

  现在谈上录释文中的"台繇"和"台垒"的释读。

  《楚地出土战国简册合集(一)郭店楚墓竹简》释文对"台繇"的注,把学术界的意见做了扼要说明,我转引于下:

   台,整理者:释"叴"。"叴繇"之名不见于各书,所记为傅说之事。黄德宽、徐在国(1998.103－104 页):释"台",读为"咎","咎繇"即"皋陶"。简文"咎繇"乃"傅说"之误,系抄写者误书。李零(1999B.494 页)以"叴""繇"断读。疑有误。或说傅说的别名。

目前,注中所说"台(咎)繇"的释读,似乎已得到学术界的公认。

  "台繇"和"台垒"的两个"台"字,原文写法相同,为了大家了解,我把其中一个字形揭示于下,暂且以拉丁字母 X 代表:

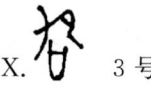

  X.   3 号

  从表面上看,把 X 释为"台"似乎没有什么问题,X 确实跟"台"字字形十分相似,如包山楚简 60 和 83 的"台"。② 但是,考虑到"X 繇"即"傅说"及"X 垒"即下文将要谈到的《战国策》的"负棘",把 X 释为"台"就有问题了。"傅说"之"傅"和"负棘"之"负"的声母都是唇音,显然不是巧合。据此可以说明,"繇""垒"二字之前二 X 的声母应该像"傅""负"二字一样也是唇音,而不是喉音的"台"。根据这一情况,再来看 X,可以发现 X 所代表的字除了可以释为"台"字之外,还可释为从"口"从"勹"声的"包"

---

 ① 许维通:《韩诗外传集释》,中华书局 1980 年,第 245 页。
 ② 李守奎、贾连翔、马楠:《包山楚墓文字全编》,上海古籍出版社 2012 年,第 55 页。

字,其声旁"勹"的声母正好是唇音。

"勹"作为合体字偏旁,常见于古文字,象人左侧身体下俯之形,高亨、裘锡圭先生认为即"俯"字的象形初文。① "勹"从甲骨文发展到西周金文,大致来说有甲、乙两类写法:甲类形体继承了甲骨文写法,乙类形体在甲类形体左侧人形手臂前端加有象征手指的"彐"字形。我在一篇讨论古文字"勹"有读如"宛"的音的文章里,谈到甲类"勹"的形体。② 大家要想了解甲类"勹",请看该文,我在这里只说乙类"勹"的形体。

乙类"勹"的形体到了战国文字里,又出现了一种变形,作"九"字形。现选择几个从乙类"勹"的字形作为例子,揭示于下:

1. 《文物》1998年第9期第11页图一〇应侯再盨

2. 《金文编》第561页朋史车銮

3. 《简帛》第3辑第27页

4. 《鉴印山房古玺印菁华》30号

5. 《包山楚简》图版八二 183号

6. 《清华大学藏战国竹简》(一)第37页《尹至》5号

7. 《古玺文分域研究》第410页

1、2是"朋"字。古文字有两个"朋",一个象两串贝之形,一个在象两串贝之形之上加"勹"声。1、2是后一种"朋"。我们今天所用"朋"即由这种写法的"朋"演变而成。前一个"朋"为后一个"朋"所兼并,没有保存下来。③

3—5是同一个字的不同写法。单育辰先生曾对这个字和从5之字做过全面深

---

① 高亨:《文字形义学概论》,齐鲁书社1981年,第176页。裘锡圭:《甲骨文考释》(八篇),《裘锡圭学术文集》(第1卷·甲骨文卷),复旦大学出版社2012年,第80—81页。
② 李家浩:《甲骨文北方神名"勹"与战国文字从"勹"之字——谈古文字"勹"有读如"宛"的音》,《文史》2012年第3辑,第29—73页。
③ 李家浩:《〈说文〉篆文有汉代小学家篡改和虚造的字形》,《安徽大学汉语言文字研究丛书·李家浩卷》,安徽大学出版社2013年,第365—369页。

入的研究,指出 3—5 从"土"从"皀"。① 根据单氏意见,6 当是一个从"肉"从"皀"之字,②7 当是一个从"竹"从"皀"之字。按照于省吾、裴锡圭两位先生说法,"皀"本从"勹"声。③

6、7"皀"旁所从"勹",把右侧类似竖画的末笔向右曳作"九"字形。在战国文字中,写作"九"字形的"勹",除见于 6、7 合体字偏旁外,作为独体字还见于上海博物馆藏楚简《卜书》1 号,原文与"首"合写,其下有合文符号:

8. 兆(兆)勹(俯)首内(纳)止(趾)④

"兆(兆)勹(俯)首内(纳)止(趾)"与它前面的文字"兆(兆)卬(仰)首出止(趾)"对言,可见 8 合文的"勹"用的正是它的本义。⑤

我曾在一篇小文中指出,战国文字往往在"ㄱ"形笔画夹角处加上一斜画。⑥ 如果在写作"九"字形"勹"的"ㄱ"形笔画夹角处加上一斜画,即成上揭 X "口"上部分。关于这一点,我们从战国文字"乔"有如下几种写法可以得到进一步证明:

 《郭店楚墓竹简》第 3 页《老子》甲 7 号

 《上海博物馆藏战国楚竹书》(二)第 93 页《容成氏》1 号

《郭店楚墓竹简》第 24 页《五行》37 号

上述"勹"的变化与这些"乔"字上部的变化同类。于此可见,X 上部所从当是由"九"字形写法的"勹"发展而成,其演变过程如下所示:

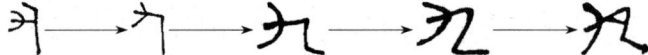

---

① 单育辰:《谈战国文字中的"皀"》,《简帛》(第三辑),上海古籍出版社 2008 年,第 21 - 28 页;《楚地战国简帛与传世文献对读之研究》,中华书局 2014 年,第 93 - 96 页。

② 清华大学出土文献研究与保护中心编、李学勤主编:《清华大学藏战国竹简》(一),中西书局 2010 年,下册,第 130 页注〔二〕。

③ 于省吾:《甲骨文字释林》,中华书局 1979 年,第 374 - 378 页。裴锡圭:《甲骨文考释》(八篇),《裴锡圭学术文集(1)甲骨文卷》,第 80 - 81 页。

④ 马承源主编:《上海博物馆藏战国楚竹书》(九),上海古籍出版社 2012 年,第 129、292 页。

⑤ 关于《卜书》"勹"字的释读,参看季旭昇、高佑仁主编:《上海博物馆藏战国楚竹书(九)》读本,万卷楼图书股份有限公司 2017 年,第 288 - 290 页;禤健聪:《战国楚系简帛用字习惯研究》,科学出版社 2017 年,第 104 页。

⑥ 李家浩:《鄂君启节铭文中的"兔禾"》,《古文字研究》(第三十二辑),中华书局 2018 年,第 157 - 158 页。

所以，我认为 X 应该隶定作"召","口"上部分实际上是"勹"的变体。

古文字中的"口"旁有一种特殊用法，即制造文字的一种标记。也就是说，在已有的文字之上加上标记"口"，表示另一个字。而这种加有标记"口"的新字，往往以被加标记"口"的旧字为声，例如，"又＋右""帝＋啻""㠱＋台"等。"＋"前的字是旧有的字，之后的字是加标记"口"新造的字。关于这一点，我在《漫谈古文字考释应该注意的几个问题——以战国文字为中心》的演讲稿中谈到。简文"召"所从的"口"当属这种标记，从"口","勹"声。

在此，有必要交代一下楚国文字中还有另外一个从甲类"勹"的"句*"。我在上面提到的那篇讨论古文字"勹"有读如"宛"的音的文章里说过，那个"句*"字所从"勹"是读如"宛"之类音，①跟此"召"字所从"勹"读如"俯"之类音当非一字。正因为它们不是一个字，所以古人有意把后者所从"勹"旁写作"九"字形，与前者在字形上加以区别。我在写释文的时候，为了区别这两个从"口"从"勹"的字和从"丩"声的"句"字，把从变音"勹"的字隶定作"句*"，在"句"右上角加上一个" * "号；把从本音"勹"的字隶定作"召"，将"口"旁放在"勹"旁之下。

据前面所说，简文"召繇"即"傅说"。"召"从"勹"声，而"勹"是"俯"的象形初文，其古音当读如"俯"。"俯繇"与"傅说"古音有关。上古音"俯"属帮母侯部，"傅"属帮母鱼部，二字声母相同，韵部相近。前面说过，"㠱"从"勹"得声，"㠱"即属鱼部。《逸周书·祭公》"俾百僚乃心，率辅弼予一人"，清华战国竹简《祭公》9 号"辅"作"府"。②清华竹简《说命》"傅说"作"尃敓"。③"尃"即"傅"字所从声旁，而"尃""辅"二字皆从"甫"声。这是战国时期"俯""傅"二字可以通用的例子。古代"繇"多用为"由"，④属余母幽部，傅说之"说"音弋雪切，属余母月部，二字声母相同，幽月二部的字偶尔也有相通的例子。伯姜鼎、禹簋有语词"灭宁"，⑤师酉鼎作"袤宁"，⑥"灭"属月部，"袤"属幽

---

① 李家浩:《甲骨文北方神名"勹"与战国文字从"勹"之字——谈古文字"勹"有读如"宛"的音》,《文史》2012 年第 3 辑,第 42－43、50－54、57－61 页。
② 清华大学出土文献研究与保护中心编、李学勤主编:《清华大学藏战国竹简》(一),中西书局 2010 年,上册,第 103 页,下册,第 174 页。
③ 清华大学出土文献研究与保护中心编、李学勤主编:《清华大学藏战国竹简》(三),中西书局 2012 年,上册,第 29－49 页,下册,第 122－128 页。
④ 白于蓝:《简帛古书通假字大系》,福建人民出版社 2017 年,第 148－149、151 页。
⑤ 中国社会科学院考古研究所:《殷周金文集成》(修订增补本),中华书局 2007 年,第二册,02791 号。李家浩:《应国禹簋铭文考释》,《文物》1999 年第 9 期,第 84 页图二。关于"灭"字的释读,参看黄锡全:《金文"灭宁"试解》,《中国文字》(新廿八期),台北艺文印书馆 2002 年,第 50－53 页。
⑥ 刘雨、严志斌:《近出殷周金文集二编》,中华书局 2010 年,第一册,326 号。

部。郭店楚简《性自命出》46 号有"人之说(悦)然可与和安者"句,①上博楚简《性情论》38 号与此句相当的文字"说"作"絮"。②"絮"从李天虹、冯胜君两位先生所释。③"说"从"兑"声,属月部;"絮"从"卯"声,属幽部。郭店楚简《老子》乙 13 号:"閟(闭)其门,赛(塞)其说(兑),终身不丞。"④此以月部"兑"得声的"说"与从幽部"矛"得声的"丞"合韵。《老子》第二十五章"寂兮寥兮",马王堆汉墓帛书《老子》甲本作"繡呵(兮)缪呵(兮)",乙本作"萧呵(兮)谬呵(兮)",⑤郭店楚简《老子》甲 21 号作"敓穆",⑥无语气词"兮"字。"敓"与"寂""繡""萧"相当。"寂"属觉部,"繡""萧"属幽部,觉部是幽部入声。上引清华竹简《说命》"傅说"之"说"正作"敓"。上博楚简《竞建内之》4 号"傅说"作"伿鸢"。⑦ 上古音"鸢"属元部。我在上面提到的那篇讨论古文字"勹"有读如"宛"音的文章里,曾经列举幽元二部相通的例子,⑧其中元部字"闟"的例子值得注意。"闟"从"繇"声。《说文》有"繇"无"繇",《说文》学家多以"繇"为"繇"的或体。更值得注意的是,慧琳《一切经义音》卷二十七"狖"字注说,"狖"又作"狖"。"狖"从"穴"声,"狖"从"由"声。跟"狖"同音的还有一个"歃"字,字又作"鼬",见《玉篇》鼠部"歃"字注和《裴务齐正字本刊谬补缺切韵》去声宥韵"鼬"字注。⑨"歃""鼬"二字也是分别从"穴""由"得声。前面说过,古代"繇"多用为"由"。古文献中有"穴"与从"兑"声的"阅"通用的例子。⑩ 此是"繇""说"二字可以通用的证据。上引郭店简《性自命出》"说"字,上博简《性情论》作"絮"。《山海经·大荒北经》"共工臣名相繇",郭璞注:"〔相繇〕,相柳也,语声转耳。"郝懿行说:"相柳见《海外北经》。"⑪"说""说"皆从"兑"声,"絮""柳"皆从"卯"声。此也是"繇""说"二字可以通用的证据。于此可见,简文

---

① 荆门市博物馆:《郭店楚墓竹简》,文物出版社 1998 年,第 64、181 页。
② 马承源主编:《上海博物馆藏战国楚竹书》(一),上海古籍出版社 2001 年,第 108、273 页。
③ 李天虹:《郭店竹简〈性自命出〉研究》,湖北教育出版社 2003 年,第 217 页。冯胜君:《郭店简与上博简对比研究》,线装书局 2007 年,第 237 页。
④ 同①,第 8、118 页。
⑤ 马王堆汉墓帛书整理小组:《马王堆汉墓帛书》(壹),文物出版社 1980 年,老子甲本及卷后佚古书图版 140 行、释文第 12 页,老子乙本及卷前古佚书图版 239 下、释文第 97 页。
⑥ 同①,第 4、112 页。
⑦ 马承源主编:《上海博物馆藏战国楚竹书》(五),上海古籍出版社 2005 年,第 21、170 页。
⑧ 李家浩:《甲骨文北方神名"勹"与战国文字从"勹"之字——谈古文字"勹"有读如"宛"的音》,《文史》2012 年第 3 辑,第 66—69 页。
⑨ 顾野王:《大广益会玉篇》,中华书局 1987 年,第 117 页上栏。周祖谟:《唐五代韵书集存》,中华书局 1983 年,上册,第 601 页。
⑩ 马瑞辰:《毛诗传笺通释》,陈金生点校,中华书局 1989 年,上册,第 436 页。睡虎地秦墓竹简整理小组:《睡虎地秦墓竹简》,文物出版社 1990 年,释文注释第 171 页注〔一三〕。
⑪ 郝懿行:《山海经笺疏》,中国书店影印 1991 年,卷十七,第 5 页上。

"㕛繇"当是"傅说"的另一种写法。"傅说"在战国竹简文字中有好几种写法,除了上引清华竹简《说命》的"尃敚"和上博楚简《竞建内之》的"仪鸢"之外,还有清华竹简《良臣》2号的"敊鴉"。①《穷达以时》把"傅说"写作"㕛繇",一点也不奇怪。

为了避免有人对上面所引郭店楚简《老子》"閟(闭)其门,赛(塞)其说(兑),终身不丞"是月幽合韵的说法产生不必要的怀疑,在此顺便说明一下此句跟马王堆汉墓帛书本、北大汉简本和传世诸本皆作"塞其兑,闭其门,终身不勤"的关系。楚简本与汉帛书本、竹简本和传世诸本第一、二两小句句次和第三小句末尾一字都不相同。《老子》是楚人作品,郭店简本又是战国时期楚人抄写而在楚地流传的本子,"閟(闭)其门,赛(塞)其说(兑),终身不丞"句的文字,应该在很大程度上保留了原貌。我怀疑郭店楚简本文字第二小句的"说(兑)"与第三小句的"丞"属月幽合韵,是楚国方音特点;到了秦人占领楚地之后,语音发生了变化,用变化后的语音来读楚简本"閟(闭)其门,赛(塞)其说(兑),终身不丞",第二、三两小句不协韵,于是就把第一、二两小句句次乙倒,把第三小句末尾一字改作"勤",以便与"门"协韵,于是就出现我们现在看到马王堆汉墓帛书本、北大汉简本和传世诸本的样子。

古文字"来""朿"的写法本来是不一样的,到了战国时期,"朿"讹变作与"来"同形,当时人为了避免"来""朿"二字在使用过程中发生混淆,于是在"来"字上加注"止"或"辵"作"垄"或"逨",以示区别。"垄"字在战国文字里,除了用为"来"之外,还用为"棘"。郭店楚简《老子》乙组13号:"启其说(兑),赛(塞)其事,终身不垄。"②此"垄"字,马王堆汉墓帛书乙本188行下作"棘",③北大汉简本41号作"来",④传世本作"救"。据此,战国楚简《老子》"垄"在马王堆汉墓帛书乙本系统里读为"棘",⑤北大汉简本系统里读为"来"。上古音"来"属来母之部,"棘"属见母职部,二字声母关系密切,韵部阴入对转,故"垄(来)"字又可用为"棘"。

"垄"在《穷达以时》里凡三见,除一个见于"㕛垄"外,另外两个见于4—5号"吕望为臧垄津,守监门垄地"。这两个"垄"都用为"棘",跟上引郭店楚简《老子》"垄",马王堆汉墓帛书乙本作"棘"相同。"棘津"指棘邑之津,"棘地"当指棘邑之地。担任"监门"的人地位低贱,⑥这与吕望的身份是"臧"相合。《方言》卷三:"臧、甬、侮、获,奴婢

---

① 清华大学出土文献研究与保护中心编、李学勤主编:《清华大学藏战国竹简》(三),上册,第93页。
② 荆门市博物馆:《郭店楚墓竹简》,文物出版社1998年,第8、118页。
③ 马王堆汉墓帛书整理小组:《马王堆汉墓帛书》(一),老子乙本及卷前古佚书图版188行下,释文第90页。
④ 北京大学出土文献研究所:《北京大学藏西汉竹简》(二),上海古籍出版社2012年,第45、129页。
⑤ 《古文四声韵》入声职韵"棘"字下所收《古老子》之字作"来"下"又",即"垄"之讹变。
⑥ 吴荣曾:《监门考》,《先秦两汉史研究》,中华书局1995年,第162-171页。

贱称也……"①《说苑·尊贤》第三章说太公望是"棘津迎客之舍人也"。"迎客之舍人"相当其他文献所说的"逆旅"。在古代，"逆旅"跟"监门"一样，地位也很低贱，所以"监门逆旅"往往连言。"守监门垈地"大概是"棘津迎客之舍人"的另一种说法。如此，这说明"刍垈"之"垈"也应该用为"棘"。

上录《穷达以时》b条文字，除传世文献B与之有关外，徐在国、白于蓝、王志平等先生还指出下录《战国策·楚策四》"汗明见春申君"章的一段文字亦与之有关：

> 夫骥之齿至矣，服盐车而上太行。蹄申膝折，尾湛胕溃，漉汁洒地，白汗交流，中阪迁延，负辕不能上。伯乐遭之，下车攀而哭之，解纻衣以幂之。骥于是俛而喷，仰而鸣，声达于天，若出金石者，何也？彼见伯乐之知己也。

这段文字是根据《丛书集成初编》排印的士礼居影宋本，②传世文献的引文与之出入较大。为了节省篇幅，我选择其中四条引文作为代表：

> C1.《水经注》卷四《河水注》引：昔骐骥驾盐车，上于虞阪，迁延负辕而不能进。

> C2.《文选》卷二十五刘越石《答卢谌诗》李善注引：昔骐骥驾盐车，上吴阪，迁延负辕而不能进。遭伯乐，仰而鸣之，知伯乐知己也。

> D1.《文选》卷六十贾谊《吊屈原文》李善注引：夫骥服盐车，上太行，中阪迁延，负辕不能上。

> D2.《史记·贾生列传》司马贞《索隐》引：夫骥服盐车，上太行，中阪迁延，负辕不能上，伯乐下车哭之也。

这四条引文可以分为C、D两类，每类各两条。自东汉末年至隋唐时期流传的《战国策》，大致来说有两个系统的本子，一个是西汉末年刘向整理的三十三卷本，一个是东汉末年高诱注二十一卷本。③ C、D两类文字不同，不知是否反映了这两个系统版本的不同。

更值得注意的是"负辕"的异文。据宋人姚宏注、鲍彪注、吴师道补正及清人黄荛圃《重刻剡川姚氏战国策札记》，"辕"原作"棘"。④ "负棘"与"刍棘"古音相近。上古音"负"属并母之部，据"勹"是"俯"的初文音属帮母侯部，据"勹"的传统音属帮母幽

---

① 荆门市博物馆：《郭店楚墓竹简》，文物出版社1998年，第146页注〔六〕裘按。
② 《战国策(附重刻札记)》，《丛书集初编》排印士礼居影宋本，商务印书馆1937年，第二册，第39页。
③ 刘向整理本的卷数和高诱注本的卷数，有不同说法。参看范祥雍：《〈战国策〉传本源流考》，《范祥雍文史论文集(外二种)》，上海古籍出版社2014年，第16-26页。
④ 《战国策(附重刻札记)》，《丛书集初编》排印士礼居影宋本，第二册，第39页，第四册，第31页。诸祖耿：《战国策集注汇考》，凤凰出版社2008年，中册，第849-850页注〔九〕。

部,帮并二母都是唇音,之侯幽三部关系密切,可以通用。"负棘"当是"召棘"的异文。从"负棘"或作"负辕"来看,颇疑"负棘"之"棘"应该读为"楅"。《说文》木部:"楅,大车枙也。从木,畐声。"唐写本《说文》木部残卷"枙"作"軶"。① "枙"是"軶"的异体。《说文》车部"軶"作"輗",说解云:"辕前也。"大车一般双辕,楅位于辕的前端。浑言之,辕可以包括楅,所以"辕楅"又可以连言。玄应《一切经音义》卷二"辕楅"之"楅"注:"居责反,谓辕端头曲木也。《释名》云:'楅,軶也。所以軶牛头也。'经文从'车'作'輻',传写误也。"按:玄应所引《释名》见于传本卷七《释车》,字形有所不同。② 玄应说经文"楅"作"輻"是传写之误,非是。"輻"字见于睡虎地秦墓竹简《秦律十八种》125号,用为当"悬钟格"讲的"簴"。③ 因"楅"从"畐"声,故"楅"或以"畐"为之。《考工记·车人》"凡为辕……畐长六尺",郑玄注引郑司农云:"畐,谓辕端,厌牛领者。"上古音"棘"属见母职部,"楅"属见母锡部,二字声母相同,韵部有关。职锡二部字有通用、合韵的例子。就拿"畐"字和从"畐"得声的字来说,《古字通假会典》就收有与职部字通用的例子四个,④ 这里以"翻"与"棘"通用的例子为代表。《墨子·耕柱》和《墨子》佚文所说诸侯以为良宝的"三棘六异",⑤《史记·楚世家》作"三翻六翼","棘"与"翻"、"异"与"翼",分别是《尔雅·释器》所说空心足鼎的"鬲"、外附耳鼎的"釴"。⑥ 楚国货币金钣有"鄎禹"戳印文字,⑦黄锡全先生认为"鄎"应该读为"棘",⑧可从。《左传》昭公四年"冬,吴伐楚,入棘、栎、麻",杨伯峻注:"棘,今河南永城县南。"⑨"鄎"亦见包山楚简110、118、168、184号,也应该从黄氏意见读为"棘"。据此,"召棘"也应该跟"负棘"一样读为"负楅",义同"负軶"或"负辕"。《文选》卷四十七袁彦伯《三国名臣序赞》李善注引《战国策》"负辕"作"负軶",也可以证明这一点。"楅"与"軶"不仅同义,而且古音亦近。《说文》手部:"搹,把也。从手,鬲声。扼,搹或从戹。"小徐本在"从手,鬲声"之

---

① 李宗焜:《唐写本说文解字辑存》,中西书局2017年,第45、71、135页。
② 任继昉:《释名汇校》,齐鲁书社2006年,第417页。
③ 睡虎地秦墓竹简整理小组:《睡虎地秦墓竹简》,图版第25页,释文注释第49页。
④ 高亨:《古字通假会典》,董治安整理,齐鲁书社1989年,第375页【翼与翻】、384页【核与楅】、385页【革与畐】、386页【棘与翻】。
⑤ 《墨子》佚文,《太平御览》卷八〇二引(中华书局1995年影印本第四册,总第3560页上栏),原文"异"字误作"里"。
⑥ 孙诒让:《墨子间诂》,中华书局1986年,下册,第393页。
⑦ 河南省博物馆、扶沟县文化馆:《河南扶沟古城出土的楚金银币》,《文物》1980年第10期,第62页,63页图五右下,图版肆·3左。
⑧ 黄锡全:《〈中国历代货币大系·先秦货币〉释文校订》,《第二届国际中国古文字学研讨会论文集》,香港中文大学中国语言及文学系1993年,第373页。
⑨ 杨伯峻:《春秋左传注》(修订本),中华书局1993年,第四册,第1255页。

下有"读若厄"三字,此据或体"挖"为说。《释名·释车》:"楅,扼也,所以扼牛颈也。"此以"扼(挖)"为"楅"的声训。"楅""搹"皆从"鬲"声,"軶""扼"皆从"厄"声。据此,颇疑"楅"与"軶"是同源词。

说到"负棘"的"棘"读为"楅",使我联想到前面所说"棘津""棘地"的地理位置的问题。"棘津"的地理位置历代有不同说法,据清人程恩泽总结有七种之多。①《汉书·地理志》平原郡属县"鬲"下班固自注:"平当以为鬲津,莽曰河平亭。"颜师古注说"鬲""读与隔同"。② 按:"鬲"本是一个古国名,传说是皋陶之后,偃姓;据鬲叔兴盨在西周时期是一个封国,③春秋战国属齐,秦汉为县。"鬲津"也是一个古老的地名,见于《尔雅·释水》。我怀疑"棘津"可能就是"鬲津","棘地"指"鬲"邑之地。如果此说可以成立,也是"棘""鬲"二字可以通用的例子。

上引《说文》说"楅"是大车之軶。大车是载重之车,驾牛,所以大车又称牛车。"盐车"指载盐之车,显然属于大车。不论是出土文献还是传世文献,都说良马驾牛驾的大车,是为了强调大材小用。

最后,顺便谈谈"骥駒张山,骐空于负楅"中"駒""空"二字的意思。

据前录 b、B 文字的对照,可以看出 b 的"駒"与 B 的"罢"对应。简文"駒"当是受上文"骥"字的同化而在"勺"上加上"马"旁或把某个从"勺"声之字的偏旁改作"马"旁而成,与《说文》训为"马白额也"的"駒"无关。关于简文"駒"的读法,在学界存在分歧,徐在国、白于蓝两位先生读为"约",④王志平先生读为"鷟",⑤我读为"愈"。⑥ 这些读法都于义近似,但是总觉得不如直接读为"疲"。

我前几个月写了一篇关于包山楚简遣策 262 号"一鼢青之表"的小文,把"表"读为"被"。⑦ 我在谈把简文"駒"读为"愈"的那篇文章里指出,古代"勺"或作"杓","杓"有市若切和甫遥切两读。值得注意的是后一读音与"表"字读音,上古音都属帮母宵部。既然包山楚简"表"可以读为从"皮"声的"被",郭店楚简"駒"当然也可以读为从"皮"声的"疲"。"骥罢盐车"之"罢",即用作"疲"。

---

① 诸祖耿:《战国策集注汇考》,凤凰出版社 2008 年,上册,第 463 页注〔二二〕引。
② "隔"或误作"耿"。参看 1975 年中华书局标点本《汉书》第六册 1607 页—一五八〇页二行校勘记。
③ 中国社会科学院考古研究所:《殷周金文集成》(修订增补本),第四册,04405 号。
④ 徐在国:《郭店楚简文字考》,白于蓝:《郭店楚墓竹简考释》(四篇),《简帛研究二〇〇一》,广西师范大学出版社 2001 年,上册,第 177-178、196 页。
⑤ 王志平:《郭店简〈穷达以时〉校释》,《简牍学研究》(第三辑),甘肃人民出版社 2009 年,第 63 页。
⑥ 李家浩:《楚简所记楚人祖先"鬻(鬻)熊"与"穴熊"为一人说——兼说上古音幽部与微、文二部音转》,《文史》2010 年第 3 辑,第 21-22 页。
⑦ 李家浩:《包山遣策所记随葬物中的"錄"和"表"》,待刊。

"空"从"土""穴"声,即"穴"字的繁体,葛陵村楚简乙一24、零288号把楚人祖先"穴熊"之"穴"写作"空"可证。《广韵》入声屑韵呼决切血小韵:"坎,穴也。"古文字偏旁位置不十分固定,左右结构可以写作上下结构。简文"空"与《广韵》"坎"很可能是同一个字。古代"疲"有"困"义。《庄子·齐物论》"苶然疲役而不知其所归",陆德明《释文》引简文注:"疲,病困之状。"上古音"穴"属匣母微部,"困"属溪母文部,微文二部阴阳对转,溪匣二母都是喉音。颇疑简文"空"应该读为"困"。① 徐在国先生在讨论"駒"字读法的时候,曾引到《易林·夬之井》卦辞:"骥疲盐车,困于衔箠。""疲""困"对言,与简文相同,可以参看。

关于"占繇"和"占棘"的释读及其有关问题就谈到这里。这些论述,主要是悬断,结论是否能够成立,敬请大家评说。

(李家浩:安徽大学汉字发展与应用研究中心,230039,合肥)

---

① 参看李家浩:《楚简所记楚人祖先"妣(鬻)熊"与"穴熊"为一人说——兼说上古音幽部与微、文二部音转》,《文史》2010年第3辑,第20、22页。

说"舁"及其相关字*

徐 在 国

提要 楚简中有""及以之为偏旁的字形,过去释作"肙",本文认为其下与"月(肉)"有别,而是手形与人形的下部分,故应改释作"舁"。"舁"的早期写法象拱手行礼之形,应为"揖"的初文,并对相关字形进行了考释。

关键词 上博简 曹沫之阵 舁 揖

《上海博物馆藏战国楚竹书(四)·曹沫之陈》有如下二字:①

 上下和且~《曹沫之陈》简 16

 不和则不~《曹沫之陈》简 48

第一字,李零先生隶定为"肙",读为"辑"。他说:②

> 肙,原作"",西周铜器《班簋》有"东国肙戎",齐器《国差𦉢》有"无疠无肙",其"肙"字皆从此。特别是后者,连笔势都是一样的。简文此字乃"䏍"字所从,"䏍"字影母谈部字,古音与"辑"字相近("辑"是从母缉部字),从文意看似应读为古书常见的"和辑"之辑,《尔雅·释诂上》"辑,和也。"此字与小篆舁相似。在先秦古文字资料中我们还没有发现过"舁"字,此字也可能就是古"舁"字。

李先生将第一字读为"辑",是完全正确的。他说"在先秦古文字资料中我们还没有发现过'舁'字"则不确。因为在郭店简《鲁穆公问子思》2 号简中就有"舁"字。《缁衣》34 简有"𦙑"字,此字隶定作"肙"我们也不同意。相反李先生的最后一句话"此字也可

---

* 本文是教育部、国家语委"甲骨文等古文字研究与应用专项"重大项目"战国文字谱系疏证"(YWZ-J013)的阶段性成果。该文写于 2005 年 3 月 1 日,3 月 3 日又做了一个补记,最早发表在"简帛研究网 2005 年 3 月 4 日",今照原稿刊发,未做改动。关于此字,许多学者写过文章,做过讨论,大家可以参考。

① 马承源主编:《上海博物馆藏战国楚竹书》(四),上海古籍出版社 2004 年,第 107、139 页。

② 同上,第 253 页。

能就是古'聶'字",我们认为是正确的。下面将我们的理由写出来,请大家指正。

郭店简"聶"及从"聶"之字作:

《郭店·鲁穆公问子思》2　　《郭店·缁衣》34

包山楚简、郭店简中"厭"字及从"厭"之字作:

厭: 包山 219　　《郭店·缁衣》46

纏: 包山 259

郭店简"聶"及从"聶"之字,"口"下部形体非常像"月(肉)",与《曹沫之陈》16、48 简中的形体不同。所谓的不同是笔势差别比较大。如果将这些形体与包山楚简、郭店简中"厭"字比较,就会发现:这些字"口"的下部绝对不是"月(肉)",而是手形和人形的下部分。

"聶"字的这种写法很古,当追溯到甲骨文、铜器铭文中。形体如下:

《甲骨文编》365 页

㘴其卣　　保卣　　令簋

甲骨文中的这些字,多释为"祝",也有的释为"兄"。铜器铭文中的这些字都被释为"兄"字。姚孝遂先生对甲骨文中的这些字做过如下分析:①

> 按:祝象人跪祷之形。许慎据小篆立说,不可据。王筠《说文释例》据大祝禽鼎释祝字为"人跪向神之形"。……卜辞祝或省示。孙海波《甲骨文编》误混入兄字,以为"兄用为祝"。实则凡卜辞祝字之省示者作㑒或㑧,象人跪形,亦有象人立形作㒰者,突出手掌形以区别于"兄"字,金文则以为兄,已混。……卜辞凡从㑒者,大体均区分甚严,例外者极少。

我们认为上引诸字不管释为"祝",还是释为"兄",都有问题。是否有手掌形,应当是有区别的。甲骨文、铜器铭文中单独的"兄长"之"兄",形体都没有手掌形。我们认为凡是有手掌形者,不管是站立的还是跪坐的,都应释为"聶",字形象人拱手行礼形。《说文》:"聶,聂语也。从口,从耳。"义为附耳私语。显然,这不是"聶"字的本义。《说

---

① 于省吾主编:《甲骨文字诂林》,中华书局 1996 年,第 349 页。

文》:"揖,攘也。从手,咠声。一曰:手箸胸曰揖。"揖的意思是拱手行礼。这是用后起的一个形声字来表示它的本义。许慎认为此字"从口,从耳",是据讹变后的形体进行分析的。所谓的"耳"字就是从 形讹变而来。释出了"咠"字,古文字中下列从"咠"的字也就可以认识了。

弔夜鼎(《集成》02646)有字作" ",有先生认为此字应分析为从米从兄(其中"兄"是"祝"字初文,甲骨文以"兄"为"祝"),释为"煮"。① 我们认为此字当分析为从鬲从米,咠声。"揖""厌"二字古通,例子很多,详见高亨《古字通假会典》254 页。因此,弔夜鼎铭"用~用亯(从鬲从米)"当读为"用厌用亯"。《尚书·洛诰》:"万年厌于乃德。"陆德明《释文》:"马云:厌,饫也。"义为饱、满足,后作饜。

徐沈尹钲(《集成》00425)有字作" ",多数学者认为此字从矛从兄。我们认为这个字应分析为从矛,咠声,字书所无,颇疑是"戢"字异体。《说文》:"戢,藏兵也。从戈,咠声。《诗》曰'载戢干戈'。"戢的意思是聚藏兵器。钲铭为"次虒爵,②戢备至剑兵"。

齐器《国差蟾》(《集成》10361)有字作" ",旧有释"疳""疣"二说。我们认为此字应分析为从疒,咠声。不见于后世字书。读为何字,待考。

晋公盆(《集成》10342)有字作" ",旧不释。此字应分析为从两手从林从宀,誯声。读为何字,待考。

《金文编》附录下 1253 页有一从女从咠声之字,字形作" ",不见于后世字书,用作人名。

最后对铜器铭文中"咠"字的用法略做分析。"咠"字见于下列铜器铭文中:

王令其咠□于田	卯其卣
延咠六品	保卣
令作册析咠望土于相侯	作册析觥
师楷饮咠,用对王休	师楷鼎
咠毕师眉赢	愙鼎

这些"咠"字旧多释为"兄",读为"貺",训为赐。我们怀疑这些器中的"咠"读为益。

---

① 唐钰明:《铜器铭文释读二题》,《著名中年语言学家自选集·唐钰明卷》,安徽教育出版社 2002 年,第 99 页。

② "虒爵"从何琳仪先生释。详参《徐沈尹钲新释》,原载《文物研究》(第 13 辑),黄山书社 2001 年,第 255－258 页,后收入《安徽大学汉语言文字研究丛书·何琳仪卷》,安徽大学出版社 2013 年,第 93－97 页,今据后者收入。

"嗌""馣"二字古通,详见高亨《古字通假会典》449页。《集韵·至韵》:"擅,俯手拜也,或作揖。""益"古有赐义。《墨子·号令》:"益邑中豪杰。"孙诒让《墨子闲诂》:"益犹言加赏也。《易·益》:"或益之十朋之龟。"益亦训赐。甲骨文"聑"字,用法不详。

2005 年 3 月 1 日

补记:

拙文草成后,曾呈黄德宽先生指正。黄先生告知新蔡简中有"聑"字,旧释为"兄",他早已经怀疑释"兄"有问题。我查了新蔡简,"聑"字见于下列简中:

  聑丌大牲(牢)   新蔡乙四 128
  聑祷乘良马   新蔡乙四 139
  需君子聑丌戠牛之祷 新蔡乙四 145
  禜聑   新蔡零 127
  聑祷于□   新蔡零 439

简文中的"聑"疑读为"揖",是一种祭祷的名称。楚简中有"与祷"、"翟祷"(新蔡简中作"一祷")、"赛祷",新蔡简又有"就祷"。"赛祷"见于文献,内容清楚。其他均需进一步考证。

新蔡简又有从"示"从"聑"之字:

  禩祷于□   新蔡零 533

因为简文"聑"与祭祷有关,所以从示。

此外,中国国家博物馆新入藏的作册般铜鼋中也有"聑"字(详《中国历史文物》2005 年第 1 期)。柞伯簋铭中有从禾从聑之字,亦见于甲骨文。文义待考。

2005 年 3 月 3 日

(徐在国:安徽大学徽学与中国传统文化研究院,230039,合肥)

清华简《系年》"曾人乃降西戎"再议

张 新 俊

提要 《国语·周语》"王降狄师以伐郑",韦昭注训"降"为"下"。战国秦汉文献中有"下兵"的说法,学者或据韦注为清华简《系年》"曾人乃降西戎以攻幽王"之"降"做解。通过对"下兵"的考察,我们认为"降"是不能训"下"的,当是"征"之形近误字。

关键词 《系年》 下兵 降 征

一 问题的提出

清华简《系年》第 5—6 号简因为涉及西周灭亡的历史事实,所以自公布伊始就一直备受学术界的关注。尤其是对于简文中曾、申、西戎三国在西周灭亡过程中所扮演的角色等问题,学者之间在理解上仍然存在不小的分歧。为了讨论方便,我们先把相关的简文录写如下(释文采用宽式):

(1)周幽王取妻于西申,生平王,王或取褒人之女,是褒姒,生伯盘。褒姒嬖于王,王与伯盘逐平王,平王走西申。幽王起师围平王于西申,申人弗畀,曾人乃降西戎以攻幽王,幽王及伯盘乃灭,周乃亡。①

先后有学者指出,《国语·郑语》中有以下两段文字,与上揭《系年》简文密切相关:

(2)申、缯、西戎方强,王室方骚,将以纵欲,不亦难乎? 王欲杀太子以成伯服,必求之申,申人弗畀,必伐之。若伐申,而缯与西戎会以伐周,周不守矣! 缯与西戎方将德申,申、吕方强,其怜爱太子亦必可知也,王师若在,其救之亦必然矣。王心怒矣,虢公从矣,凡周存亡,不三稔矣。②

---

① 清华大学出土文献研究与保护中心编、李学勤主编:《清华大学藏战国竹书》(二),中西书局 2011 年,第 138 页。

② 《国语》,上海古籍出版社 1988 年,第 519 页。

(3)周幽王伐有褒,褒人以褒姒女焉,褒姒有宠,生伯服,于是乎与虢石甫比,逐太子宜臼而立伯服。太子出奔申,申人、鄫人召西戎以伐周,周于是乎亡。①

上例(2)中的"缯"与(1)的"曾"及(3)中的"鄫",只是同一国名的不同用字而已。同一个国名在典籍中往往有不同的写法,如"郐"国之"郐",还有"会""桧""侩"等多种异文,是其证②。(2)说"缯与西戎方将德申","德"是"感恩、感激"的意思。如《左传·僖公二十四年》"王德狄人,将以其女为后",孔颖达疏"荷其恩者谓之为德"③。《史记·魏公子列传》:"赵孝成王德公子之矫夺晋鄙兵而存赵,乃与平原君计以五城封公子。"④由(2)可知,缯与西戎都曾受到过申的恩惠,故与申关系密迩。《今本竹书纪年》在幽王九年(公元前773年)下还有一条重要的记载说:

(4)(幽王)九年,申侯聘西戎及鄫。⑤

《说文》:"聘,问也。"从西周到春秋时期,天子与诸侯或者诸侯之间互相派遣使者通问皆可称作聘。《礼记·曲礼下》:"诸侯使大夫问于诸侯曰聘。"孔颖达疏:"聘,问也。谓遣大夫往相存问。"⑥申侯既然聘西戎及鄫,足可以证明三个诸侯国之间不同寻常的政治互动关系。"若伐申,而缯与西戎会以伐周",也预见了西周中央政府如果处理不好与申国的关系,必将导致三国的联军来攻的被动局面。(3)说"申人、鄫人召西戎以伐周,周于是乎亡",道出了周灭亡的直接原因,正是申、曾召来了西戎的军队,在申、曾、西戎三方合围之下,西周灭亡。《史记·周本纪》说"申侯怒,与缯、西夷犬戎攻幽王。幽王举烽火征兵,兵莫至。遂杀幽王骊山下,虏褒姒,尽取周赂而去"⑦,《史记·郑世家》"二岁,犬戎杀幽王于骊山下,并杀桓公"⑧,《今本竹书纪年》"(幽王)十一年,申人、鄫人及犬戎入宗周,弑王及郑桓公"⑨,三晋讲的都是同一件事。

不过具体到清华简《系年》"曾人乃降西戎以攻幽王"这句话,学术界对"降"字的解释,却是聚讼纷纭。到目前为止,先后有"降(投降)""共""纠"等多种释读意见⑩。

---

① 《国语》,上海古籍出版社1988年,第255页。
② 张俊成:《读〈左传〉胗录二则》,黄贤全、邹芙都主编:《西部史学》(第一辑),西南师范大学出版社2018年,第95-98页。
③ 左丘明著,杜预注,孔颖达疏:《春秋左传正义》,北京大学出版社2000年,第484页。
④ 司马迁:《史记》,中华书局2014年,第2894页。
⑤ 方诗铭、王修龄:《古本竹书纪年辑证》(修订本),上海古籍出版社2005年,第262页。
⑥ 郑玄注,孔颖达疏:《礼记正义》,北京大学出版社2000年,第164页。
⑦ 同④,第188页。
⑧ 同④,第2123页。
⑨ 方诗铭、王修龄:《古本竹书纪年辑证》(修订本),上海古籍出版社2005年,第262页。
⑩ 苏建洲、吴雯雯、赖怡璇:《清华二·〈系年〉集释》,万卷楼图书股份有限公司2013年,第63-64页。李松儒:《清华简〈系年〉集释》,中西书局2015年,第44-46页。王辉:《也谈清华简〈系年〉"降西戎"的释读——兼说"降""崔"混讹的条件及"升""皇"之别》,李守奎主编:《清华简〈系年〉与古史新探》,中西书局2016年,第487-493页。王恩田:《清华简〈系年〉第一、第二章校读(十则)》,《古籍研究》2016年第2期。

我在2015年发表的一篇文章中,考虑到楚文字中"降""征"二字形近多有混讹的现象,认为简文中的"降"是"征"字之误,进而与《国语·周语上》中"王降狄师以伐郑"的"降"字联系起来,提出这两处"降"都是"征"的形近误字,当训作"征召"。(3)说"申人、鄫人召西戎以伐周",其实已经讲得很明白了。韦昭训"降"为"下",是不足信的①。

拙文发表之后,有学者对我们的看法提出了不同的意见。如王辉先生在2016年发表的文章中,认为简文"曾人乃降西戎"并不存在文字错讹的问题。韦注训"降"为"下"也并不错误。王先生说:

> 按:韦注是。"降"与"下"意思相近,古书常用"下师"或"下兵"表示出兵。前者如《战国策·韩策二》"果下师于崤以救韩";后者如《战国策·秦策一》"亲魏善楚,下兵三川",高诱注:"下兵,出兵也。"《史记·张仪列传》"大王不事秦,秦下兵攻河外",《汉书·高帝纪》"其以下兵于诸侯,譬犹居高屋之上建瓴水也"。"降狄师"及简文"降西戎"之"降"应如韦注所言,意为"下",与"下师"、"王降狄师以伐郑"的"降"、"下兵"之"下"意思相当。《系年》"鄫人乃降西戎以攻幽王"意即鄫人于是发西戎之兵进攻周幽王,可见"降"自可通。②

王先生这个的说法得到了一些学者的赞同③。我们在拜读了王先生的文章之后,仍有一些不同的理解,在此想阐述一下我个人的一点陋见。不当之处,敬请方家批评指正。

二 "降""陞"的构形

近些年来新公布的资料,让我们对"降""陞"二字有了一些新的认识。这一部分主要讨论这两个字的构形和混讹问题。

楚文字中的"降"字,主要有三种写法:

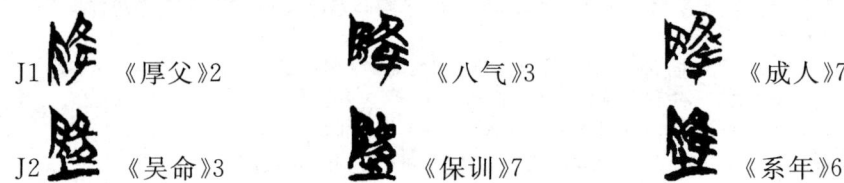

---

① 张新俊:《清华简〈系年〉"曾人乃降西戎"新诂》,《中国语文》2015年第5期。
② 王辉:《也谈清华简〈系年〉"降西戎"的释读——兼说"降""陞"混讹的条件及"升""堂"之别》,李守奎主编:《清华简〈系年〉与古史新探》,第487-493页。
③ 郑邦宏:《出土文献与古书形近讹误字校订》,中西书局2019年,第145页。张雨:《清华大学藏战国竹简(贰)动词汇释》,辽宁师范大学硕士学位论文2019年,第3、67-68页。

J3 ▨ 《五行》12　　▨ 《命训》2

第一种写法的"降"继承了甲骨文、金文的形体①。更多时候,楚文字中的"降"会在"夊"形的末笔上添加一短横为饰笔。例如,《系年》45 号简作▨,《子仪》15 号简作▨,是在下面的"夊"形上加饰笔,《楚居》1 号简作▨,《越公其事》2 号简作▨,《成人》5 号简作▨,则是在上下两个"夊"形都加上饰笔。

第二种写法是在"降"下加上"土"形。战国文字中从"阜"的字加"土"繁化,是很常见的现象②。这种写法的"降"字,过去仅在燕国兵器铭文不降矛中出现过③,后来在上博简、清华简中也相继出现过。

第三种写法则是在"降"下加上"止",表示动词"降落""下降"。这种形体同样可以在"夊"形的末笔上添加一短横,如清华简《命训》2 号简的写法。不过,战国文字中经常出现省笔的现象,尤其是当一个文字中出现重复构件的时候,往往会把重复的一部分省去,何琳仪先生称为"删减同形"④。不过形体的解析能否成立,还需要从上下文加以判断才行。楚文字中就有如下三字:

 J4a ▨ 《耆夜》10　　 b ▨ 《越公其事》48　　 c8 ▨ 《诗经》94

以上 a、b 两个形体完全相同,这很容易让人联想到,是否就是"降"所从的两个"夊"形省去了其中之一。a 字清华简的整理者隶定作"陖",认为是"降"字异体,但同时指出也有可能是"阠"字⑤,该书《字形表》部分则取前说收录到"降"下⑥。受此影响,《清华大学藏战国竹简【壹一叁】文字编》《战国文字字形表》《清华简藏战国竹简 1—8 文字编》等都从释"降"说⑦。不过从文意上看,这个字应该是"陛"

---

① 刘钊主编:《新甲骨文编》(增订本),福建人民出版社 2014 年,第 791-792 页。张俊成编著:《西周金文字编》,上海古籍出版社 2018 年,第 773-774 页。
② 吴振武:《〈古玺文编〉校订》,人民美术出版社 2011 年,第 38-39 页。何琳仪:《战国文字通论》(订补),上海古籍出版社 2017 年,第 268 页。
③ 汤余惠主编:《战国文字编》(修订本),福建人民出版社 2015 年,第 946 页。徐在国、程燕、张振谦编著:《战国文字字形表》,上海古籍出版社 2017 年,第 1967 页。
④ 何琳仪:《战国文字通论》(订补),上海古籍出版社 2017 年,第 257-259 页。
⑤ 清华大学出土文献研究与保护中心编、李学勤主编:《清华大学藏战国竹简》(一),中西书局 2010 年,第 154 页。
⑥ 同上,第 258 页。
⑦ 李学勤主编,沈建华、贾连翔编:《清华大学藏战国竹简(一一三)文字编》,中西书局 2014 年,第 338 页。徐在国、程燕、张振谦编著:《战国文字字形表》,上海古籍出版社 2017 年,第 1967 页。马继:《清华大学藏战国竹简 1—8 文字编》,华东师范大学硕士学位论文 2019 年,第 1681 页。

字①。b形简文说"举越邦乃皆好☐人",整理者隶定作"陞",读作"征",可信。现在看来,以上二字皆是"陞"字,过去或把a形看成"降"形之省②,是不正确的。

c形出自安大简,简文说"☐观于桑",与之对应的今本《诗经·定之方中》作"降观于京"。简文"降"字字迹残泐不全,安大简的整理者认为大体可以确定是"降"字③。此"降"字左下部分残缺,但右下从"止"则清晰可见,可以推测应是一个省去"夊"形的字。这样的话,楚文字中的"陞"与"降"仍然存在混同的现象。

楚文字中的"陞"字,在形体演变上有一部分是与"降"平行的,但要比"降"复杂一点。如下面的形体:

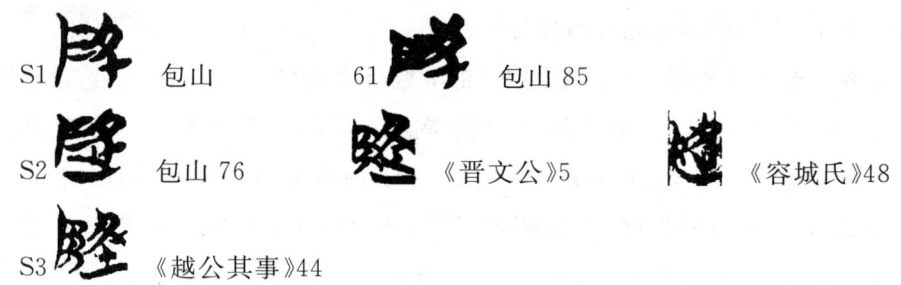

S1　包山 61　　　包山 85
S2　包山 76　　　《晋文公》5　　　《容城氏》48
S3　《越公其事》44

第一种写法是从"阜","升"声,这种写法也是源自甲骨文④。不过声符"升"受文字类化的影响,与"降"所从的"夊"不容易区分。楚文字中的"阩"还有一种变体,就是把所从的"升"写成""形,如包山85号简的"阩"字。变体的"""",从笔迹来看,其实是可以从以下三形看出来的:

☐ 包山 162　　　☐ 包山 22　　　☐ 《程寤》5

前两形是"陞",第三形是"降"。"夊"形的写法,往往会把第一、二、三笔写出头,""""形应该就是由此而来的。

第二种写法,是在"阩"下部加上"止"符,一般都隶定作"陞",在楚文字中是"登"或者"陞"的本字。这种写法的"陞"在上博简《容城氏》多次出现,如39号简作☐,《容城氏》31号简作☐。《容城氏》39号简有"☐自戎遂",过去或者释作"降",非是。其右

---

① 周凤五:《清华〈保训〉篇文字解读》,载《出土文献研究方法国际学术研讨会会议论文集》,台北,2011年11月,此文未见,转引自刘丽《清华简〈保训〉集释》,中西书局2018年,第120-121页。张新俊:《清华简〈系年〉"曾人乃降西戎"新诂》,《中国语文》2015年第5期。

② 徐在国:《上博楚简文字声系》,安徽大学出版社2013年,第868页。

③ 安徽大学汉字应用与发展中心编,黄德宽、徐在国主编:《安徽大学藏战国竹简》(一),中西书局2019年,第134页。

④ 周忠兵:《释甲骨文中的"阩"——兼说"升"、"祼"之别》,《中国书法》2015年第24期。刘钊主编:《新甲骨文编》,第795页。

边所从也应该是"🗙"形,不过是墨迹有所残泐而已。

第三种写法是在"阜"形下加上"土"形。这种形体的"陞"目前在楚文字中仅此一见。

楚文字中还有一种类型的"陞"字,所从的声符与"升"稍有不同。如下面的两种形体:

S4  《祷辞》7   《周易》33

S5 包山3   《孔子见季桓子》25

S4 这种形体,王辉先生认为是源自曾候乙墓编磬铭文上的"🗙""🗙"等形,这是很有道理的。《周易》33号简,当是在"🗙"形基础上的简省。S5 这种写法自然也是从"🗙"形变化来的。

楚文字中的"陞""降"在大部分情况下是分得很清楚的,不过除了误释的因素之外,也有混同的例子。如清华简《命训》2号简"降之祸"之"降"写作🗙形,而《子仪》第5、7号简中有两处"阩琴"之"阩",皆写作🗙形①,包山楚简中的"阩门有败"的"阩"写作🗙②,它们在构字部件上可以说无甚区别。当"降""陞"二字构件完全相同的时候,只有靠上下文才可以区别开来。

王辉先生认为清华简《系年》6号简"降西戎"的"降"写作"🗙",不具备与"🗙"形相混讹的条件,这有些求之过严。我们认为此处的"🗙"字,本身很有可能就是在"🗙"误认作"降"之后辗转抄写而来的。前面我们说过,《耆夜》10号简上的"🗙"形,多种工具书都收录在"降"字下。因此,大可不必拘泥于二者形体差异,苛求二者混同的条件。

三 "下兵"的语境

王辉先生提出,古书常用"下师"或"下兵"表示出兵,这是源自高诱"下兵,出兵也"的注解。我们认为高诱的注解虽然大致不差,但这只是一个比较笼统的说法,所以有深究一下的必要。

《周语·国语》中的"王降狄师"、清华简《系年》中的"曾人乃降西戎"与《战国策》

---

① 李学勤主编,贾连翔、沈建华编:《清华大学藏战国竹简(四—六)文字编》,中西书局2017年,第294-295页。

② 李守奎、贾连翔、马楠编著:《包山楚简文字全编》,上海古籍出版社2012年,第507-508页。

《史记》《汉书》中的"下兵""下师"之"下",恐怕不能做简单的比附。其一,"降"虽然可以训作"下",但除了《周语·国语》中的"王降狄师"表面上可以看作"降师"在形式上的扩充之外,先秦典籍中并无更多"降师"的书证。其二,结合先秦文献来看,"下兵""下师"都是有特定的语言环境的。

为了做进一步的讨论,我们先把王文中所征引的"下师""下兵"四条例证,转录于下,然后再加以讨论:

(5)果下师于崤以救韩。(《战国策·韩策二》)

(6)亲魏善楚,下兵三川。(《战国策·秦策一》)

(7)大王不事秦,秦下兵攻河外。(《史记·张仪列传》)

(8)其以下兵于诸侯,譬犹居高屋之上建瓴水也。(《汉书·高帝纪》)

例(5)出自《战国策·韩策二》"楚围雍氏五月"条,其背景是楚国围困韩国的雍氏,韩国多次派使者向秦国求救,"冠盖相望,秦师不下崤"。后甘茂出面说服秦昭王,秦"果下师于崤以救韩"[1]。例(6)出自《战国策·秦策一》"司马错与张仪争论"条,张仪主张伐韩,对秦惠王说"亲魏善楚,下兵三川",高诱注:"下兵,出兵也。"[2]例(7)是张仪对魏哀王的威胁之词,除了见于《史记·张仪列传》之外,相同的文字也见于《战国策·魏策一》"张仪为秦连横说魏王"条[3]。第(8)条比较特殊,我们暂且留到后文再讨论。

除了王文所举出的几条书证之外,《战国策》中可以找到不少"下兵"的例子。兹举其中三例:

(9)今秦人下兵,魏不敢东面,横秦之势合,则楚国之形危。(《战国策·齐策六》"燕攻齐取七十余城"条[4])

(10)秦下兵攻卫阳晋,必开扃天下之匈。(《战国策·楚策一》"张仪为秦破从连横说楚王"条[5])

(11)昔者秦人下兵攻怀,服其人,三国从之。(《战国策·赵策二》"秦攻赵苏子为谓秦王"条[6])

与"下兵"意思相近的说法,文献中还有"下甲""下甲兵""下甲士"等说法。今略举

---

[1] 刘向集录,范祥雍笺证:《战国策笺证》,上海古籍出版社2018年,第1540-1541页。
[2] 司马迁:《史记》,中华书局2014年,第2778页。刘向集录,范祥雍笺证:《战国策笺证》,上海古籍出版社2018年,第202-203页。
[3] 刘向集录,范祥雍笺证:《战国策笺证》,上海古籍出版社2018年,第1273页。
[4] 同上,第710页。
[5] 同上,第794页。
[6] 同上,第1030页。

《史记·张仪列传》中的几个例子：

(12) 大王不与秦，秦下甲据宜阳，韩之上地不通；下河东，取成皋，韩必入臣。梁则从风而动。①

(13) 今王不事秦，秦下甲云中、九原，驱赵而攻燕，则易水、长城非王之有也②。

(14) 大王不听臣，秦下甲士而东伐，虽欲事秦，不可得矣③。

(15) 秦下甲攻卫阳晋，必大关天下之匈④。

例(12)中的"秦下甲据宜阳"，相同的记载在《战国策·楚策一》"张仪为秦破从连横说楚王"条，写作"秦下甲兵据宜阳"⑤，可知"甲兵"是"甲"的同义复词。例(10)"秦下兵攻卫阳晋"，(15)说"秦下甲攻卫阳晋"。因此先秦文献中的"下兵""下甲""下甲兵"意思是完全相同的。

以上(9)～(15)例中，我们不厌其烦地列举了多条"下兵""下甲""下甲兵"的例子。把以上文献放在一起讨论，不难发现，在战国时期的文献中，凡是说"下兵""下甲"者，其主语或是秦王，或是秦国、秦人，都是秦国出兵攻打他国，没有一条例外。前面我们说高注"下兵"是"出兵"，虽然意思大致不错，但结合先秦文献加以辨析的话，二者却又有差别。文献中"出兵"一词的主语则不限于秦，用在韩、赵、魏、楚、越等国身上也都无所不可。下面略举几个《史记》中例子：

(16) 六年，韩、魏、赵、卫、楚共击秦，取寿陵。秦出兵，五国兵罢。(《史记·秦始皇本纪》⑥)

(17) 臣请东见越王，令出兵以从，此实空越，名从诸侯以伐也。(《史记·仲尼弟子列传》⑦)

(18) 赵括至，则出兵击秦军。(《史记·白起王翦列传》⑧)

(19) 使楚杀田假，赵杀田角、田间，乃肯出兵。(《史记·田儋列传》⑨)

与"出兵"同义的，文献中还有"发兵""出师""发师"等，它们的主语也没有任何地

---

① 司马迁：《史记》，中华书局2014年，第2783页。
② 同上，第2791页。
③ 同上，第2779页。
④ 同上，第2785页。
⑤ 刘向集录，范祥雍笺证：《战国策笺证》，上海古籍出版社2018年，第793页。
⑥ 同①，第291页。
⑦ 同①，第2672页。
⑧ 同①，第2834页。
⑨ 同①，第3208页。

域或者身份地位的限制,普遍适用于个各个诸侯国。仍然以《史记》为限,如以下三个是"发兵"的例子:

(20)燕、代**发兵**击秦军,秦军破燕易水之西。(《史记·秦始皇本纪》①)

(21)于是秦昭王遽为**发兵**救魏。魏氏复定。(《史记·魏世家》②)

(22)楚**发兵**绝吴将盖余、属庸路,吴兵不得还。(《史记·刺客列传》③)

上面三例中,"发兵"的主语分别有燕、代、秦昭王、楚。以下所举是"出师""发师"的例子:

(22)齐王大悦,**发师**五万人,使陈臣思将以救周,而秦兵罢。(《战国策·东周》"秦兴师临周"条④)

(23)夫穰侯越韩、魏而攻齐纲、寿,非计也。少**出师**则不足以伤齐,多**出师**则害于秦。(《史记·范睢蔡泽列传》⑤)

(24)诸将皆喜,许之,**发师**随程婴攻公孙杵臼。(《史记·赵世家》⑥)

上面三个例子,"出师""发师"的主语分别是穰侯、齐王、晋国诸将领。由此可知,"下兵""下甲"等词出现的语言环境与"出兵""发师"等略有不同,主要与战国时期各个诸侯国所处的地理位置密切相关。众所周知,在中国人的地理观中,很早就有西高东低的观念。战国以来的楚地文献中,所见较多。如郭店楚简《太一生水》说"【天不足】于西北,其上高以强;地不足于东南,其上□□□"⑦。《淮南子·天文训》说"昔者共工与颛顼争为帝,怒而触不周之山,天柱折,地维绝,天倾西北,故日月星辰移焉;地不满东南,故水潦尘埃归焉"⑧。随州孔家坡汉简《日书》中有《岁》篇说"天不足于西方,天柱乃折。地不足东方,地维乃绝"⑨。这种观念由来已久,至今我们还保留着"西上"—"东下","北上"—"南下"的思维定势。秦处西土,相对东方六国而言就是"上"。秦军出关而东,多用"下"字。如《史记·苏秦列传》有一段秦正告楚的话:

(25)蜀地之甲,乘船浮于汶,乘夏水而下江,五日而至郢。汉中之甲,乘船出

---

① 司马迁:《史记》,中华书局2014年,第301页。
② 同上,第2243页。
③ 同上,第3055页。
④ 刘向集录,范祥雍笺证:《战国策笺证》,上海古籍出版社2018年,第4页。
⑤ 同①,第2924页。
⑥ 同①,第2152页。
⑦ 荆门市博物馆:《郭店楚墓竹简》,文物出版社1998年,第125页。
⑧ 张双棣:《淮南子校释》(增订本),北京大学出版社2013年,第276页。
⑨ 湖北省文物考古研究所、随州市考古队编著:《随州孔家坡汉简》,文物出版社2006年,第184页。

于巴,乘夏水而下汉,四日而至五渚。寡人积甲宛东下随,智者不及谋,勇士不及怒,寡人如射隼矣①。

"下江""下汉""下随",是相对于秦楚的地理位置而言的。《史记·苏秦列传》中,秦正告魏国的书信中说:"秦下轵则南阳危",《正义》:"南阳,怀州河南也,七国时属韩。言秦兵下轵道,从东渭桥历北道过蒲津攻韩,即南阳危矣"②。明白于此,先秦文献中说到强秦对东方六国出兵的时候,每用"下兵""下甲"等词,就很容易理解了。《史记·范雎列传》中,范雎对秦昭王说:

(26)王下兵而攻荥阳,则巩、成皋之道不通;北断太行之道,则上党之师不下。

这是范雎对秦昭王的游说之词。"上党之师不下",《正义》谓:"言泽、潞之师不得下太行相救"③。上党在当时虽然是韩国的领地,但"上党"在北边,自然地理的形势由高向低的缘故,可以说"下太行"。前面例(4)说"果下师于殽以救韩",在同一篇中,甘茂对秦王说"秦师不下殽",都是说秦国军队是否从殽山向东出击的意思。另外,《国语·晋语四》"二年春,公以二军下,次于阳樊"。韦昭注:"东行曰下。"④相同的记载,在《左传·僖公二十五年》作"晋侯辞秦师而下。三月甲辰,次于阳樊"。杜预注"顺流故曰下"⑤,未确。阳樊在今天河南济源境内,相对晋都而言,也是在东、南方向,所以把军队所向的地方称作下。

前面例(8)是刘邦执政得韩信之后,大臣田肯道贺的话。据《汉书·高帝纪》记载:

(27)陛下得韩信,又治秦中。秦,形胜之国也,带河阻山,县隔千里,持戟百万,秦得百二焉。地势便利,其以下兵于诸侯,譬犹居高屋之上建瓴水也。⑥

《汉书》中的这段话差不多全袭自《史记·高祖本纪》。文中的"下兵",与以上所举各例有所不同。"下兵"的主语是以刘邦为首的汉中央政府,当时刘邦已经做了皇帝,发动中央政府的军队去攻打反叛的诸侯王,完全是居高临下俯视东南的姿态,"下兵"一词,一是为了烘托出皇帝至高无上的地位,当然也与长安"带河山之险,县隔千里"的地理优势不无关系。

---

① 司马迁:《史记》,中华书局 2014 年,第 2743 – 2744 页。
② 同上,第 2729 页。
③ 同上,第 2925 页。
④ 《国语》,上海古籍出版社 1988 年,第 374 – 375 页。
⑤ 左丘明著,杜预注,孔颖达疏:《春秋左传正义》,北京大学出版社 2000 年,第 490 – 491 页。
⑥ 班固:《汉书》,中华书局 1962 年,第 59 页。

上文我们讨论了先秦文献中"下兵""下师""下甲""下甲兵"等出现的语境,认为其与秦所处的特殊的地理位置、古人西高东低这样的空间认知密切相关的。

下面我们再从曾、西戎所处的地理位置来看,把《国语·周语》中的"王降狄师"、《系年》简"曾人乃降西戎"两处的"降"训为"下",是否具有合理性。

四 曾、申的地望

在传统历史地理学的研究中,探讨申国的地望的基点,无不从《汉书·地理志》出发。前汉志"南阳郡"下有"宛"县,注"故申伯国"[①]。《左传·隐公元年》杜预注:"申国,今南阳宛县"[②],即今天河南省的南阳市。正好今天的南阳市境内有一个古地名缯关,见于《左传·哀公四年》:"楚人既克夷虎,乃谋北方,左司马眅、申公寿余、叶公诸梁致蔡于负函,致方城之外于缯关"[③]。清代学者江永认为,"缯关"的位置在"南阳府裕州,方城在裕州"。[④] 根据方城县当地学者的考证,古"缯关"大致位于今方城县北25公里独树镇大关口楚长城遗址[⑤]。《国语·郑语》有一条韦昭注说:"缯,姒姓,申之与国也。"[⑥]传统的学者们一直倾向于把方城一带的"缯关"与西周时期的诸侯国"鄫"相联系。

对申国的地理位置提出挑战的,是清代学者崔述。他在《丰镐考信录》中有一篇《辨申侯召戎灭周之说》:

> 申在周之东南千数百里,而戎在周西北,相距辽远,申侯何缘越周而附诸戎?黄与弦之附齐也,其国在楚东北,然楚灭之,齐桓犹不能救,远近之势然也。王师伐申,岂戎所能救乎?径庭之启曲沃以伐翼也,蔡之召吴与伐楚也,其地皆相邻接,故曲沃、吴得以因之。申与戎相距数千里,而中隔之以周,申安能启戎?戎之力果能灭周,亦何藉于申之召乎[⑦]?

后来的学者受到崔说的启发,逐渐认识到以往把申的地望定在南阳是不够合理

---

① 班固:《汉书》,中华书局1962年,第1563页。
② 左丘明著,杜预注,孔颖达疏:《春秋左传正义》,第57页。
③ 杨伯峻编著:《春秋左传注》(修订本),中华书局1990年,第1626页。
④ 江永:《春秋地理考实》第三卷,收入贾贵荣、宋志英辑:《春秋战国史研究文献丛刊》(4),国家图书馆出版社2014年,第169页。杨伯峻编著:《春秋左传注》(修订本),中华书局2016年,第1815页。
⑤ 贺金峰:《春秋"方城"城邑、缯关地望考》,《中国长城博物馆》2010年第3期。
⑥ 《国语》,上海古籍出版社1988年,第522页。
⑦ 崔述:《崔东壁遗书》,上海古籍出版社2013年,第246页。

的。童书业先生提出申有东西之别,西申之国似近骊山①。清华简《系年》的整理者在"周幽王取妻于西申"这句话的注释中,对"西申"有一个比较详细的解释:

> 《史记·周本纪》载幽王后为"申侯女"。《逸周书·王会》"西申以凤鸟",何秋涛《王会篇笺释》据《山海经·西山经》有申山、上申之山、申首之山等地名,推断西申在今陕西安塞以北,蒙文通《周秦少数民族研究》之说略同,均以西申为戎。《秦本纪》云秦先人大骆以申侯之女为妻,"西戎皆服",在周孝王时。《后汉书·西羌传》注引《纪年》云周宣王三十九年,"王征申戎,破之"。"申侯""申戎"均有学者以为即西申。②

苏建洲、吴雯雯、赖怡璇三位先生编著的《清华二〈系年〉集解》总结了学术界研究"西申"的三种主要观点,即陕西北部说,地近骊山说,宗周之西说,可以参看③。李峰先生注意到,《古本竹书纪年》中有"平王奔西申"的记载,1981年南阳市出土的南申伯太宰仲爯父簋,证实了西周晚期在南阳的申是被称作"南申"的。李峰先生进而提出,周宣王在南阳建立南申之前,原先坐落在宗周西部的申已经存在,应该就是《古本竹书纪年》中的西申。李先生在《山海经·西山经》中找到了一个重要的地理坐标,即在洛水所出的白于山和泾水所出的泾谷之山之间,有申首之山,乃申水所出。以此为定点,李先生推测今天甘肃的平凉地区很可能便是西申的位置所在④。把申定在平凉地区,与地处固原一代的西戎接壤,二者建立起政治军事联盟对抗周王朝,以往存在的疑问就都可以得到比较合理的解释。1972年甘肃灵台白草坡西周早期墓葬中出土的"伯𢵠"诸器,李守奎先生认为"𢵠"从"㬎"得声,很可能就是西申之"申"的早期用字⑤。如此,则西申有更早的渊源。

至于说"曾(缯)"的地望,传统的研究一般认为有山东之曾、南阳之曾(缯)、湖北之曾。这三处的曾从在地缘政治上说,都不太符合与西戎临近从而结成军事联盟的条件。石泉先生受童书业先生的启发,认为缯国当在关中临近西申与西戎处⑥。清华简《系年》公布之后,笪浩波先生提出,"西申在陕西北部,则西申的与国缯国也应该

---

① 童书业:《春秋史》,上海人民出版社2019年,第45页注释124。
② 清华大学出土文献研究与保护中心编、李学勤主编:《清华大学藏战国竹简》(二),中西书局2011年,第139页。
③ 苏建洲、吴雯雯、赖怡璇编著:《清华二〈系年〉集解》,第43—48页。
④ 李峰:《西周的灭亡》,上海古籍出版社2007年,第252—260页。
⑤ 李守奎:《清华简〈系年〉中的"𦈐"字与西申》,《历史语言学研究》(第7辑),商务印书馆2014年,第168—177页。
⑥ 石泉:《古代荆楚地理新探》,武汉大学出版社1988年,第88页。

在陕西北部"的看法①。董珊先生认为,结合考古发现来看,时代比较早的"曾"有三个:山东之曾,西周早期位于南方的曾,还有位于陕西和甘肃交通线上,可能处在宝鸡、崇信两点一线某处的曾。后者虽然还不能确定其地望,但应该就是周末叛周之曾,也是西戎进入宗周的必经之路②。到目前为止,虽然学者们对于西周晚期申、曾的地望还没有最终落实,但大致来说,申位于镐京的西北方向,曾位于镐京的西方,则与事实相去不远。《古本竹书纪年》说:"(宣王)三十九年,王伐申戎,破之。"③如果按照传统学者们对申、曾的地望的理解,周宣王三十九年的这次战役,王师不得不对西戎和东南申国双边作战,这显然是令人困惑的。蒙文通先生认为"申戎即姜氏之戎,即申侯也"④。现在看来,这个说法是有道理的。

申、曾二国相对的地理位置大致可以确定,再回过头来看对《国语·周语》"王降狄师以伐郑"这句话的理解。先秦典籍经常把"戎狄"并称。如《诗经·鲁颂·閟宫》"戎狄是膺,荆舒是惩。"⑤《国语·周语一》:"我先王不窋用失其官,而自窜于戎狄之间。"⑥《左传·闵公元年》:"戎狄豺狼,不可厌也。"⑦《左传·昭公四年》:"周幽为大室之盟,戎狄叛之。"⑧或称作"戎翟",如《史记·秦本纪》:谓秦穆公"自岐、雍之间,修德行武,东平晋乱,以河为界,西霸戎翟,广地千里,天子致伯,诸侯毕贺,为后世开业,甚光美"⑨。《史记·魏世家》:"秦与戎翟同俗,有虎狼之心,贪戾好利无信,不识礼义德行。"⑩狄其实也就是戎。童书业先生怀疑"狄"也是羌族,本为西方"戎"种的一支。春秋时期晋国北部的无终之戎,可能是狄与山戎的混种⑪。林沄先生认为在西周、春秋时人的观念中,狄实际是包括在戎之中的。⑫ 戎狄远处镐京之西,曾也在镐京的西边,于周而言,皆堪称上方。按照前面我们对"下兵"等使用语境的讨论,处在宗周的

---

① 笪浩波:《汉东的邙国、曾国与随国考》,罗运环主编:《楚简楚文化与先秦历史文化国际学术研讨会论文集》,湖北教育出版社 2013 年,第 26 - 34 页。
② 董珊:《从出土文献谈曾分为三》,《出土文献与古文字研究》(第 5 辑),复旦大学出版社 2013 年,第 154 - 215 页。
③ 方诗铭、王修龄:《古本竹书纪年辑证》(修订本),第 262 页。
④ 蒙文通:《周秦少数民族研究》,《蒙文通文集》(第二卷·古族甄微),巴蜀书社 1993 年,第 56 - 60 页。
⑤ 毛亨传,郑玄笺,孔颖达疏:《毛诗正义》,北京大学出版社 2000 年,第 1668 页。
⑥ 《国语》,上海古籍出版社 1988 年,第 3 页。
⑦ 左丘明著,杜预注,孔颖达疏:《春秋左传正义》,北京大学出版社 2000 年,第 346 页。
⑧ 同上,第 1383 页。
⑨ 司马迁:《史记》,中华书局 2014 年,第 255 - 256 页。
⑩ 同上,第 2243 页。
⑪ 童书业:《春秋史》,上海人民出版社 2019 年,第 111 页。
⑫ 林沄:《戎狄非胡论》,《林沄文集·古史卷》,上海古籍出版社 2019 年,第 169 - 175 页。

周王,是不能下狄师的,曾人也不具备下西戎之师的条件。

五 下大王之兵

前面我们主要从地理位置上讨论了"王降狄师""曾人乃降西戎"之"降"不能训作"下"的理由。文献中虽然有"下兵"的说法,但扩充成"下某某之兵"书证则极为少见。《战国策·魏策三》"芒卯谓秦王"有如下一段话:

(28)王所患者,上地也。秦之所欲于魏者,长羊、王屋、洛林之地也。王献之秦,则上地无忧患。因请以下兵东击齐,攘地必远矣。……地入数月,而秦兵不下。……(芒卯)乃之秦,谓秦王曰:"魏之所以献长羊、王屋、洛林之地者,有意欲以下大王之兵东击齐也。今地已入,而秦兵不可下,臣则死人也。虽然,后山东之士,无以利事王者矣。"秦王憱然曰:"国有事,未澹下兵也,今以兵从。"后十日,秦兵下①。

"有意欲以下大王之兵东击齐"这句话中,根据黄丕烈的注,鲍彪《战国策校注》无"有意"二字②,"有意"与"欲"语义重复,鲍注本似乎比较可信。"下大王之兵东击齐"是属于"下某某之兵"的句式。按照我们前文的讨论,除了秦国之外,东方诸侯国罕见有用"下兵"的例子。因此,《战国策·魏策三》中的这句话就变得非常可疑。我们怀疑这句话中的"下"字很有可能是涉上文的"下兵"而衍,如果删掉此处的"下"字,据鲍注本则作"欲以大王之兵东击齐",句子就十分通顺了。所以,《战国策·魏策》中"下大王之兵"是不足为据的。王守谦等人的《战国策全译》本此句作"有意欲以大王之兵东击齐也"③,无"下"字,较他本为优。但是书不出校记,又不知何据。

先秦文献中,"以/帅某某之师""以/率/将某某之兵"是最常见的句式。如《左传·僖公四年》:"齐侯以诸侯之师侵蔡。"④《左传·宣公元年》:"晋荀林父以诸侯之师伐宋。"⑤《左传·襄公元年》:"晋韩厥、荀偃帅诸侯之师伐郑。"⑥《史记·秦本纪》:"魏将无忌率五国兵击秦,秦却于河外。"⑦《史记·乐毅列传》:"乐毅于是并护赵、楚、

---

① 刘向集录,范祥雍笺证:《战国策笺证》,上海古籍出版社2018年,第1361—1362页。
② 诸祖耿:《战国策集注汇考》(增补本),凤凰出版社2008年,第1243页。
③ 王守谦等:《战国策全译》,贵州人民出版社1992年,第733页。
④ 左丘明著,杜预注,孔颖达疏:《春秋左传正义》,北京大学出版社2000年,第376页。
⑤ 同上,第677页。
⑥ 同上,第935页。
⑦ 司马迁:《史记》,中华书局2014年,第275页。

韩、魏、燕之兵以伐齐,破之济西。"《索隐》:"护谓总领之也。"①《史记·燕召公世家》:"王因令章子将五都之兵以因北地之众以伐燕。"②《史记·魏世家》:"(知氏)又率韩、魏之兵以围赵襄子于晋阳。"③"以某某之师"在事实上也是多方联军结成军事同盟,不过是由主导一方率领统一行动而已。先秦文献中常见的"征师",很多时候是建立军事联盟前的一种外交活动。"征师"的一方,一般来说都是军事联盟的主导者。如《左传·僖公十六年》:"王以戎难告于齐,齐征诸侯而戍周。"④先秦时期除了中央政府之外,各诸侯国的兵力都比较有限,所以在大规模的军事行动之前,都会用"征师"的形式,建立联合武装以壮大声势。《左传·昭公四年》楚灵王在申大会诸侯,大臣椒举对楚王说:"霸之济否,在此会矣。夏启有钧台之享,商汤有景亳之命,周武有孟津之誓,成有岐阳之搜,康有酆宫之朝,穆有涂山之会,齐桓有召陵之师,晋文有践土之盟。"⑤曾人联合申、戎的军队与周作战,周王征召狄人的武装攻打郑国,时有先后,其理不殊。

前面我们已经讨论过,从所处的地理位置而言,《系年》简中的"曾人"是不具备"下西戎(之师)"的条件的,《国语·周语》中的"王",当然也不能"下狄师"。因此,我们认为"降"字当理解成"征召"之"征"的讹误,曾、周王分别是这两次军事行动的主导方。《国语》说"申人、鄫人召西戎以伐周",可知曾、申两国在对周王室的战争中,确实是征用了西戎的武装力量。

六 结 语

最后,我们总结一下本文的主要观点:

第一,战国文字中的"征""降"二字,虽然大多数情况下分别得很清楚,但经过形体简省之后,也时有混讹现象。究竟是"征"还是"降",常需要根据上下文才能加以辨别。古书在传抄的过程中,"征""降"二字出现误写、误释的情况,也是很正常的。

第二,战国文献中出现的"下兵"一词,几乎都是对针对秦国而言。在古人的地理观中,早有西高东低、北上南下的观念。秦国地处西方,对东方诸侯国用兵的时候,可

---

① 司马迁:《史记》,中华书局2014年,第2946-2947页。
② 同上,第1883-1884页。
③ 同上,第2241页。
④ 左丘明著,杜预注,孔颖达疏:《春秋左传正义》,北京大学出版社2000年,第1383页。
⑤ 杨伯峻编著:《春秋左传注》(修订本),中华书局1990年,第1250-1251页。

用"下兵"一词,东方六国则不适合这一用语。

第三,清华简《系年》中的"曾人乃降西戎以攻幽王",《国语·周语》中的"王降狄师以伐郑",这两处"降"字,均不能训作"下"。我们认为把"降"看成是"征"字之讹,训作"征召",会合理一些。

第四,《战国策·魏策三》中有"下大王之兵"之说,此处的"下"字,当为衍文。

(张新俊:河南大学文学院,475001,开封)

"安堵"与"案堵"

袁 金 平

提要 《史记》《汉书》等史籍习见"安堵""按堵"及"案堵"等语词,旧注以及现代各种译注类著述对其所做的解释分歧很大,甚至存在诸多误解。本文结合已有的研究成果以及出土的语言资料,通过文献、语义分析,认为"安堵"(包括"按堵""案堵")与《史记》中的"案署"同为一词,意即"安处其位"。同时,文章还就"堵""署"的关系、"安""署"的准确释义等问题做了较深入论证。

关键词 安堵 案署 岗位 安居其位

"安堵"一语较早见于《史记》。例如:

(1)即墨即降,愿无虏掠吾族家妻妾,令安堵。(《史记·田单列传》)

《史记》又写作"案堵":

(2)与父老约法三章耳:杀人者死,伤人及盗抵罪。余悉除去秦法。诸吏人皆案堵如故。(《史记·高祖本纪》)

"案堵"一语又见于《汉书》:

(3)三辅悉平,更始都长安,居长乐宫。府藏完具,独未央宫烧,攻莽三日,死,则案堵复故。(《汉书·王莽传下》)

例(2)"案堵",《汉书·高帝纪》引作"按堵",汉荀悦《汉纪·高祖纪》则写作"安堵"①。"安堵""案堵"及"按堵"用法相同,众皆以为乃一词之异,②极是。后"安堵"以及"安堵如故"成为文人笔下的惯用语,其例甚多。③

南朝梁裴骃《史记集解》引东汉应劭曰:"案,案次第;堵,墙堵也。"按照应劭的解释,其实并不好讲通原文。唐颜师古在给《汉书》作注时,当是不满意应氏之训,故补

---

* 本文曾呈给胡波、陶智诸兄审阅,他们提出了很好的修改意见,谨此申谢。文中错谬概由本人负责。
① [汉]荀悦、[晋]袁宏著,张烈点校:《两汉纪:〈汉纪〉、〈后汉纪〉》,中华书局 2002 年,第 16 页。
② 下文讨论中,为方便称引,若无需分辨时,权以"安堵"代表诸词。
③ 参符定一:《联绵字典·3·寅集》,中华书局 1943 年,第 34 页;罗竹风主编:《汉语大词典》(第 3 卷),上海辞书出版社 2008 年,第 1323 页。

充说:"(按堵)言不迁动也"。相较之下,颜说于文义十分顺适,但仅是概言其义,也未能真正落实"安堵"诸词的具体释义。

今人编撰的各类词典、古籍译注本等,对"安堵"诸词的解释情况亦颇为复杂,大体上可分为以下几类[①]:

(一)遵从应劭说,将"堵"解释为"墙"。如李翰文、冯涛及魏克威等均认为"按堵如故"意谓"依次排列像墙一样。形容秩序良好,百姓和原来一样安居乐业"[②]。李国祥等主张:"安堵:平安稳固得像墙一样。堵,墙。"[③]王继如则认为:"按,按次第。堵,墙壁。比喻安然不变。"[④]

(二)在应劭说基础上有所变通,将"堵"解释为居室或屋宇。如许嘉璐认为:"安堵:安居室内。堵,这里指居室。"[⑤]李宗侗等谓:"核堵乃屋墙,以代表屋宇,而屋宇乃以供居住者,故全句(引者按,指'按堵如故')谓皆安居如昔。"[⑥]

(三)多从颜师古之说。如王叔岷谓:"'案堵'与'安土'义近,师古谓'不迁动'。是也。"[⑦]或径训作"安居""安定"等义,此类最多。[⑧]

(四)在颜注基础上将"安堵"意译为"各就各位""各安其位"。如韩兆琦谓"案堵如故"犹言"各就各位,一切照常",又注云:"安堵:也作'按堵',即安居。《汉书·高帝纪》应劭注:'按次第也',即各安其位,不受惊扰"。[⑨]

以上四类意见拥有一个共同特点,即不论采用哪种说法,学者们似是觉得旧训"言不逮意",往往会在其基础上做进一步阐发,如所谓"形容秩序良好,百姓和原来一样安居乐业""此喻安然不变""全句谓皆安居如昔""各安其位,不受惊扰"等。从文义

---

① 笔者目前能搜集到的相关资料可能并不全面,但大体上应能反映出各类著作对"安堵"诸词所做解释的概貌。
② 李翰文、冯涛主编:《成语词典》(第1卷),九州出版社2001年,第17-18页;魏克威、李德山主编:《二十五史成语典故》,吉林人民出版社2002年,第229页。
③ 李国祥、李长弓、张三夕译注:《古代文史名著选译丛书·史记选译》,凤凰出版社2011年,第253页。
④ 王继如主编:《汉书今注》,凤凰出版社2013年,第11页。
⑤ 许嘉璐主编:《古代汉语》,高等教育出版社2011年,第212页。
⑥ 李宗侗、夏德仪校注:《资治通鉴今注·晋纪》,台湾商务印书馆股份有限公司2012年,第269页。
⑦ 王叔岷:《史记斠证》,中华书局2007年,第317页。
⑧ 仓修良主编:《史记译典》,山东教育出版社1991年,第194、442页;李翰文、冯涛主编:《成语词典》第1卷,第10-11页;夏征农主编:《辞海》(语词分册),上海辞书出版社2003年,第8页;徐复等编:《古代汉语大词典》,上海辞书出版社2007年,第1244页;罗竹风主编:《汉语大词典》(第3卷),第1323页;吴树平主编:《文白对照全译史记》,新世界出版社2008年,第170、1084页;夏征农、陈至立主编:《辞海》(第6版普及本),上海辞书出版社2010年,第48页;傅永和、李玲璞、向光忠主编:《汉字演变文化源流》,广东教育出版社2012年,第915页;中国社会科学院语言研究所词典编辑室编:《现代汉语词典》(第7版),商务印书馆2016年,第6页。
⑨ 韩兆琦译注:《史记》,中华书局2010年,第824、5311页。

疏通的角度看,后两种解释要优于旧说,但对于"安堵"为何会有"安居""各安其位"一类的意思,以及"堵"到底该如何诠释等问题,学者们并没有给出令人满意的答案。

《史记》中尚有"案署"一语:

(4)(始皇)乃令咸阳之旁二百里内,宫观二百七十复道甬道相连,帷帐钟鼓美人充之,各案署不移徙。(《史记·秦始皇本纪》)

《汉书》的记述与此稍有不同:

(5)秦非徒如此也,起咸阳而西至雍,离宫三百,钟鼓帷帐,不移而具。(《汉书·贾山传》)

《汉书》在文字内容上多承袭《史记》而又有所省改,"钟鼓帷帐,不移而具"即是对"帷帐钟鼓美人充之,各案署不移徙"的改写。若按严格比对,班固在这里其实并没有对"案署"给出对应的表述,因而对于考察"案署"的语义提供不了实质性帮助。

仅就眼力所及,我们目前尚未见有旧注对"案署"做过训释。而今人编撰的各类著述对"案署"的解释,与"安堵"一样纷纭。兹将有关的不同意见分述如下:

(一)署,部署、布置。如仓修良、徐明等①,或意译为"按照布置固定下来"②,"按照部署固定下来"③,"各按部署,不得迁移"④,"各种布置不得移动"⑤等。

(二)署,登记、签名。如杨钟贤、来新夏等⑥,或意译为"各自登记不准迁移"⑦,"按照各自登记的位置居住"⑧等。

(三)设置机构。刘乃和谓:"案署:设置专人管理。案:几案;署,办公处所。此用为动词,指设置机构。"⑨许春在译为:"各自设立管理机构不许擅自搬动。"⑩

(四)"案署"同"安堵",义为"安居,不受骚扰"。⑪

(五)各居各位。韩兆琦谓:"(各案署不移徙)意即各色人等(包括'美人'、侍卫)

---

① 仓修良主编:《史记辞典》,山东教育出版社1991年,第604页;徐明:《文白对照全译史记》,华龄出版社2003年,第164页。
② 阙勋吾、阙宁南注:《史记新注》,湖北教育出版社2003年,第155页。
③ [西汉]司马迁著,崔凡芝注:《史记》,山西古籍出版社2004年,第22页。
④ 周国林主编:《中国历史文选》,中华书局2006年,第167页。
⑤ 吴树平主编:《文白对照全译史记》,新世界出版社2008年,第110页。
⑥ 杨钟贤、郝志达:《文白对照全译史记》,国际文化出版公司1992年,第255页;来新夏、王连升:《史记选注》,齐鲁书社1998年,第34页。
⑦ 夏松凉、李敏主编:《史记今注》,南京大学出版社2010年,第121页。
⑧ 李翰文主编:《全注全译史记全本》,北京联合出版公司2015年,第150页。
⑨ 刘乃和主编:《中国历史文选》(第二册),北京图书馆出版社1999年,第50页。
⑩ 许春在:《史籍注译商兑》,《南京高师学报》1996年第1期,第32页。
⑪ 夏征农主编:《辞海》(语词分册),上海辞书出版社2010年,第8页;徐复等编:《古代汉语大词典》,上海辞书出版社2007年,第1244页。

都是长期住在那里,不各处移动。不论皇帝出行至何处,各处备用的人、物都一应俱全。案署:各居各位。"①

由此可见,研究者对于"案署"的理解与认识存在着比较大的分歧,迄今没有定论,这显然不利于包含《史记》在内的相关古籍的深入研究与正确利用。

以上引述的各家观点虽纷然淆乱,但其中存有不少合理成分,这为我们再对"安堵""案署"等词语做深入讨论奠定了良好基础。如有不少学者将"案署"与上文述及的"安堵"进行联系,认为乃是一词,这是颇有见地的主张。

从语音角度看,"安""案"自然可以相通,②毋庸赘言;"堵""署"相通亦无问题(二字皆从"者"得声),"署"古读如"堵",陈新雄有较详细论述,③可参看。又《说文》日部:"睹,旦明也。从日,者声。"李善注《魏都赋》引《说文》:"曙,旦明也。"《集韵》则以"睹""曙"为一字。徐铉因不知"睹""曙"同字而将"曙"归入"新附字"。④此亦是"堵""署"可相通之证。

不惟如此,"堵""署"通用很可能是战国秦汉之际用字现象的真实反映。湖北云梦睡虎地秦简《为吏之道》云:"口,关也;舌,几(机)也。一堵失言,四马弗能追也。"学者早已指出,秦简"一堵"即《吕氏春秋·重己》"一曙失之,终身不复得"之"一曙",其义犹"一旦"。⑤此处"堵""曙"互为异文,乃"堵""署"可通用的确凿证据。又按,《韩非子·存韩》云:"城固守,则秦必兴兵而围王一都,道不通,则难必谋,其势不救。"彭裕商根据上引秦简"一堵"的用法,认为该段文字中"一都"应属下读,"一都"即"一堵"或"一曙",也是"一旦"的意思,为秦地方言。⑥所说可信。因此,《史记》中的"安堵""案署"或以为乃是一词,确然有据。另《东观汉记·刘玄传》谓:"更始至长安,居东宫,钟鼓帷帐,宫人数千,官府间里,御府帑藏,皆安堵如旧。"⑦这里的描述与《秦始皇本纪》此例颇可互勘,"各案署不移徙"与"皆安堵如旧"两句在语义上显然是很接近的,其中"案署""安堵"相互对应,亦可作为二者同词的佐证。

"安堵(包括按堵、案堵)""案署"既然同词,那词义又该如何解释呢?这要从确立

---

① 韩兆琦评注:《史记评注本》,岳麓书社 2012 年,第 144 页。
② 高亨纂著,董治安整理:《古字通假会典》,齐鲁书社 1989 年,第 173 - 174 页。
③ 陈新雄:《古音学发微》,文史哲出版社 1983 年,第 771 页。
④ 刘钊:《古文字考释丛稿》,岳麓书社 2004 年,第 398 页。
⑤ 李学勤:《秦简与〈墨子〉城守各篇》《秦简的古文字学考察》,中华书局编辑《云梦秦简研究》,中华书局 1981 年,第 325、343 页;睡虎地秦墓竹简整理小组编:《睡虎地秦墓竹简》,文物出版社 1990 年,第 176 页。
⑥ 彭裕商:《古文字材料在古书释读中的重要作用举例》,《四川大学学报》(哲学社会科学版)2005 年第 5 期。
⑦ [东汉]刘珍等撰,吴树平校注:《东观汉记校注》,中华书局 2008 年,第 261 页。此条语例承陶智博士赐告。

正字或本字①入手。"安""按""案"孰为正字,从上举各种观点中可以看出,三字互有其支持者,但将其理解做动词则是大家较为一致的主张。王叔岷谓:"安、案正、假字。"②童第德亦云:"《田单传》作安,为正字,《史记·高帝纪》作案,《汉书》作按,皆安假借,应氏释按为按次第,未谛。"③王、童二氏指出当以"安"为正字,我们表示赞成,但惜其未能深究"安"义。

"安"做动词用有"安居""居处"之义,《汉语大词典》将该义列为第一义项,可从。④《左传·文公十一年》:"郮大子朱儒自安于夫钟,国人弗徇。"杜预注:"安,处也。""安"之后可直接接名词,如"安土""安乡"等,其例如:《礼记·哀公问》:"不能安土,不能乐天。"《汉书·食货志上》:"百姓安土,岁数丰穰。"《管子·治国》:"民富则安乡重家。"类似的表述还有"安其居"。《大戴礼记·千乘》:"太古无游民,食节事时,民各安其居,乐其宫室,服事信上,上下交信,地移民在。"《礼记·王制》:"无旷土,无游民,食节事时,民咸安其居。"这里的"居"指居所。"安其居"与"安土""安乡"意思接近,皆谓百姓安处本土或居所。

秦简中还有"安其朝"的说法。睡虎地秦简《为吏之道》简20贰云:"二曰不安其龟(朝)",⑤岳麓书院藏秦简《为吏治官及黔首》、北大藏秦简《从政之经》均作"二曰不安其朝"。⑥"安其朝"如何解释,研究者之间颇有分歧,其中伊强认为"安其朝"即"处其位"的意思,⑦陈伟从其说,并引《管子·明法解》"臣主之分明,上下之位审,故大臣各处其位而不敢相贵"以证之。⑧ 此说可从。简文"朝"义当近于"位"。《后汉书·循吏传·刘宠》:"山谷鄙生,未尝识郡朝。"王先谦集解引《通鉴》胡(三省)注:"郡听事曰郡朝,府听事曰府朝。"这里"朝"指官府治事之所,与"岗位"义接近。姜以读等认为"安其朝"之"朝"指"官府的大堂,指工作岗位","不安其朝"意谓"不安于本职",⑨

---

① 传统小学里,正字、本字的内涵有所不同,学者们亦时有混用(参李俊红:《〈说文通训定声〉"叚借"研究》,首都师范大学出版社2012年,第130-136页),我们这里均指与假借字相对的概念。
② 王叔岷:《史记斠证》,中华书局2007年,第317、2469页。
③ 童第德:《韩集校诠》,中华书局1986年,第136页。
④ 周光庆:《"安"系亲属词系统文化机制研究》,《江汉大学学报》(人文科学版)2008年第6期。
⑤ 睡虎地秦墓竹简整理小组编:《睡虎地秦墓竹简》,文物出版社1990年,第169页。
⑥ 朱汉民、陈松长主编:《岳麓书院藏秦简》(一),上海辞书出版社2010年,第188页;朱凤瀚:《三种"为吏之道"题材之秦简部分简文对读》,中国文化遗产研究院编《出土文献研究》(第14辑)"秦简牍研究国际学术研讨会"特辑,中西书局2016年,第1-2页。
⑦ 相关说法俱参许道胜:《岳麓秦简〈为吏治官及黔首〉与〈数〉校释》,武汉大学博士学位论文2013年,第108页。
⑧ 陈伟主编:《秦简牍合集(壹)·睡虎地秦墓简牍》,武汉大学出版社2014年,第328页。
⑨ 姜以读、李容生编著:《中国古代政府管理思想精粹》,国家行政学院出版社2000年,第667页。

甚是。

至于"堵""署"又该如何确定,则需要结合其他资料来加以判断。

秦、汉简中习见"窦署""去署"等词语,指擅离岗位。例如:

(6)何谓"窦署"?"窦署"即去殹(也),且非是?是,其论何殹(也)?即去署殹(也)。(睡虎地秦简《法律答问》197)

李学勤解释说:

这(引者按,指上引简文)是以常语"去署"解说刑法的"窦署"。按"署"的意思是"岗位","去署"即擅离岗位。《说文》云:"窦,空也",所以"窦署"也指擅去岗位,与"去署"同义。《墨子·号令》载:"勇敢为前行,伍坐,令各知其左右前后。擅离署,戮。"这是说命勇敢的吏卒作为前行,依伍而坐,各人都有固定位置。有擅离岗位者,即加刑戮。《号令》所说"离署"就是简文中的"窦署""去署"。"去署"一词流传到汉代,习见于居延汉简,"离署"则罕为治墨学者所解。两相对勘,就容易明白了。①

李先生指出"署"义为"岗位","窦署""去署"以及《墨子》"离署"均即擅离岗位,此说已为研究者普遍接受。睡虎地秦简中"署"用作"岗位"义的例子尚有:

(7)城旦之垣及它事而劳与垣等者,旦半夕参;其守署及为它事者,参食之。(《秦律十八种·仓律》56)

(8)何谓"署人"、"更人"?藉牢有六署,囚道一署旞,所道旞者命曰"署人",其它皆为"更人";或曰守囚即"更人",原者"署人"殹(也)。(《法律答问》196)

例(7)"署"即"岗位","守署"指站岗。② 例(8)"署人"指站岗防卫的人,"署"活用为动词,义为"看守岗位"。③ 汉代简牍文书中亦常见"不在署""擅去署""私去署""离署"等表述,用以指称吏卒擅离职守的行为。例如:

(9)甲渠第廿七燧长张德不在署。(《居延汉简释文合校》194·7)④

(10)第十二燧长张宣乃十月庚戌擅去署,私中部辟买榆木壹宿。(《居延汉简释文合校》82·2)⑤

(11)案:良林私去署,皆□宿止,且乏迹候。(《居延新简》EPT68.112)⑥

---

① 李学勤:《秦简与〈墨子〉城守各篇》,中华书局编辑《云梦秦简研究》,第 327 页。
② 睡虎地秦墓竹简整理小组编:《睡虎地秦墓竹简》,文物出版社 1990 年,第 33-34 页。
③ 同上,第 140 页。
④ 谢桂华、李均明、朱国炤:《居延汉简释文合校》,文物出版社 1987 年,第 308 页。
⑤ 同上,第 144 页。
⑥ 马怡、张荣强主编:《居延新简释校》,天津古籍出版社 2013 年,第 731 页。

(12)主吏七人、卒十八人,其十一人省作校,更相伐,不离署,堠上不乏人,敢言之。(《居延汉简释文合校》127·27)①

(13)☐坐擅离署。(《肩水金关汉简(叁)》下册 73EJT27:52)②

以上例句中的"署"均为"岗位"之义,李振宏、李明晓、谢飞等有更多举证,③可参详。李明晓指出,"署"之"岗位"义当是由"官署"义引申而来,可从。《汉语大词典》"署"字下所设置第二义项为"哨所;岗位",并引《文选·张衡〈西京赋〉》"重以虎威章沟,严更之署"薛综注"署,位也"等例为证,非常准确。

《秦始皇本纪》:"帷帐钟鼓美人充之,各案署不移徙",根据上下文,可知其大意是说秦始皇帝无论临幸何处离宫,各宫原有所在的"帷帐钟鼓美人"等备用人、物,都应"案署"不可"移徙"。据此不难看出,"案署"应与"窦署""去署""离署"等相反成义,而与前文所述之"安土""安乡""安其居"及"安其朝"等在结构或语义上均甚接近。"案署"在这里理解作"安处(安居)其位"、"署"训作"岗位"最为顺适,"各案署不移徙"则应译作:"各色人或物均应安处其位,不可移动、迁徙"。诸多解释中,以韩兆琦之说④最为得之。

其余诸例"安堵(案堵)"也应做统一解释。例(1)"令安堵",意谓使"吾族家妻妾"安居其位,也就是使之居处如常,日常生活不受惊扰。例(2)"诸吏人皆案堵如故",指刘邦入主关中时,继续举用秦吏,使其居处原有职位。例(3)较复杂,需稍做辨析。今所见各种译注本多将该句断读作"府藏完具,独未央宫烧攻莽三日,死则案堵复故",且认为"案堵复故"是指烧毁的未央宫在王莽死后就恢复原状。这些理解均存有较大问题。所谓"独未央宫烧攻莽三日"甚为不辞,或强译作"只有未央宫火攻王莽三天",不知所云。另外,未央宫在此次战火中遭到严重破坏,后光武帝虽曾下诏对其进行修缮,但已难恢复昔日的宏伟壮观。⑤若说"案堵复故"指已焚毁的未央宫恢复原貌,显然有违于事实。《后汉书·刘玄列传》云:"初,王莽败,唯未央宫被焚而已,其余宫馆,一无所毁。"与《汉书·王莽传》所记大体相同。清人赵翼亦曾转述《王莽传》这段史实,

---

① 谢桂华、李均明、朱国炤:《居延汉简释文合校》,文物出版社 1987 年,第 210 页。
② 甘肃简牍博物馆等编:《肩水金关汉简(叁)》下册,中西书局 2013 年,第 72 页。
③ 李振宏:《小议居延汉简中的"私去署"问题》,《郑州大学学报》(哲学社会科学版)2001 年第 5 期;李明晓:《〈睡虎地秦墓竹简〉词语札记——兼谈〈汉语大词典〉〈汉语大字典〉释义之不足》,张显成主编:《简帛语言文字研究》(第一辑),巴蜀书社 2002 年,第 406－408 页;谢飞:《基于〈汉语大词典〉的汉简新词新义研究》,安徽大学硕士学位论文 2012 年,第 9－10 页。
④ 韩兆琦评注:《史记评注本》,岳麓书社 2012 年,第 144 页。
⑤ 刘庆柱、李毓芳:《汉长安城》,文物出版社 2003 年,第 47 页。

他说:"班书《王莽传》,长安士民攻莽,三日死,独未央宫烧,其余仍安堵如故。"①据此可知,该句须在"烧"后点断,"攻莽三日"的乃是"长安士民"。更为重要的是,"案堵复故"的主语并非"未央宫",而是"其余宫馆",指除未央宫被烧毁之外,其余宫馆安处其位,如同往昔,意即《刘玄列传》所说的"一无所毁"。唯有如此理解,方能文从字顺。

综上可知,"安堵""按堵""案堵"之"堵",均应是"署"之借字。东汉应劭及部分后世学者据"堵"以解,自然不能准确厘清其义。这也说明东汉时人已不甚了解"安堵"等词的意思了。而今人著述在对译诸词时,所释大意往往较为顺当,却也未能准确揭示"安(按、案)""堵"及"署"的意义,可能是囿于旧说的缘故。另外,"安堵(署)"类词在两汉之后被大量使用,且出现"安堵乐业"等表述,致使其语义逐渐有所变化(现代辞书多或径训作"安居""安定"等义),②"堵(署)"之岗位义愈益不显,这也给准确释义造成一定困难。张政烺先生曾指出,做古籍今注,除了要全部吸收前人成果中的精要者,同时还要注意参考比照各类文物、考古或地下出土文字方面的材料。③ 对于今天的古籍译注工作来说,这一意见无疑仍然具有十分重要的指导意义。

(袁金平:安徽大学徽学与中国传统文化研究院
汉字发展与应用研究中心,230039,合肥)

---

① [清]赵翼著,王树民校证:《廿二史劄记校证》,中华书局1984年,第83页。
② 这一点承蒙胡波先生赐示。此处根据其意见进行撰述,如理解有误,责任在我。
③ 张政烺:《关于古籍今注今译》,《张政烺文史论集》,中华书局2004年,第832页。

清华简(八)(九)新见专字选释五则*

周 翔

提要 《清华大学藏战国竹简》(八)(九)两辑中有器物纯粹之"粹"的专字"縒",声音变化之"变"的专字"諕",过错之"尤"的专字"忎",祭祀名"薶"之专字"槑",袭夺财物之"袭"的专字"寱"。这些新见专字或新写法需要结合旧说,重新释读或补充。

关键词 清华简(八)(九) 新见专字 释读

《清华大学藏战国竹简》(八)(九)两辑文字中有不少首次出现的专字或已见专字的新写法。其中有些字的释读尚待探讨或补充,这里集中提出我们的一些看法,难免与整理者或学界的已有意见不同。抛砖引玉,尚祈方家批评指正。

一 縒

(清八·邦政3)　　亓(其)器少(小)而縒(粹)

从帛,尗声,器物纯粹之"粹"的专字。整理者将"少"读为"小",将该字读为心纽物部之"粹",训素纯之义①。又另文谓"其器小而粹"指器用素小朴实,与"其器大,其文章缛"正相反②。不过有观点指出,"粹"有纯义而无素义,因而有读为"脆",读为狭长义之"楢",读为削减义之"衰"等说③。

按:整理者原说实无大谬,然不必增训素义,径解作纯粹、不繁杂即可。《说文·

---

* 本文为国家社科基金青年项目"战国文字专字整理与研究"(20CYY041)的阶段性成果。
① 李学勤主编:《清华大学藏战国竹简(八)》,中西书局 2018 年,第 123 页。
② 李均明:《清华简〈邦家之政〉的为政观》,《清华大学学报》(哲学社会科学版)2018 年第 6 期,第 168 - 172 页。
③ 复旦大学出土文献与古文字研究中心读书会:《〈邦家之政〉集释》,复旦大学出土文献与古文字研究中心网 2019 年 3 月 24 日,http://www.gwz.fudan.edu.cn/Web/Show/4407。陈斯鹏:《清华大学所藏竹书〈邦家之政〉校正》,《中山大学学报》(社会科学版)2019 年第 6 期,第 106 - 112 页。

米部》:"粹,不杂也。"从米之"粹"本专表米之纯粹,段注按云"粹本是精米之称",后引申而泛。《文子·原道》:"不与物杂,粹之至也。"该从帛之"𢆡"则专表器物财货之纯粹简约。句言器物应小而纯粹、精简,合用即可,不必贪大求多。与上下文"宫室小卑以迫""其礼菲""其味不齐"吻合,又与后文"其器大,其文章缛"相对。正体现了该篇反对繁复奢靡,崇尚节俭之主旨。

二　訥

（）清八·邦政8　丌（其）乐蘩（繁）而訥（变）

从言,𠭰（弁）声,声音变化之"变"的专字①。上古音"弁"属并纽元部,"变"属帮纽元部,音近可通。整理者隶定为"𧨾"②,陈斯鹏先生认为其从典型的"弁",此隶定不能体现其特征③,可从。李美辰先生指出,该篇第 7 号简"丌（其）君圣（听）訟（逸）而㯱（速）弁（变）"有"弁"字（𢍺）表示变化之"变",可见书手在书写时是有意区别的④。其说是,所谓"有意区别"正是通行字与专字之别。曾侯乙钟铭文中亦有类似功能的"䛒"字（ ）,当分析为从音,𠭰（弁）声。言、音古本一字分化,均可表与声音有关之义。二字当为异体关系。类似的关系亦见于楚文字之"䜧"（ 上博二·容成36、 清华六·管仲21、 玺汇5548、 安大一·甬·墙有茨86）与春秋文字之"䜧"（ 徐王子旃钟）。或将该字读为"乱"⑤,则稍迂曲,且"繁而乱"较"繁而变"并无明显优长。

曾侯乙钟铭文屡见"变宫""变商""变徵""变羽"等变音⑥,陈斯鹏先生认为该例亦属此类。按:从上下文来看,其或非变音之术语,而是说音乐纷繁多变,属于该篇所

---

① 王宁先生认为该字是"辩"之或体,读为"变",详见复旦读书会《〈邦家之政〉集释》。
② 李学勤主编:《清华大学藏战国竹简》（八）,中西书局 2018 年,第 122 页。
③ 陈斯鹏:《清华大学所藏竹书〈邦家之政〉校正》,《中山大学学报》（社会科学版）2019 年第 6 期,第 106-112 页。
④ 李美辰:《清华简新见专造字释例》,《首届汉语字词关系学术研讨会论文集》,郑州大学汉字文明传承传播与教育研究中心、浙江大学汉语史研究中心 2019 年。
⑤ 汗天山（网名）:《清华八〈邦家之政〉初读》,简帛网（简帛论坛 58 帖）2019 年 5 月 13 日,http://www.bsm.org.cn/forum/forum.php?mod=viewthread&tid=4376&extra=&page=6。侯乃峰:《读清华简（八）脞录》,《中国文字学会第十届学术年会论文集》,中国文字学会、郑州大学汉字文明传承传播与教育研究中心 2019 年。
⑥ 李纯一:《曾侯乙编钟铭文考索》,《音乐研究》1981 年第 1 期;饶宗颐、曾宪通:《随县曾侯乙墓钟磬铭辞研究》,《香港中文大学中国文化研究所中国考古艺术研究中心专刊》（四）,香港中文大学出版社 1985 年;崔宪:《曾侯乙编钟钟铭释及其律学研究》,人民音乐出版社 1997 年;裘锡圭、李家浩:《谈曾侯乙墓钟磬铭文中的几个字》,《曾侯乙编钟研究》1992 年第 11 期;冯时:《曾侯乙编钟的所谓"变宫"问题》,《考古》1986 年第 7 期。

批判的奢靡之风。古人崇尚音乐简约、节制,过于繁复多变亦属奢靡,不利于教化。《墨子·三辩》:"故其乐逾繁者,其治逾寡。"《淮南子·原道》:"音之数不过五,而五音之变不可胜听也。"高诱注:"变,更相生也。"

三 忞

（清九·治政29） 以亡（无）忞（尤）于天下

从心,从尤,尤亦声,过错之"尤"的专字。"尤"古有过、异、甚、责等义①,过错源于人之主观,故从心专表。《玉篇·乙部》:"尤,过也。"句中活用为动词,即犯过错。典籍中有从心尤声之"忧",非所谓"惪（憂）"字简体②。《说文·心部》:"忧,不动也,从心,尤声。"段注改为"心动也",并谓"各本作'不动也',今正。《玉篇》曰'心动也',《广韵》曰'动也',与页部之頍义近"。当与简文该字无传承关系。

然典籍中还有一"忲"字,值得关注。《集韵·尤韵》:"尤、忲,于求切。《说文》'异也',徐锴曰'乙欲出而见阂,见阂则显其尤异也'。一曰甚也,过也。又姓,古作忲。"《类篇》《字汇》《正字通》等字书皆谓其为"尤"之古文。"忲"所从之"失"(书纽质部)与"尤"(匣纽之部)声韵相隔,故疑"忲"为"忞"之讹。不过楚文字"失"多作"遊"(郭店·老甲11、上博二·鲁1、清华五·三寿24)、"僻"(上博六·孔3、清华四·筮法15)、"迭"(上博七·武11、上博七·凡甲27)之属,与"尤"字形差异较大。而秦文字"失"作(云梦·为吏13)、(岳麓一·占梦3)、(关沮219),与"尤"之作(上博藏印36)形近,与楚文字之"尤"亦近。故这种讹变可能是由于秦统一文字后"忞"字留存,所从"尤"与秦文字写法之"失"形近讹混的结果。准是,典籍所见"忲"当传承自"忞",所谓古文之说确有来由。

四 綦

（清九·治政43） 古（故）卲龟,鳏祀,祂（磔）禳,祈綦（蕰）,埿（沉）珪辟（璧）

---

① 如《说文解字·乙部》:"尤,异也。"《左传·昭公元年》:"况不信之尤者乎。"杜预注:"尤,甚也。"《论语·宪问》:"不怨天,不尤人。"皇侃疏:"尤,责也。"

② 现代汉字简化时借用了较为生僻的"忧"作为"憂"的简化字形,则是另一个层面的问题,不属于一般意义的合并。参李学勤主编:《字源》,天津古籍出版社2013年,第484、949页。

整理者隶定为"䃾",认为"疑由石、夹、示构成,读为瘗,祭祀'瘗'之专字。《说文解字》:'幽薶也。从土,疾声'"①。按:此说于义尚可,语音、字形则有问题,且隶定字形与分析不一致②,有必要重新思考。楚文字常见的"夹"字作夹(上二·容25)、夾(上三·周27)、夾(上六·竟8)、夾(清四·筮48),"石"字则作石(包山150)、石(包山203)、石(郭店·穷13)、石(郭店·性5)、石(上一·性3),"示"上部所从㐱显非二者。还有观点将㐱释为"来",读为祭祀名"薶"③。此说音义虽通,然详审图版,明显有一"㕣"形部件,既不当属"示",亦无可能属"来",无处落实。

这里我们提出两种可能:其一,楚文字中与㐱形体最接近之字首先可以想到"差",如差(包山108)、差(上一·孔21)、差(上八·李1背)。不过释"差"有一个问题,即楚文字中"左"及"差"所从之"左"下部基本都作"口"④,与简文一笔写成之"○"有别。必须承认,战国文字中二者很多时候还是有区别的,过去由于混淆而误释文字的情况不少。但不排除是书手因形近而讹误,准是则该字当分析为从示,差(清纽歌部)声,为祭祀名之"薶"(明纽之部)的专字。

其二,㐱为"李"之讹,楚文字"李"一般作"来""子"双声之"㭊",如㭊(包山133)、㭊(上八·李1背)、㭊(新甲三304)。㐱下部貌似"㕣(左)"的㕣,实际上应是"㭊"所从"子"为屈就"来"与"示"之间局促的中部空间而拆解、错置、笔画卷曲的结果。楚文字"子"字及从"子"之字横折笔画有左侧弯折较甚之写法,如子(上二·民6)、子(上八·颜5)、子(上八·命1)、子(上二民8)、㕣可能就是从这种写法讹变而来。上古音"李"属来纽之部,"薶"属明纽之部,音近可通。准是,则字当分析为从示,李(李)声,隶定为"䄛"。系祭祀名"薶"之专字,亦作"埋",典籍中实与"瘗"同训。《说文解字·艸部》:"薶,瘗也。"《玉篇·艸部》:"薶,瘗也。与埋同。"《周礼·大宗伯》:"以薶、沈祭山林川泽。"郑玄注:"祭山林曰埋,川泽曰沈。"相比之下,我们更倾向于第二种可能。简文意为"行埋祭以祈福于地祇"。

五 寶

（清九·成人17） 则（贼）人䑛（攘）人,道攽（夺）亶（夐）寶（袭）,无赦

---

① 黄德宽主编:《清华大学藏战国竹简》(九),中西书局2019年,第145页。
② 如按整理者隶定之"䃾",则声符为"来"(来纽之部)或"左"(精纽歌部),然二者上古音皆与其所通读的"瘗"(影纽叶部)字相隔玄远。而且"来"下部件㕣严格从字形看也非"㕣(左)",详见下。
③ 王宁:《读清华简〈治政之道〉散札》,复旦大学出土文献与古文字研究中心网2019年11月28日,http://www.gwz.fudan.edu.cn/Web/Show/4490。
④ 徐在国、程燕、张振谦:《战国文字字形表》,上海古籍出版社2017年,第635–637页("左"字头、"差"字头)。上博简(二)《容城氏》49有一例"差"作差,下部似为"○",然不甚清晰,不能断定。

从宀,从玉,从贝(亦可理解为从宝省),"逸"省声。整理者谓其"字形构造与'寶'相似,惟声符替换为'兔'('逸'省),喻母质部,可读为书母质部之'抶',训为'击'、'戮',盖为谋财伤人所造的专字"①。贾连翔、王永昌又将"道攸宦寳"读为"道施猖肆",即在道路上施行猖狂肆意的行为,意思正好可与前文的"贼人攘人"相照应②。按:前说读法音理虽通,且清华简中有"逸"声字读为"抶"之例③,然"抶"有击打义而无谋夺义,不免增字为训。后说音义亦可,然未考虑到古人语言习惯。文献中表"恣纵、放肆"之"肆"一般做谓语动词带宾语,或做形容词表示放肆之态,很少有如此说那样记录名词"放肆行为"而做宾语的用法。

今谓可改读为"袭",上古音"逸"属喻纽质部,"袭"属邪纽缉部,亦音近可通。"袭"除常见的袭击义外,亦有(趁其不备)夺取之义。《孟子·公孙丑上》:"非义袭而取之也。"朱熹集注:"袭,掩取也。"《文选·陆机〈五等诸侯论〉》:"新都袭汉,易于拾遗也。"李善注:"《汉书》曰:'封王莽为新都侯。'袭,犹取也。"亦有"袭夺"并用之例。《史记·魏世家》:"秦将商君诈我将军公子卬而袭夺其军,破之。"又《淮阴侯列传》:"项王已破,高祖袭夺齐王军。"战国时代的䥄羌钟铭文亦云:"武侄寺力,䨶(袭)敓(夺)楚京。"④皆其例也。

简文"道""䦘"皆为名词做状语,表动作发生之处所。"䑋"当从整理者读为"攘",文献中常见夺取、盗取义,兹不赘举。"攘""夺""袭"三动词并列更为合理,句言贼人强抢人民,于道中、门间之内袭夺他人财物之重罪不可赦免。该字当为袭夺、袭取财物之"袭"的专字,因与财货有关,故从宝(省)专表。

(周翔:安徽大学徽学与中国传统文化研究院汉字发展与应用研究中心、
出土文献与中国古代文明研究协同创新中心,230039,合肥)

---

① 黄德宽主编:《清华大学藏战国竹简》(九),中西书局 2019 年,第 163 页。
② 王永昌:《读清华简(九)札记》,《出土文献》第 2 期,中西书局 2019 年,第 200-205 页。
③ 如清华简(二)《系年》第 58 号简:"宋公之车暮(慕)䎽(驾),用䎽(抶)宋公之驭(御)。"
④ 李家浩:《释上博战国竹简〈缁衣〉中的"䥄臣"合文——兼释兆域图"䥄"和䥄羌钟"䨶"等字》,《康乐集——曾宪通教授七十寿庆论文集》,中山大学出版社 2006 年,第 24 页。

楚简札记三则*

贾 旭 东

提要 本文对上博简、清华简中一些有争议的字词进行了重新释读。本文认为,上博一《孔子诗论》简 5、简 6"秉叟(文)之德"的"文",并非"文王"之"文",而应为文德之文,当训为美也、善也。清华三《芮良夫毖》简 8"谁适为王"为宾语前置句,"适"应理解为衬音助词。清华七《子犯子余》简 4"吾主不闲良规"之"闲"当读为"扞",为抵制、抵距义。《韩非子·备内》篇的一段话可与简文相关语句对照。

关键词 上博简 清华简 叟(文) 适 闲

一

上博一《孔子诗论》简 5、简 6 曰:

秉叟(文)之德,以为其业。

"[济济]多士,秉叟(文)之德",吾敬之。

简文的"秉文之德"亦见于今本毛诗《周颂·清庙》,毛传曰:"执文德之人也。"郑笺曰:"济济之众士,皆执行文王之德。"马瑞辰《毛诗传笺通释》则同意毛传之说:

昭三十二年《左传》"昔成王合诸侯城成周,以为东都,崇文德焉",《周语》"昭显文德",又《诗》"文定厥祥"传"言大姒之有文德也","告于文人"传"文人,文德之人也",皆泛言文德。此传谓多士皆执持文德,亦泛言有文德,与笺言"皆执行文王之德"异义。

按,毛传、马瑞辰对"文"字的释读当可信。

本篇简文"文"字多次出现,它有两种写法:

---

* 本文为安徽省教育厅社科项目"清华简三《芮良夫毖》研究"(SK2020A0045)的阶段性成果。

A1(文)				
A2(旻)				

简1"文亡隐言"的"文"字作"旻",整理者曰:①

> 旻,从口从文,在简文中,"旻"或"文"不完全相同。如文王之"文"不从口,文章之文从口,字的形体有点像战国文字"吴"字的写法,……到了小篆时代,"旻"废而统一成为"文"字了。"文"在这里是指文采。

整理者的这一发现是非常正确的。验诸简文,2、7、21、22号简"文王"的"文",皆作不加"口"旁的"文"字;简24"文武之德"的"文",亦不添加口形。反之,简1"文无隐言",简3"其言文,其声善",简5"秉文之德",简6"《烈文》……","文"字作旻或旻,其口形位置在字之右侧或右侧上方,当统一隶定为"旻"。也就是说,就本篇简文而言,"文"字做专有名词"文王"的时候,一律不添加"口"旁;加口的"文"字则是文德之文,表示文化教养方面的意义。其区别是非常明显的。

简文的"命"字也有两种写法:

A1			
A2			

林素清先生指出:②

> 这段简文(按,指简7)共有五个"命"字,其中凡用作动词(如命令)之命字,简文写为命(第二、三字),而用为名词(如天命)之命字则一律于命字下方添加两横笔作命(第一、四、五字),其区分是相当清楚的。《孔子诗论》简六"昊=(昊天)有成命,二后受之",命字作命,当名词用。又如《上海博物馆藏战国楚竹书(一)》于考释部分引到《子羔》篇:"舜其可谓受命之民矣",受命之命为名词,故写作命

---

① 马承源主编:《上海博物馆藏战国楚竹书》(一),上海古籍出版社2001年,第126页。
② 林素清:《释啻——兼论楚简的用字特征》,《历史语言研究所集刊》第74本第2分,"中研院"历史语言研究所,2003年6月。

（按，见于上博二《子羔》篇简 7），用法与《孔子诗论》同。

《孔子诗论》整理者指出："简文与《子羔》篇及《鲁邦大旱》篇的字形、简之长度、两端形状，都是一致的。"①因此我们在探究这三篇用字习惯的时候，可以把它当作一个整体来看待。除林先生所举《孔子诗论》《子羔》诸例外，《鲁邦大旱》简 3"抑吾子如䠩（重?）命其欤"，"命"字很显然是做动词用的（"其"为动词"命"的宾语），字的下方没有添加两横笔，与上揭《孔子诗论》简 7 第二、三字写法全同。这也证明了简文整理者及林先生的意见是完全正确的。由简文"文"字、"命"字的不同写法可以看出，战国楚简中所谓的"羡符""饰笔"，有时候其实是具有区别文字词性、词义的重要作用的。

"文"既可以训为美、善，也可以专指周文王。研究《孔子诗论》的学者多将"秉文之德"之"文德"解释为文王之德。通过以上分析，我们知道"文"并不是指"文王"。②"文"可训为美也、善也，如《礼记·乐记》："礼减而进，以进为文；乐盈而反，以反为文"。郑玄注："文，犹美也、善也。"《韩非子·说疑》："文言多，实行寡。"又可理解为美德，如《尚书·文侯之命》："追孝于前文人。"孔传："使追孝于前文德之人。"《国语·周语下》："夫敬，文之恭也。"韦昭注："文者，德之总名也。"《国语·晋语七》："公以赵文子为文也。"韦昭注："文，有文德也。"古代一些有德的君臣常常被冠以"文"的谥号，《逸周书·谥法解》："经纬天地曰文，道德博闻曰文，学勤好问曰文，慈惠爱民曰文，愍民惠礼曰文，赐民爵位曰文。""文"当表示一种最高水平的道德，故"文德""文之德"可理解为至善、至美的高尚德行。

二

清华简（三）《芮良夫毖》简 7—简 8：

民之戋（残）矣，而隼（谁）③啻（适）为王？彼人不敬，不鉴于夏商。

简文"啻"字作"![字形]"（下文用"△"代替），整理者读为"帝"。按，与简文"△"相同的字形亦见于上博四《曹沫之陈》14 号简，作"![字形]"形，整理者释为"啻"，读为"敌"。④"△"

---

① 马承源主编：《上海博物馆藏战国楚竹书》（一），上海古籍出版社 2001 年，第 121 页。
② "文"指"文王"其实是一种省略形式，先秦文献中"文""武"多并列出现，如《论语·子张》："文武之道未坠于地，在人。"《诗经·大雅·江汉》："文武受命，召公维翰。"《礼记·杂记下》："张而不弛，文武弗能也；弛而不张，文武弗为也；一张一弛，文武之道也。"简 24"文武之德"情形与此相同，"文""武"是"文王""武王"的省写。
③ 陈剑指出"隹"下有一横笔，当为"隼"。参见王瑜桢：《〈清华大学藏战国竹简（三）·芮良夫毖〉释读》，《出土文献》（第六辑），中西书局 2015 年，第 187 页注释〔1〕。
④ 马承源主编：《上海博物馆藏战国楚竹书》（四），上海古籍出版社 2004 年，第 277 页。

字下面从心的写法,见于上博三《周易》4 号简,作"▨"形,整理者参照今本释为"意",读为"惕"。因此,"△"字无疑当隶定为"啻",但"啻"读为"帝",则不确。网友"鱼游春水"(曹方向)读"啻"为"适",将此句译为"百姓残灭凋敝散亡,谁能一个人称王?"王坤鹏先生则读为"謫",训为责罚。高中华、姚小鸥先生从曹先生说,但认为"适"当读为"是","是"为结构助词,表宾语前置,且示强调。① 按,"啻"即"适"字所从声符,二者声近韵同,可以通假,"啻"读为"适"当无疑问。对于"适"字及"谁适为王"的解释,高中华、姚小鸥先生的观点大致可从,本文在此基础上略做补充。

简文"谁适为王"可与如下例句类比:

《诗经·卫风·伯兮》:"岂无膏沐,谁适为容?"

《诗经·小雅·巷伯》:"彼谮人者,谁适与谋?"

《左传·僖公五年》:(士蒍)退而赋曰:"狐裘龙茸,一国三公,吾谁适从?"

《左传·宣公十二年》:伍参言于王曰:"……听而无上,众谁适从?"

古今学者对上揭"适"字(尤其是"谁适为容""谁适与谋"二句)都做过解释,学者意见不一:有训为主也、专也者,如《毛传》曰:"适,主也。"朱熹《集传》曰:"适,主也。谁适与谋,言其谋之阿也。"②《左传·僖公五年》杨伯峻注:"适,主也(《诗·伯兮》毛传),专也(《韵会》)。谁适从,谓口舌多,以谁为主,我专听从之。"有训为悦也者,马瑞辰曰:"《一切经音义》卷六引《三苍》:'适,悦也。'此适字正当训悦。女为悦己者容,夫不在,故曰'谁适为容',即言谁悦为容也。"余冠英《诗经选》注:"适,悦也。谁适为容,言修饰容貌为了取悦谁呢?"③有训为当也者,如于省吾先生说:"按适、敌古通,……《尔雅·释诂》:'敌,当也。'……'谁适为容',言当谁为容也。……'谁适与谋',言当谁与谋也。"黄典诚先生曰:"谁适为容:谁当为容,当为谁容。该为谁梳妆打扮?适:当也。应该的意思。"④其他说法本文不再一一列举,读者可参看下引汪维辉先生文。在众多意见中,杨合鸣先生的说法颇具启发性,本文具引如下:⑤

---

① 王坤鹏:《清华简〈芮良夫毖〉篇笺释》,简帛网,2013 年 2 月 26 日;网友"鱼游春水":《清华简三〈芮良夫毖〉初读》,简帛网"简帛论坛",2013 年 1 月 5 日;高中华、姚小鸥:《周代政治伦理与〈芮良夫毖〉"谁适为王"释义》,《文艺评论》2016 年第 9 期。

② 李学勤主编:《十三经注疏·毛诗注疏》,上海古籍出版社 2013 年,第 243 页;朱熹:《诗集传》,中华书局 2017 年,第 61、224 页;杨伯峻:《春秋左传注》,中华书局 2015 年,第 305 页。

③ 马瑞辰:《毛诗传笺通释》,中华书局 2016 年,第 221 页;余冠英:《诗经选》,人民文学出版社 1979 年,第 68 页。

④ 于省吾:《泽螺居诗经新证》,中华书局 1982 年,第 11 - 12 页;黄典诚:《诗经通译新铨》,华东师范大学出版社 1992 年,第 78 页。

⑤ 杨合鸣:《〈诗经〉疑难词语辨析》,湖北辞书出版社 2002 年,第 29 页。

裴学海《古书虚字集释》:"'适'犹'是'也。训见《经传释词》。按'适'与'是'音极近。""是"既然可作结构助词加在宾语与述语、宾语与介词之间,"适"当然也可作结构助词加在宾语与述语、宾语与介词之间。如……。由此可证,"适"为结构助词。句中之"为"是介词。"容"当为动词,即"打扮""修饰容貌"。……因为这是一个疑问句,"谁"作宾语置于介词"为"之前。两句意谓:"膏呀脂呀哪缺少?为谁修饰我容貌?"

汪维辉先生赞同杨先生的观点,并对此做出进一步补充。汪先生认为:[1]

　　"谁适为容""谁适与谋"都是宾语前置句,"谁"充当介词"为(wèi)"和"与"的宾语,前置,句意是"为谁容""与谁谋","适"只是衬音助词,相当于"是/之",没有实义。……从来源看,我认为"适"可能跟"之"的关系更近,"谁适为容""谁适与谋"中的"适"可能就是西周春秋时期"之"的一个方言变体。

　　以上两种说法无论从句法结构还是句意来说,都优于其他诸说,当可信从。略有不同的是,杨先生认为"适"相当于"是"(上引高、姚先生亦持此观点),汪先生则认为"适"跟"之"的关系可能更近。"适"为衬音助词当无疑问,但它到底相当于"是"还是"之",仍需继续研究。

　　以此例之,简文的"谁适为王"亦为宾语前置句,"谁"充当介词"为(wèi)"的宾语,因为这是一个疑问句,疑问代词"谁"置于"为"之前。"谁适为王"即"为谁王","王"是动词,此处为意动用法,即称王之义,"适"是衬音助词,无实义。上举《左传》"吾谁适从""众谁适从"二句,与"谁适为容""谁适与谋""谁适为王"均为宾语前置句,唯前者的"谁"充当动词"从"的前置宾语。从这一点来看,"谁适为王"与"谁适为容""谁适与谋"的句式完全一致。

　　"民之戋矣"之"戋"当读为"残",这一用法楚简习见,如上博五《三德》简5:"邦失干常,小邦则戋(残),大邦过伤。"上博七《武王践阼》简9:"毋曰何戋(残),祸将言(然)。"[2]"残"为残害、残杀之义。《说文·歹部》:"残,贼也。"《周礼·夏官·大司马》:"放弑其君则残之。"郑玄注:"残,杀也。"《孟子·梁惠王下》:"君之仓廪实,府库充,有司莫以告,是上慢而残下也。"赵岐注:"是上骄慢以残贼其下也。"

　　《史记·宋微子世家》记有宋景公在天象显示其将有大祸时,拒绝将灾祸"移于民""移于岁"的美行:"司星子韦曰:'可移于相。'景公曰:'相,吾之股肱。'曰:'可移于

---

[1] 汪维辉:《〈诗经〉"谁适为容""谁适与谋"解》,《古汉语研究》2019年第4期。
[2] 白于蓝:《简帛古书通假字大系》,福建人民出版社2017年,第1198页;徐在国:《上博楚简文字声系(一~八)》,安徽大学出版社2013年,第3065-3069页。

民。'景公曰:'君者待民。'曰:'可移于岁。'景公曰:'岁饥民困,吾谁为君!'""吾谁为君"亦为宾语前置句,意即"吾为谁君","君"为动词的意动用法,乃为人之君之义。① 此句意即年成歉收,百姓贫困,我还给谁当国君呢?"民之残矣,而谁适为王"与此句式、旨意皆近,意思是:"民众已经被残害了,我还给谁做君王呢?"

三

清华简(七)《子犯子余》简4—简5曰:

吾主之二三臣,不闲(扞)良诖(规),不蔽有善,必出(黜)有[恶],□□于难。

整理者曰:"闲,从门,干声,读为'扞',《说文》:'犯也。'诖,疑读为'规',《文选·张衡〈东京赋〉》:'则同规乎殷盘',薛综注:'规,法也。'即法度。"

"诖",整理者读为"规",可从。"诖"从圭声,"圭"与"规"上古音同为见纽支部字,例可相通。例如:上博二《容成氏》简9—简10:"尧乃为之教,曰:'自纳焉,余穴(阅)觊(窥)焉,以求贤者而让焉。'"上博三《周易》简51—简52:"上六:丰其芾,蔀其家,闺(阕)其户,闃其无人,三岁不觌,凶。"均为"圭"声字与"规"声字相通之例。"规"义为规劝、规谏,《国语·楚语上》:"在舆有旅贲之规,位宁有官师之典。"韦昭注:"规,规谏也。"《文选·张衡〈东京赋〉》:"卒无补于风规,只以昭其愆尤。"薛综注:"规,犹谏也。"

对于"闲"字,学者的意见大致可分为三类:一是读为"扞",训为抵制、抵触。网友"难言"、网友"无痕"、萧旭先生等持此意见;二是读为"扞""阑""闲"等,训为掩盖、遮蔽。清华大学出土文献读书会、网友"lht"、李春桃先生②等主此观点;三是读为"娴",网友"暮四郎"、网友"心包"主此说。③

按,"闲"字亦见于毛公鼎(《集成》④02841)和中山王響鼎(《集成》02840)。中山王響鼎铭文曰:"燕王哙,睿弅博悟,长为人主,闲于天下之物,后又迷惑于子之而亡其邦,为天下戮。"朱德熙、裘锡圭先生说:"闲,疑当读为闲。《尔雅·释诂》:'闲,习

---

① 类似的例子如:《左传·隐公三年》:"君人者,将祸是务去,而速之,无乃不可乎?"《管子·权修》:"君国不能壹民,而求宗庙社稷之无危,不可得也。"

② 李春桃:《古文字中"闲"字解诂——从清华简〈子犯子余〉篇谈起》,《出土文献研究》(第16辑),中西书局2017年,第37-43页。

③ 以上意见可参看伊诺:《清华柒〈子犯子余〉集释》,复旦大学出土文献与古文字研究中心网站,2018年1月18日。

④ 中国社会科学院考古研究所编:《殷周金文集成》(修订增补本),中华书局2007年。本文简称"《集成》"。

也。'"①此说或可信。对于毛公鼎铭文中"闲"字的释读,各家意见分歧,暂无定论。石帅帅先生对诸家意见有详细搜集,读者可参看此文。② 就简文而言,"不闲良规,不蔽有善"一句,句意并不难理解,以上学者对句意的理解大致可信。本文同意第一种意见,即读作"扞",训为抵制义。以下对此略做阐述。

《说文·门部》:"闲,门也。从门,干声。"简文的"闲"字与此字可能并非一字,然此字从干得声当无疑问,故"闲"读为"扞",从音理上来说,最为直接。先秦文献中,"扞"有护卫、防卫义,《广韵·翰韵》:"扞,以手扞,又卫也。"《尚书·文侯之命》:"汝多修,扞我于艰。"曾运乾曰:"扞,卫也。"③《左传·文公六年》:"亲帅扞之,送致诸竟。"杜预注:"扞,卫也。"上博九《陈公治兵》简 16:"如開术,如攻术,如御追,必慎。""開"字原篆作"𨳿",字从门、开声,林清源先生读为"扞",训作"护卫",当可信从。"扞术"即护卫、坚守我方的战略要道。同时,"扞"也有抵制、抵御义,如《礼记·学记》:"发然后禁,则扞格而不胜。"郑玄注:"扞,坚不可入之貌。"孔颖达疏:"扞,谓拒扞也。"《吕氏春秋·恃君览·恃君》:"凡人之性,爪牙不足以自守卫,肌肤不足以扞寒暑。"高诱注:"扞,御也。"《汉书·邹阳传》:"此四分五裂之国,权不足以自守,劲不足以扞寇。"颜师古注:"扞,御也。""扞"的这两个义项是相反相对的,即相对于一方而言,另一方被动应对是防卫,若主动出击就是抵御。这种一个词本身具有正反两方面意义的特殊词义现象,在传世文献中不乏其例,晋代郭璞注释《尔雅》时注意到了这种现象,首次提出"美恶不嫌同名"之说。④ 现代学者多称作"正反同词",何九盈先生称为"同词相反为义"。⑤ 此类例证甚多,本文略举数例。《尔雅·释诂》:"贡,赐也。"《释言》:"贡,献也。""赐"和"献"二者意义相对。《礼记·学记》:"兑命曰:'学学半。'"孔颖达疏:"学学半者,上学为教,音敩,下学者谓之习也,谓学习也。"是"教"与"学"用字不别。⑥《管子·幼官》载齐桓公九会诸侯之令说:"修春秋冬夏之常祭,食天壤山川之故祀。"安井衡注:"食,飨也,谓祭之。"《尚书·洛诰》:"我乃卜涧水东、瀍水西,惟洛食。我又卜瀍水东,亦惟洛食。"裘锡圭先生指出,"祭祀鬼神叫'食',鬼神飨祭祀也可以叫作'食'"。前者之"食"是指祭祀天地山川之神,"惟洛食"可能是洛水之神愿意飨周人的

---

① 朱德熙、裘锡圭:《平山中山王墓铜器铭文的初步研究》,《文物》1979 年第 1 期。后收入《朱德熙古文字论集》,中华书局 1995 年,第 103 页。
② 石帅帅:《毛公鼎铭文集释》,吉林大学硕士学位论文 2016 年,第 45—49 页。
③ 曾运乾:《尚书正读》,华东师范大学出版社 2011 年,第 309 页。
④ 见《尔雅·释诂下》"徂、在,存也"下郭璞注。
⑤ 何九盈:《中国古代语言学史》,商务印书馆 2013 年,第 537 页。
⑥ 洪飏:《"正反同词"文字学研究举例》,《中国文字研究》(第二十三辑),上海书店出版社 2016 年,第 99—102 页。

祭祀的意思。①

　　以上学者多已注意到,简文的"扞"与"蔽"前后对文,意思相近,此说当可信。"蔽"字意思比较单一,多为蒙蔽、壅蔽、掩饰之义,②与此相对,"扞"当取抵制、抵距义。根据简文文义,3—6号简这一段落,子余论述了"吾主"重耳以及诸臣子的美德,其中简5"幸得有利,不忩(怱)③独,欲皆金之。事有过焉,不忩(怱)以人,必身擅之",讲的是公子重耳的美德;而简4"吾主之二三臣,不闲(扞)良规,不蔽有善",说的是重耳诸臣子的品行。简文大意是说吾主重耳的臣下不会抵制那些有益的规谏和良善之言。也就是说,凡是规谏君主过失,有利于朝政的善言,都能上达于君,而不让君主受到蒙蔽。

　　《韩非子·备内》有如下一段话可与简文对照:

　　　　上古之传言,《春秋》所记,犯法为逆以成大奸者,未尝不从尊贵之臣也。……大臣比周,蔽上为一,阴相善而阳相恶,以示无私,相为耳目,以候主隙,人主掩蔽,无道得闻,有主名而无实,臣专法而行之,周天子是也。偏借其权势,则上下易位矣,此言人臣之不可借权势。

此文说大臣相互勾结、串通一气,蒙骗君主,使得君主无从了解真情,只有君主之名而无君主之实,这种情况则与重耳身边诸臣子的高尚品行形成了鲜明对比。子余以此回答秦穆公的问话,否定了他对重耳"无良左右"的质疑。

（贾旭东:安徽大学历史学院,230039,合肥）

---

① 裘锡圭:《读书札记九则·说"食"》,《裘锡圭学术文集》(语言文字与古文献卷),复旦大学出版社2012年,第390页。
② 如《楚辞·九章·惜诵》:"情沉抑而不达兮,又蔽而莫之白。"王逸注:"左右壅蔽,无肯白达心也。"《左传·襄公二十七年》:"以诬道蔽诸侯,罪莫大焉。"杨伯峻注:"蔽,塞也,壅也。"
③ 冯胜君:《清华简〈子犯子余〉篇"不忩"解》,简帛网,2017年5月5日。

楚简文字考释四则*

王 磊

提要 本文对楚简中的 4 个字形重新进行了考释,分别为清华简五《厚父》的"㳷",上博简四《曹沫之陈》的"黔",上博简六《孔子见季桓子》的"丘",上博简八《成王即邦》的"於",曹家岗楚墓竹简中的"杭"字。

关键词 楚简 文字 考释

一 黔

上博简四《曹沫之陈》简 61＋53B 有如下一段内容①:

"……赏获詥蒽,以劝其志。勇者喜之,宄者悔之,万民、【61】△首皆欲又之,此复甘战之道。"庄公又问【53B】"……"

其中△所代表的字原写作:

此字整理者释为"贛",意义待考②。陈剑先生赞同整理者释"贛"的意见,读为"黔"③。从辞例"万民、△首"来看,将△读"黔"很顺畅,我们赞同这一观点,不过于字形则仍有可补充之处。

原简中△字残,不过细审字形,其右下部残存的笔画大致作 之形,与"贛"字所

---

* 本文是教育部、国家语委"甲骨文等古文字研究与应用专项"重大项目"战国文字谱系疏证"(YWZ－J013)的阶段性成果。
① 两支竹简的编联从陈剑先生的意见。参陈剑:《上博竹书〈曹沫之陈〉新编释文》,《战国竹书论集》,上海古籍出版社 2013 年,第 115 页。
② 马承源主编:《上海博物馆藏战国竹书》(四),上海古籍出版社 2004 年,第 278 页。
③ 陈剑:《上博竹书〈曹沫之陈〉新编释文》,《战国竹书论集》,上海古籍出版社 2013 年,第 121 页。

从"丮"旁的写法有别,也很难视作"贝"之省。我们认为应是在"赣"形体上加注的声符"卤(盐)"。上博简八《命》简 6 有"籀"字写作:

～首、万民

△与上博八中的"籀"字,在字形、辞例上都很密合,可以相对照。目前所见楚简中的两例"籀"字在用法上比较固定,或即用为"黔"的专字。

二　丘

上博简六《孔子见季桓子》一篇,记述孔子与季桓子问答的内容。本篇文字书写比较潦草,给释读带来了不少的困难。竹简公布后,学者对简序做了调整,将 6、10、8 支简相联次①。我们先将三支简中相关内容释写于下:

……桓子曰:"如夫仁人之未察,其行【6】处可名而智欤?"夫子曰:"△闻之,唯仁人□□【10】也。……【8】"

△所代表的字,原简作如下之形:

此字整理者释为"虗",读为"吾"②,学者多从其说。"虗"字从"虍"旁,这里先将本篇中从"虍"之字列举如下:

"虗"字作:

简 7　　简 22　　简 22

"唬"字作:

简 14

"膚"字作:

简 17

---

① 李锐:《〈孔子见季桓子〉新编》(稿),简帛网,2007 年 7 月 11 日。
② 马承源主编:《上海博物馆藏战国楚竹书》(六),上海古籍出版社 2007 年,第 208 页。

从"虍"旁的形体来看,虽然存在变化,但不难寻绎相互间的联系:

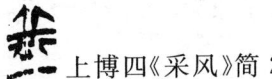

"虍"的形体趋向扁平,以至"虗"有时写得与"至" (郭店《性自》简65)相近,但均不处理成"土"形。战国文字中"虍"变化丰富,不过类似形体的"虍"却很少见。另外,本篇中三例读为"吾"的"虗"字下部均从"壬",△字下部则从"土",与"虗"字区别明显,因此对其释读还需考虑。

我们认为,此字当释为"丘"。《说文解字》"丘"之古文作坙,这种写法在楚文字中常见,例如:

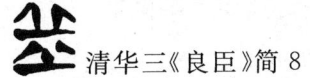上博四《采风》简2   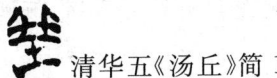清华五《汤丘》简1

清华三《良臣》简8   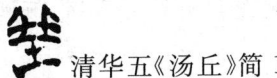鄂君启节《集成》12112

△字下部从"土",上部写作"土"的部件,当是"丘"一类形体的变形。上博简九《举治王天下》简28有如下内容:

   失也。宛丘之众人也,非能合德于世者也。

"丘"字原作:

此字濮茅左先生释为"并"①。单育辰先生释"丘"②,林清源先生申论其说③。我们认为此字释"丘"是正确的,"宛丘"为地名,见于典籍。从字形来看,只是将"八"形的饰笔与"丘"字竖划相连,通作一笔。清华简九《祷辞》简5"丘"字作坙,也是类似的写法。而△字则是在此基础上,进一步减省上部左右两斜笔而已。

孔子名丘,其与他人问答时,引称自己所听闻的话,多以"丘闻之"起首。这样的例子在古书中常见,兹略举数例于下:

   (1)夫子曰:"丘闻之,亲者毋失其为亲也,故者毋失其为故也。"(《礼记·檀弓下》)
   (2)孔子曰:"丘闻之,民之所由生,礼为大。……"(《礼记·哀公问》)

---

① 马承源主编:《上海博物馆藏战国楚竹书》(九),上海古籍出版社2007年,第225页。
② 单育辰:《〈上海博物馆藏战国楚竹书(九)〉杂识》,《"出土文献的语境"国际学术研讨会暨第三届出土文献青年学者论坛论文》,台湾大学中国文学系、台湾清华大学中国文学系2014年。
③ 林清源:《上博九"宛丘之众人"考释》,《古文字研究》(第三十一辑),中华书局2016年,第323-326页。

(3)季桓子穿井,获如土缶,其中有羊焉。使问之仲尼曰:"吾穿井而获狗,何也?"对曰:"以丘之所闻,羊也。丘闻之,木石之怪曰夔、蝄蜽,水之怪曰龙、罔象,土之怪曰羵羊。"(《国语·鲁语下》)

(4)仲尼曰:"丘闻之,昔禹致群神于会稽之山,防风氏后至,禹杀而戮之,其骨节专车。此为大矣。"(《国语·鲁语下》)

(5)孔子曰:"此非迂言也。丘闻之,得之于身者得之人,失之于身者失之人。不出于门户而天下治者,其惟知反于己身者乎!"(《吕氏春秋·季春纪第三》)

(6)孔子曰:"……丘闻之也,刳胎杀夭则麒麟不至郊,竭泽涸渔则蛟龙不合阴阳,覆巢毁卵则凤皇不翔,何则?"(《史记·孔子世家》)

相关辞例,也见于出土文献中:

(1)孔子曰:"丘闻之,孟者侧曰:……"(上博五《季康子问于孔子》)

(2)康子曰:"然。其主人亦曰:古之为邦者必以此。"孔子曰:"言则美矣,然异于丘之所闻。丘闻之,臧文仲有言曰:……"(上博五《季康子问于孔子》)

(3)公曰:"然邦家之政,何厚何薄,何灭何彰,而邦家得长?"孔子答曰:"丘闻之曰:新则制,故则傅。……"(清华八《邦家之政》)

蒙白平师指出,古人对尊于己者,往往自称名以示尊敬,是礼仪的要求。循此思路,我们还找到不少相关的用例。如上博简八《成王既邦》简3中,周公在回答成王问题时,即自称为"旦":

"……□欲明智之。"周公曰:"旦之闻之也,各在其身而……"

而孔子在与弟子问答时,则或自称"吾"。如上博简二《子羔》篇简3+4中,孔子对子羔说:

孔子曰:"[□∅【3】∅]吾闻夫舜其幼也,……"

季桓子是鲁国的大夫,地位崇于孔子,从礼仪的角度来说,△字释"丘"也较释"吾"为合理。

三　於

上博八《成王即邦》简1中有如下一段内容:

成王即封周公二年,而王重其任,乃访□……

该支简下部残断,"访"下一字仅存中部的一点笔画:

（下文以△代表）

关于残余字形，学者或以为是标点，如曹方向先生认为："'访'下的墨迹极有可能只是楚简中常见的有标点符号的墨勾。"①从墨迹看，△与目前所见的标点形式有别，且所在句义未完，应当是残字。

△当释"於"，本篇中"於"字两见：

简5　　　简11

如截取"於"右上一角，分别作 、 ，与△笔画十分接近，且出现的位置也相吻合。句子"访"意谓咨询，《左传·襄公四年》："臣闻之，访问於善为咨，咨亲为询，咨礼为度。""访于……"是典籍中的常辞，试举相关书证如下：

(1)《书·洪范》："惟十有三祀，王访于箕子。"孔颖达疏："惟文王受命十有三祀，武王访问于箕子，即陈其问辞。"

(2)《左传·哀公十一年》："孔文子之将攻大叔也，访於仲尼，仲尼曰……"

(3)《左传·昭公二十八年》："晋祁胜与邬臧通室，祁盈将执之，访於司马叔游。"

(4)《国语·晋语四》："谘于蔡、原而访於辛、尹，重之以周、邵、毕、荣。"

(5)《国语·鲁语下》："季康子欲以田赋，使冉有访诸仲尼，仲尼不对。"

(6)《逸周书·大戒》："维正月，既生魄，王访于周公曰：'呜呼，朕闻维时兆厥工，非不显，朕实不明。……'"

将残字释为"於"，在辞例上可与典籍印证，文义顺畅。《成王即邦》一篇，记述成王与周公的问答，成王请教洁身自修、天子正道等问题，周公予以阐述。见于简文内容与典籍中的相关辞例，我们试对内容做一补缀：

成王即封周公二年，而王重其任，乃访於[周公]……

四　杭

曹家岗楚墓竹简第5简有如下内容：

六△杯。四杓(?)杯。七桓。

---

①　曹方向：《上博八〈成王既邦〉札记》，简帛网，2011年7月18日。

《楚地出土战国简册合集》(四)公布了这批简的红外影像,很便于利用,其中△所代表的字,原写作如下之形①:

关于"六△杯",刘国胜先生指出:"箱头出土6件漆耳杯('A型'耳杯),杯耳作弧形,有彩绘,应即简文所记。"②与出土实物可相印证。此字整理者隶定为"梼"③,研究者或从整理者之说,或做未释字处理。

这枚竹简有竖条裂痕贯穿字形的右侧,因此容易造成误认。我们认为此字可摹写为,应释"杭"。△左侧从"木",其右侧形体与"亢"的一种写法相近。楚文字中,"亢"及从"亢"之字或作:

 清华四《筮法》简19　　　 清华四《筮法》简57

 上博六《用曰》简3　　　 清华八《邦道》简15

战国文字中的"亢",为陈剑先生释出④。上举"亢"的形体,与△右侧偏旁密合,△应该就是"杭"字。

关于"杭"所表示的含义,我们试为解释。典籍中,"杭"多表示舟、船之义,例如:

(1)《楚辞·九章·惜诵》:"昔余梦登天兮,魂中道而无杭。"

(2)《史记·司马相如列传》:"盖周跃鱼陨杭",司马贞索隐:"杭,舟也。"

(3)《史记·司马相如列传》:"杭绝浮渚而涉流沙",裴骃集解引《汉书音义》曰:"杭,船也。"

(4)《太玄·更》:"出水载杭",司马光集注:"杭与航同,舟也。"

(5)《淮南子·人间训》:"江水之始出于岷山也,可攘衣而越也。及至乎下洞庭,骛石城,经丹徒,起波涛,舟杭一日不能济也。"

"杭杯"很可能是由于这类耳杯与舟船之形相似而命名的。《庄子·逍遥游》:"覆杯水于坳堂之上,则芥为之舟,置杯焉则胶,水浅而舟大也。"梁元帝《燕歌行》:"乍见

---

① 武汉大学简帛研究中心、湖北省文物考古研究所、黄冈市博物馆编著:《楚地出土战国简册合集》(四),文物出版社2019年,第51页。
② 刘国胜:《楚丧葬简牍集释》,武汉大学博士学位论文2003年,第114页。
③ 黄冈市博物馆、黄州区博物馆:《湖北黄冈两座中型楚墓》,《考古学报》2000年第2期,第269页。
④ 陈剑:《试说战国文字中写法特殊的"亢"和从"亢"诸字》,《战国竹书论集》,上海古籍出版社2013年,第337页。

远舟如落叶,复看遥舸似行杯。"后世典籍中,"酒船""酒舟"等词多见,也是将杯喻为舟船的例子。

上博简九《成王为城濮之行》甲 3 有如下一句话:

蔿伯嬴犹约,奠持俞(舟)饮酒……

整理者认为:"'俞',读为'舟'。舟是古代饮酒器,器形似小船,为椭圆形平底器,两侧设小耳,亦称为耳桮。"①对"俞"字的释读,学者还有不同的看法。我们倾向于整理者的意见,"俞(舟)"所指或即此类的耳杯。

附 A 型耳杯图(图片出自黄冈市博物馆、黄州区博物馆:《湖北黄冈两座中型楚墓》,《考古学报》2000 年第 2 期,第 267 页):

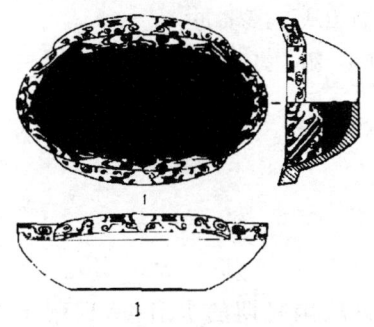

(王磊:安徽大学徽学与中国传统文化研究院

汉字发展与应用研究中心,230039,合肥)

---

① 马承源主编:《上海博物馆藏战国楚竹书》(九),上海古籍出版社 2012 年,第 148 页。

金文与楚简合证二则*

滕 胜霖

提要 《集成》9452少府盉的"⿰糹刃"可分析为从糸,从刃,合声,读作"璅",指盉盖上的连环。清华简《赵简子》简10"⿰糹夢"亦从合声,读作"绨",刺绣义。结合清华简"曼"的写法,《集成》10320宜桐盂器主名"⿰宀⿱曼"应改释作"寰",分析为从宀,曼省声。

关键词 少府盉 《赵简子》 绨 寰

一

《集成》9452收录有一件战国晚期的少府盉,现藏于上海博物馆。何琳仪、曹锦炎、李家浩、唐友波等先生对其中的铭文字形均有过讨论①,现参考各家意见将铭文隶定如下:

(1)长陵,一斗一升。

(2)金铜娄(镂)锅(盉),鈠金足,旻(缨)繡(带),又(有)盍(盖)鞏(连)⿰糹刃。大一斗二益(镒)。

(3)少腐(府)。

(4)受(授)左妾戒,金铜娄(镂)锅(盉),鈠金足,旻(缨)繡(带),又(有)盍(盖)鞏(连)⿰糹刃。

(5)长耴(葛)。

---

* 本文是国家社科基金项目"出土文献《诗经》异文整理与研究"(18BYY155)的阶段性成果。文章写作过程中得到程燕师指正,谨致谢忱。

① 何琳仪:《古玺杂识续》,《安徽大学汉语言文字研究丛书·何琳仪卷》,安徽大学出版社2013年,第264—265页;曹锦炎:《东陲鼎盖考释——兼释"厵"字》,《古文字研究》(第14辑),中华书局1986年,第45—50页;唐友波:《春成侯盉与长子盉综合研究》,《上海博物馆集刊》(第8辑),上海书画出版社2000年,第151—168页;李家浩:《谈春成侯盉与少府盉的铭文及其容量》,《华学》(第5辑),中山大学出版社2001年,第150—161页。

其中第(2)和第(4)条中"连"后一字,《集成》释作"绪",曹锦炎先生释作"梨",读为"梁",唐友波先生、《铭图》等同意此说。① 何琳仪先生认为是"绞"的异文,"刀"为迭加声符。李家浩先生读作"绞",指铜钮,"连绞"与春成侯盉的"连环"同义。

按:此字应隶定作"綹",从糸,从刃,合声,可看作"绤"的一个异体。此字从"糸"显然与丝麻有关,安大简《诗经·周南·葛覃》中"为绤为绤"的"绤"和"绤"分别写作"🌿""🌿",二字均从"希"声,前者叠加"氏"声。程燕师认为"合""希"是由描摹布线交织的象形字(※)衍生分化而来的,"合"是"绤"的初文,其说可信。②《古玺汇编》2602 有一个从糸,从帛,合声的字,写作"🌿",何琳仪、刘钊等先生释作"绤",用为姓氏,可从。③"🌿"字和少府盉的"🌿"构形十分相似,"🌿"字中"合"下从"帛",而"🌿"字中"合"下从"刃"。古文字中意符"刃""刀"可通,此字"合"下的"刃"亦可看作是"刀",下面从"刀"可能与丝麻加工有关,《诗经·周南·葛覃》云"维叶莫莫,是刈是濩",讲先把葛割取下来再回家用沸水煮,因此"绤"上加意符"刀"是可以理解的。

从器型上看,春成侯盉器盖连有铜环,器身上带有提梁,类似于这种器型的盉在春秋晚期至战国时期多见,可惜的是,少府盉的提梁和铜环均已残缺,这种情况和太府盉(《新收》739)情况相似。我们虽已无法目睹其原始面貌,但鉴于春成侯盉和少府盉的器型及铭文相似,少府盉的"连綹"应和春成侯盉的"连环"一样,也是指环一类的形制,故我们认为"綹"可读作"璩"。《说文·合部》:"合,口上阿也。从口,上象其理。凡合之属皆从合。唂,合或如此。腒,或从肉从虚。""合"的异体"腒"从"虚"声,与"璩"同属见纽鱼部,"绤"属溪纽铎部,二字声纽均为牙音,韵部阴入对转。《山海经·中山经》:"其状人面而豹文,小要而白齿,而穿耳以镰。"郭璞注:"镰,金银器之名,未详也,音渠。"郝懿行《笺疏》:"'镰',假借字也。《说文》以为'虞'或字,其'新附字'引此经则作'璩',云'璩,环属也。'《后汉书·张奂传》云'遗金镰八枚',《魏都赋》云'镰耳之杰',李善、李贤注并引此注。"④由此可知,"璩"指耳环,也可泛指环状物,放在铭文中指盉盖连的铜环。"綹"字右旁又见于清华简《赵简子》,释文如下:

就吾先君平公,宫中三十里,驰马四百驷,🌿其衣裳,饱其饮食,宫中三台,是乃侈已。

---

① 吴镇烽主编:《商周青铜器铭文暨图像集成》(第 26 卷),上海古籍出版社 2012 年,第 205－206 页。
② 程燕:《"合"字探源——兼释"合"之相关字》,《语言科学》2018 年第 3 期,第 255－259 页。
③ 何琳仪:《战国古文字典:战国文字声系》,中华书局 1998 年,第 1175 页;刘钊:《古文字构形学》(修订本),福建人民出版社 2011 年,第 315－316 页。
④ [清]郝懿行:《山海经笺疏》,中华书局 2019 年,第 158 页。

整理者疑"𢰸"字左旁为"奴"字古文,从大,奴声,可能是"奢"字的异体。① 杨蒙生先生疑左旁为一头戴繁缛饰品的人形,右侧从"大"声,读为汏奢之汏。② 赵嘉仁先生认为字是"嫊"字的误字。③ 侯乃峰先生怀疑左旁是"画","画其衣裳"谓以彩色绘画其衣裳。④ 网友"悦园"释作"䬱",读为"汏"。⑤ 薛培武先生认为从"爻"声,读为"表"或者"茂"。⑥ 孙合肥认为左旁是"伩",读为"美",意为"使其衣裳华美"。⑦ 萧旭先生从之,但读为姣。⑧ 王宁先生亦同意从"䫉"声,读作"丰",训为"大"。⑨ 子居先生读为"缀"。⑩ 金宇祥先生认为左半与《孔子见季桓子》简 8 的"𢽥"字相近,分析为"大","此"声,读作"资",蓄积、蓄藏义。⑪ 程薇释为"䬱",认为与《祭公之顾命》中的"䬱"字相同,读为"夌",义为奢侈。⑫

按:"𢰸"字左旁与少府盉"絠"的右旁实际上是同一个字形,只不过是把下面的"刃"改作了"刀",故此字也应分析为从"㑒"得声。我们认为"𢰸"可读作"绨","绨"有刺绣义,《诗经·小雅·采菽》"玄衮及黼",郑玄笺:"黼,黼黻,谓绨衣也"。孔颖达疏:"绨,谓刺之。"⑬《尚书·益稷》:"宗彝、藻、火、粉、米、黼、黻、絺、绣。"孔颖达疏:"絺,读为黹。黹,紩也。"⑭简文讲晋平公骄奢淫逸,刺绣、美饰其衣裳,这正如《诗经·曹风·蜉蝣》云:"蜉蝣之羽,衣裳楚楚。"郑玄笺:"兴者,喻昭公之朝,其群臣皆小人也。徒整饰其衣裳,不知国之将迫胁,君臣死亡无日,如渠略然。"⑮成鱄以此例来解释国

---

① 李学勤主编:《清华大学藏战国竹简》(七),中西书局 2017 年,第 110-111 页。
② 清华大学出土文献读书会:《清华七整理报告补正》,清华大学出土文献研究与保护中心网 2017 年 4 月 23 日(http://www.ctwx.tsinghua.edu.cn/publish/cetrp/6831/2017/20170423065227407873210/20170423065227407873210_.html)。
③ 赵嘉仁:《读清华简(七)散札》(草稿),复旦大学出土文献与古文字研究中心网论坛 2017 年 4 月 24 日(http://www.gwz.fudan.edu.cn/forum/forum.php?mod=viewthread&tid=7968)。
④ 简帛论坛《清华七〈赵简子〉初读》8 楼"汉天山"说,2017 年 4 月 25 日。
⑤ 简帛论坛《清华七〈赵简子〉初读》9 楼,2017 年 4 月 26 日。
⑥ 简帛论坛《清华七〈赵简子〉初读》21 楼,2017 年 5 月 2 日。
⑦ 孙合肥:《清华柒〈赵简子〉札记一则》,简帛网,2017 年 4 月 25 日(http://www.bsm.org.cn/show_article.php?id=2783)。
⑧ 萧旭:《清华简(七)校补(一)》,复旦大学出土文献与古文字研究中心网 2017 年 5 月 27 日(http://www.gwz.fudan.edu.cn/Web/Show/3055)。
⑨ 简帛论坛《清华七〈赵简子〉初读》73 楼,2017 年 11 月 8 日。
⑩ 子居:《清华简七〈赵简子〉解析》,中国先秦史网 2017 年 5 月 29 日(http://xianqin.22web.org/2017/5/29/383)。
⑪ 简帛论坛《清华七〈赵简子〉初读》70 楼,2017 年 10 月 2 日。
⑫ 程薇:《清华简(柒)中一新见字试解》,"《清华简》国际研讨会"论文,香港浸会大学、澳门大学,2017 年 10 月。
⑬ [清]阮元校刻:《十三经注疏》,中华书局 1980 年,第 489 页。
⑭ 同上,第 141 页。
⑮ [清]王先谦:《诗三家义集疏》,中华书局 1987 年,第 494 页。

君失政之由。简文的描述与传世文献中的记载基本吻合,平公早年大败齐国,讨伐许国,晚年加重税赋,骄奢淫逸,导致大权旁落,为三家分晋埋下了隐患,故《韩非子·难一》就评价道:"平公失君道,师旷失臣礼。"

二

《集成》10320 收录有一件宜桐盂,是研究徐王世系的重要器物之一,原器已佚,仅存拓片,铭文共计 39 字,《铭文选》(编号:566)、《铭图》(编号:6227)等书均有著录,释文基本一致,现摘录如下:

唯正月初吉日己酉,徐王季粮之孙🅐桐作铸饮盂以媵(滕)妹,孙子永寿用之。

"🅐"字,郭沫若先生释作"宜",①现有著录书或未做隶定,或同意此说。按:古文字中"宜"以俎上载肉会意,东周文字中"宜"多写作从宀,从肉,例如:

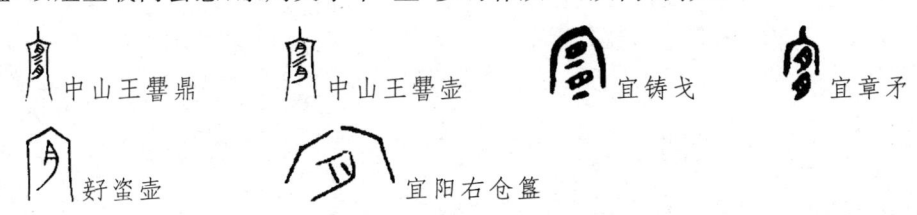

而"🅐"下偏旁从"爪",故释作"宜"不准确。我们认为此字应分析为从宀,爰省声。甲骨文中有一个从"受"从"目"的字,②朱德熙先生释作"𢍗",即《广雅·释诂四》中的"𡩋"字,③赵平安先生在此基础上对"曼"的源流进行了梳理。④ 赵先生认为金文中释作"曼"的"🅒"字应分析为从冃,爰声,其中"爰"省变较多,或省掉"目"上的"爪",如《摄命》1 的"🅓"、《说文》小篆"曼"的写法;或省掉下面的"又",如《子仪》8"🅔";或在下面"又"的底部再加一横,如《越公其事》7"🅕"。《筮法》43 有一个读作"灭"的字形,写作"🅖",可分析为从宀,爰省声,其中"爰"上部的"爪"与"宀"右半共用。铭文中的"🅐"与"🅖"偏旁结构相同,只不过所从的"爰"省去了下面的"又",这与《子仪》8"🅔"下面所从相同。"🅐"字所从"爰"的"目"最下一笔没有与上面连在一起,这与《祷辞》1 "缦"("🅘")所从"目"的写法相似,故此字可隶定作"寰"。"寰桐"是一位徐国王室成

---

① 郭沫若:《周代金文图录及释文》(三),大通书局 1971 年,第 159 页。
② 刘钊主编:《新甲骨文编》(增订本),福建人民出版社 2014 年,第 166 - 167 页。
③ 朱德熙:《古文字考释四篇》,《朱德熙古文字论集》,中华书局 1995 年,第 151 - 156 页。
④ 赵平安:《"曼"的形、音、义》,《出土文献》(第 13 辑),中西书局 2018 年,第 159 - 164 页。

员,徐王粮之孙,此盂是寠桐为其妹做的一件媵器,食盂作为媵器在金文中出现的不多,另外,铭文中还有一些字形写得较为特殊,需要注意。如:"食"字上面呈尖屋顶形,与"酉"字最上一笔作横笔迥异,更像是"亯",同时"食"又与燕系文字中"㐭"的写法相近,如"食"(右廪铁斧范)、"食"(《陶录》4.211.1)等。① "○"字写作一圆圈,与"丁"相似,应是"日"字中间残泐所致,这种情况和井叔采钟(《集成》356)的"○"类似。

(滕胜霖:安徽大学徽学与中国传统文化研究院

汉字发展与应用研究中心,230039,合肥)

---

① 吴振武:《战国"㐭(廪)"字考察》,《考古与文物》1984年第4期,第80-87页。

清华大学藏战国竹书数据库的开发与使用＊

田立宝

提要 清华大学藏战国竹书数据库是面向《清华大学藏战国竹简》文本与图像的信息检索软件，它以 Access 数据库为语料的储存介质，通过简易的可视化操作实现信息检索及图像显示等功能。使用者可以选择或设定查询条件，快速检索或统计出相应古文字的形体结构、音韵特征、注释及竹简图像等各种信息。

关键词 《清华大学藏战国竹简》 数据库 检索 统计

清华大学藏战国竹简（以下简称"清华简"）是清华大学于 2008 年入藏的一批竹简，由清华大学出土文献研究与保护中心以《清华大学藏战国竹简》（以下简称《清华简》）的形式发布。清华简数量大，内容具有唯一性，对历史学、考古学、古文字学、文献学等许多学科都产生了广泛深远的影响，但当前关于《清华简》的信息化处理研究成果并不多见。本研究选用 Microsoft Office Access（2010）数据库手段，以《清华简》为原始文本语料，人工标注古文字的形体结构、音韵特征、隶定字、考释字、文本注释等信息，并利用图像处理软件将竹简古文字图像进行统一编辑整理，从而使用者可通过数据库的可视化窗体查询，实现对《清华简》古文字的多角度查询统计。

本数据库还可继续追加新发布的《清华简》及研究成果或者其他古文字材料，进而构建一个能够覆盖战国乃至整个古文字领域的古文字信息数据库，形成一个技术支撑与理论研究紧密结合的动态数据平台。

一　文本语料与图像处理

《清华大学藏战国竹简》由清华大学出土文献研究与保护中心编写，中西书局出

＊ 安徽省高校人文社会科学重点项目"清华大学藏战国竹书的数据库开发"（SK2016 A0006）。

版。2011年初发布第一辑,至今已发布到第九辑。本数据库的前期建设选取了前五辑作为原始语料,后期会将其他各辑继续充实到数据库中。

纸本《清华简》转换为电子文本语料,首先要解决超字符集的汉字问题。超字符集汉字在计算机软件系统中不能显示和检索,本数据库的电子文本采用了汉字部件组合的方法,将这些汉字拆解为最大部件的组合。如将"顕"拆解为"显"和"頁"两个部件,将"趣"拆解为"越"和"止"两个部件,将"虙"拆解为"虎""口"和"蚰"三个部件。由于数据库中有古文字的相应图像,故这些汉字部件的结构关系也就不具体说明。此外,清华简原文中还有大量的重文、合文及注释等现象,子文本转换时也将其逐一标注。

本数据库古文字图像是基于竹简原图进行截图存储,共有一万三千多张,分为整简图像和单字图像两类。整简图像是将《清华简》每页的整支竹简图像进行截图存储,并与文本建立关联,以便查阅古文字的具体语境。单字图像是将每个古文字对应的竹简原图截取,没有从经过人工处理的释文字表中截图,从而尽可能真实地呈现出该字在竹简中的原貌,以便于同一个字在不同竹简中进行形体比照。如"隹尹自顕"在数据库中的单字图像为:。

二　数据库结构设计

清华大学藏战国竹书数据库的结构设计坚持内容真实准确、信息详细系统、使用简易便捷的原则,数据库主要包含了图像文件、数据表、查询与窗体四大部分。图像文件与数据表是数据库的语料存储部分,它们不仅真实准确呈现纸本原文内容,还详细系统地反映古文字人工标注的形音义等信息;查询与窗体是数据库的检索手段,其简易便捷性更好地体现了数据库的实用价值。

数据表由文本格式转换成单字成行的表格,其单字列的编号就是相应的原文语序,我们依据古文字的部首、声纽、韵部、隶定字、注释与出处等信息,在数据表中增加相应的列,以供数据库的检索和筛选。《清华简》古文字标注的标准借鉴了前辈学者的研究成果,如徐在国(2013)《上博楚简文字声系》。本数据库中古文字的部首用《说文解字》540部;古文字的声纽采用《战国古文字典——战国文字声系》6类19纽说,韵部采用王力先生30部说;古文字的隶定字、注释与出处信息采用《清华简》原文内容。图像文件作为独立存储文件,每个字的图像按原文顺序统一命名,通过物理路径方式与数据表建立关联,以便使用数据库时可以检索、修改或追加图像。

数据库的查询与窗体都是可视化操作,具体操作方法见下文"数据库功能介绍"。查询功能重在对数据的检索与统计,而窗体功能重在数据的呈现。它们主要为了实现以下两类功能:

其一,字例检索与统计功能。使用者通过数据表中的字头、部首、声韵、隶定字、注释及出处等信息,可设定某一条件检索出相应古文字例(见图1),亦可统计出符合该条件的字例总数、使用情况及分布状况等。

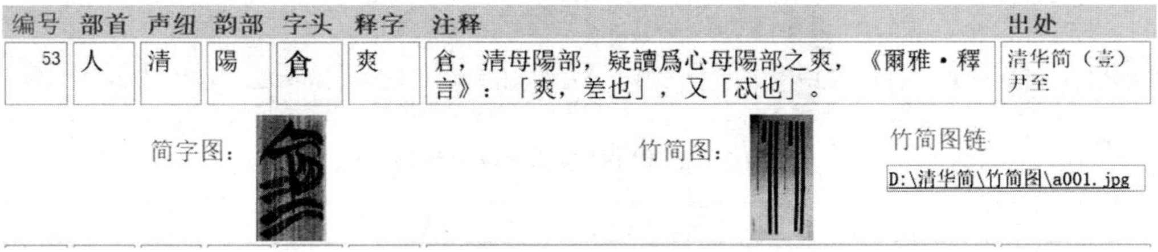

编号	部首	声纽	韵部	字头	释字	注释	出处
53	人	清	陽	倉	爽	倉,清母陽部,疑讀爲心母陽部之爽,《爾雅·釋言》:「爽,差也」,又「忒也」。	清华简(壹)尹至
			简字图:			竹简图:	竹简图链 D:\清华简\竹简图\a001.jpg

图1　数据库窗体结构示例

其二,字例对比分析功能。窗体可穷尽检索出某类古文字形音义及图像等信息,可以比对其在整个清华简中的书写形式、使用频率及分布状态等内容,从而可以深入探讨《清华简》古文字的字量、字频、字形结构、字形差异、训读等问题。

三　数据库功能介绍

清华大学藏战国竹书数据库功能强大、方便易用。使用者可通过数据库检索、统计清华简的古文字信息,亦可按个人需求修改或追加数据库的记录内容。

(一)**数据库的检索与统计**

古文字的检索既可在数据库窗体中通过筛选操作,也可使用数据库的查询功能。数据库窗体筛选的使用:在数据库"开始"菜单找到"筛选器",也可在窗体任意列直接单击右键找到"文本筛选器"。"筛选器"中设有"等于""不等于""开头是""开头不是""包含""不包含""结尾""结尾不是"八个不同筛选条件,选择其中某筛选条件后,会出现"自定义筛选"的对话框,在对话框中输入要查询的内容,即可将所有符合的记录检索出来,若退出本筛选则点击"切换筛选"。例如:在"等于"筛选条件中输入"白",即可检索出清华简中所有"白"字头的 73 条记录(见图 2)。

本数据库也支持复杂的查询功能。运用数据库重复查询实现对古文字各项信息的统计检索。使用者可以选取古文字标注的部首、声韵、隶定字、出处或注释中合文、重文、通假等信息,将清华简中所有符合该条件的古文字内容全部呈现,并附有符合该信息的详细统计数据,从而展现相关古文字在清华简中的出现频次、分布状态、相关搭配等信息。如图3是以韵母为查询条件,通过数据库的"查找重复项查询",将清华简30韵部的所有系字检索出来,并按其系字数展示出韵部系字分布状况。

编号	部首	声纽	韵部	字头	简字图	释字	注释	出处
6	白	並	鐸	白		亳	白、亳均並母鐸部字。「自夏徂亳」,與《國語·楚語上》云武丁「自河徂亳」句似。	清华简(壹)尹至
3860	白	並	鐸	白		白公	白公,楚平王太子建之子,名勝,號白公。起禍事在楚惠王八年,《楚世家》言之甚详:「白公好兵	清华简(壹)楚居
4144	白	並	鐸	白		伯	伯盤,《晉語一》、《鄭語》、《周本紀》均作「伯服」,《左傳》昭公二十六年《正義》、《太	清华简(贰)第二章
6560	白	並	鐸	白		柏	白舉,《左傳》作柏舉,《公羊》作伯莒,《穀梁》作伯舉,今湖北麻城東北。柏舉之戰及吳人入	清华简(贰)第十五章

图 2　窗体"白"字筛选结果示例

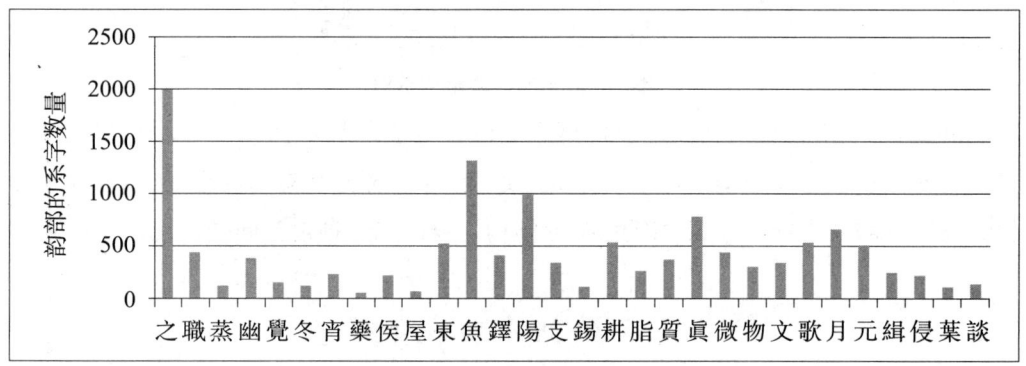

图 3　韵部统计数据示例

此外,数据库还具有"交叉表查询""查找不匹配项查询"等功能,可用于检索统计两个或多个数据表的共有数据内容或某数据表的特有数据内容。本数据库接下来会继续收录《上海博物馆藏战国楚竹书》《郭店楚墓竹简》《安徽大学藏战国竹简》等竹书资料。届时便可使用"交叉表查询"与"查找不匹配项查询",统计各种竹书资料的共有或特有古文字数据,从而实现不同竹书之间的比对分析。

(二)数据库内容的修改或追加

本数据库的建设还处在初期阶段,而《清华简》的研究成果还在不断更新,我们可使用窗体或查询功能对古文字信息进行修改、增删等操作,以保持数据库与《清华简》最新研究成果的动态平衡。如个别古文字信息的修改可以直接在数据表中完成,若需要批量修改或增删某些信息,可使用数据库的查询功能按设定条件进行大量数据调整。具体操作是通过"创建""查询设计"中选取"选择""生成表""追加""更新"等功能实现。

在后续建设中,本数据库将继续追加上博简、郭店简、安大简等竹书材料。我们可以按照《清华简》的数据表设计,将其他竹书材料作为独立数据表导入到数据库,形成具有较大规模的战国竹书古文字数据库系统。本数据库的后期建设会将其作为后台支撑,用其自带的 VBA 编程语言开发单机应用软件,或者用 DreamWeaver 等软件建设动态网站,以实现数据库系统的远程操作。

四 结 语

当前,计算机 Windows10 系统自带的 GBK 字符集仅有两万多个汉字,远远不能满足古文字信息处理的需要。虽然我们可以使用 True Type 等造字程序新造汉字,或使用各类汉字超大字符集字库,但此类字体在很多计算机应用程序中不能被有效识别。这也是清华大学藏战国竹书数据库建设时遇到的最大瓶颈。因此,若能将出土文献中大量的超字符集古文字进行有效的信息处理,将会大大提高古文字类数据库查询统计、窗体呈现等功能。

参考文献

[1]清华大学出土文献研究与保护中心编、李学勤主编:《清华大学藏战国竹简》(一——五),中西书局 2011—2015 年。

[2]安徽大学汉字发展与应用研究中心编,黄德宽、徐在国主编:《安徽大学藏战国竹简》(一),中西书局 2019 年。

[3]何琳仪:《战国古文字典——战国文字声系》,中华书局 1998 年。

[4]徐在国:《上博楚简文字声系》,安徽大学出版社 2013 年。

(田立宝:安徽大学文学院,230039,合肥)

燕玺残字考释五则*

张振谦

提要 有的古文字因拓片字形笔画不清而难以辨识,利用电脑技术进行笔画修补,可以使其字体在一定程度上复原,这是辨识古文字的一个切实可行的方法。通过电脑技术可将燕玺中的"网"旁文字"羀""羂","隹"旁文字"蕫""脽""隺"的笔画修补复原,从而得以辨识。

关键词 电脑技术　笔画修补　燕玺文字　考释五则

对于残泐不清的古文字,过去一般是通过临摹得出摹本字形,或者是在原字形上描修得到笔画清晰完整的描修字形,从而获得古文字的字形原貌,作为下一步的文字辨认、考释的字形依据。在高科技发达的今天,利用电脑技术,通过对扫描的拓本字形做缩放、颜色深浅度及对比度的调整,可以得到更为清晰可辨的字形。如果在这些字形的基础上利用电脑画图软件进一步进行笔画修补描摹,可以使字形得到更为完美的复原,从而使这些文字得到辨识。下举5例残泐文字试做字形描补、考释。

一　释"羀"

燕系文字的"网"有两种写法,一是字形结构近似现代楷书字体"父",字形如:

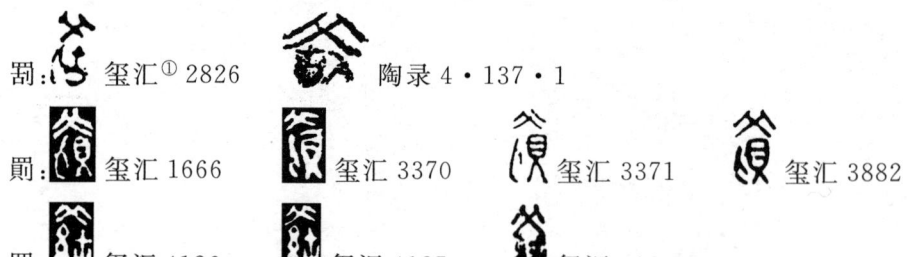

----

* 本文是国家社科基金一般项目"燕系文字材料的整理与研究"(13BYY105)阶段性研究成果。

① 引书简称参徐在国、程燕、张振谦:《战国文字字形表·引书简称表》,上海古籍出版社2017年,第2119－2123页。

燕玺文字有一字字形、辞例写作：玺汇2827 䩹（韩）～，为人名用字。印文如下：

 玺汇2827

我们认为此字为"纚"，其字形残泐颇甚，笔画不清。将利用电脑修补笔画前、后字形放置如下：

电脑修改后的字形上部为上述"网"旁的第一种形体，左下部为"糸"旁，这是不难辨认的。其右下部偏旁可能为"离"字，字形修补为：，其上部是"中"形。

《说文》："离，山神，兽也。从禽头，从厹从中。欧阳乔说：'离，猛兽也。'"战国文字的"离"字或从"中"，或从"木"，或从"林"，字形写作：

珍战360　　禽 钱典326　　 玺汇2608　　 货系2448

第一个字形从"中"，与上述旁（字形下部的"九"旁少一撇，或许因为此字残泐缺失）相近。如此，可释为"纚"。晋玺文字有"纚"，字形写作：

玺汇1768　　 玺汇0456

可证字，也就是字，当释为"纚"。

二　释"䋲"

燕系文字"网"旁的第二种写法，是写成两横五竖形，与现代楷书"网"旁常写成"罒"形相比，中间多出一个竖画，两侧的竖划向下出头，字形如：

冈 玺汇3492

燕玺文字有一字字形、辞例写作：玺汇3325～㢒（强）。印文如下：

 玺汇3325

我们认为此字为"䋼"字,其字形颇有残泐,笔画不清。将利用电脑修补笔画前、后字形一并放置如下:

修补前 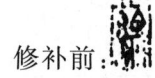　　　修补后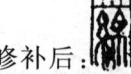

从修改后的字形可以看出,此字从"网","绵"声,其所从的"网"旁就是燕系文字"网"旁的,应该隶定为"䋼",在燕玺中用为姓氏。此玺也可以认为是从左边读,那么"䋼"字用为人名。

"绵"即"緜"字俗体,《玉篇》《广韵》《集韵》:"绵,并同緜。"《说文》:"緜,联微也。从系从帛。""绵"字见于楚文字,字形写作:

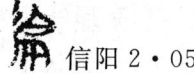 信阳 2·08　　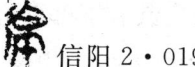 信阳 2·05　　信阳 2·019

可证。"帛"作为偏旁也见于燕陶文"敤"字,字形写作:

 陶录 4·189·1　　 陶录 4·189·2　　 陶录 4·189·3

可证。

我们知道,战国文字中常有固定的意符组合,如"彳""止"组合(即"辵"旁)、"阜""土"组合等,例多不赘举。燕系文字有以下字形:

罻(玺汇4126)、䍝(玺汇2827)、䍝(玺汇3325)

从以上几个字来看,"网""系"也是一个燕系文字中较为常见的偏旁固定组合。

其实,"网""系"组合在古文字中是一个很早就出现的常见构形,《甲骨文编》(第332页)收录3例"羅"字,皆不从"糸"。其注曰:"象网中有隹,羅之初文。"其字形写作:

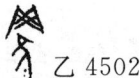 乙 4502　　 乙 4842　　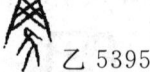 乙 5395

而战国文字的"羅"则是皆从"糸",如楚系文字写作:

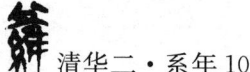 清华二·系年100　　清华三·说命下4　　清华四·筮法48

除了"羅"字之外,古文字中的"网""系"组合,也可以省略"系"旁,或者认为"系"旁后是加的。如"罟"字可以写作"䍝",字形分别为:

石鼓文·作原　　 守丘刻石　　 玺汇 1729

 玺汇 4126　　 玺汇 4127　　 玺汇 4129

"罵"可以赘加"糸"旁,字形分别为:

 侯马一八五:一　　 云梦·秦律 188

"罵"可以写作"羉",字形分别为:

 集成 11354 三年汪匋令戈　　 玺汇 1768　　 玺汇 0456

可见,"网""糸"在古文字中是一个常见的意符组合。在这个组合中,"糸"旁常可省略,或者本来就没有,非为必需。

三　释"雚"

燕玺有一字,字形、辞例写作:玺汇 3909 公孙~。印文如下:

玺汇 3909

此字《玺汇》未释,我们认为当释为"雚",其字形上部写作:,颇有残泐,笔画不清;其下部写作,明显为"隹"旁。

燕系文字的"隹"旁或写作:

 雒 集成 11093 雒王戈　　 雒 玺汇 3189　　 雒 玺汇 3188

 隼 玺汇 3846　　 隼 汇考 310　　 隼 陶录 4·24·3

 雈 步黟 23　　 膗 玺汇 4128　　 膗 集成 11402.1A 枳里瘟戈

可证。利用电脑修补上残缺的笔画,修补前、修补后字形为:

修补前： 修补后：
燕玺文字"戳"写作：

玺汇 4107　　　玺汇 4108

将修改后的字形与"戳"字两个字形做对比,发现即为"戳"字声符"藋"。藋,义为小雀,在燕玺中用作人名。《说文》:"藋,小爵也。从萑叩声。《诗》曰:'藋鸣于垤'。"

四　释"䏚"

燕玺有一字字形、辞例写作:䏚玺汇 3319 封～。印文如下:

玺汇 3319

此字应该释为"䏚"。其左侧偏旁为"肉"旁,其右侧偏旁的下部中间,有些残泐,应该还有笔画,隐约有上下排列的两点,利用电脑修补上这个残缺的笔画。修补前、修补后字形为:

修补前：　　　修补后：

燕玺文字中有两个字分别写作：

A　玺汇 2510　　玺汇 2807　　玺汇 2832

B　玺汇 0880　　玺汇 3957　　玺汇 3957

其右侧的偏旁汤余惠先生"疑为'隹'之省变"①,分别将 A、B 释为"雁""维"。比较前面列举的燕系文字"隹"旁写法,发现这种字体释为"隹"并不可靠,在没有更好的说法之前,释"隹"暂备一说。

由此可知,字形䏚右侧所从的声符就是所谓的"隹"旁,其之所以用计算机修饰作如此字形,就是参考了上述从"隹"之字的形体写法。由此可证䏚为"䏚"字。《说文》：

---

① 汤余惠：《略论战国文字形体研究中的几个问题》,《古文字研究》(第十五辑),中华书局 1986 年,第 53 页。

"脽,尻也。从肉隹声。"燕玺文字"脽",人名。

五 释"倠"

燕玺有一字字形、辞例写作：▉玺汇2323 碰～。印文如下：

玺汇2323

由于笔画纤细使得字形不清,但是在右侧的字形空白处,隐约还有笔画存在。参考上面从"隹"的文字形体进行对其进行电脑修补。修补前、修补后字形一并放置如下：

修补前：　　修补后：或

既对字形做了如此修补,那就是认为此字从"隹",按照汤余惠先生的观点,此字当释为"倠"。如此,"倠"字在燕玺中总计已经出现4例,分别见玺汇2510、玺汇2807、玺汇2832,玺汇2323,字形分别见上文。《说文》："倠,仳倠,丑面。从人隹声。"燕玺"倠"字,人名。

由上可知,这种笔画修补工作是在对已有相关文字字形的熟悉和掌握基础上进行的,也就是说,这种描补修复的前提条件是必须要有相关的字形、偏旁作为参照对象,亦即必须有相关的出土文字字形作为参考例证。

(张振谦：河北大学燕赵文化高等研究院、河北大学传世字书与
出土文字研究中心,071000,保定)

读《管子》札记一则
——兼谈汉印中的"士"类私印*

李 鹏 辉

提要 本文根据出土传世的汉印材料,对《管子·山至数》中的"请士"进行训释,其或可训为"诚士",意为"真正的士"。汉印中有不少称"某士"的私名印即"士"类私印,其大多数应为美称。

关键词 《管子》 汉印 校读 "士"类私印

《管子·山至数》中有这样一段话:

> 桓公又问于管子曰:"有人教我,谓之请士。曰:何不官百能?"管子对曰:"何谓百能?"桓公曰:"使智者尽其智,谋士尽其谋,百工尽其巧。若此则可以为国乎?"管子对曰:"请士之言非也,禄肥则士不死,币轻则士简赏,万物轻则士偷幸,三怠在国,何数之有?彼谷十(七)藏于上,三游于下。谋士尽其虑,智士尽其知,勇士轻其死,请士所谓妄言也。不通于轻重,谓之妄言。"①

张佩纶认为此篇"文已错乱"②,其文义之扞格难通可见一斑。然而近几十年来出土材料的大量出现,为我们读懂古籍中令人费解的内容提供了帮助。诚如裘锡圭先生所说:"古代文字资料可以用来阐明传世古书中某些词语的意义,或者纠正某些词语书写上的错误。"③根据出土、传世汉代印章的印文内容,《管子》这段话中的"请士"或许可以得到解释。下面笔者不揣寡陋尝试探讨一下,不当之处敬祈专家指正。

对"请士"的注解各家不尽一致。张文虎认为:"'梁聚'如前《事语篇》'佚田'。此篇'梁聚''请士''特'及《轻重·甲篇》'癸乙'、《乙篇》'癸度''衡',盖皆寓言,实无其

---

* 本文为2019年国家社科基金青年项目"汉印文字整理与研究"(19CYY027),教育部、国家语委"甲骨文等古文字研究与应用专项"重大项目"战国文字谱系疏证"(YWZ-J013)的阶段性成果之一。
① [清]戴望:《管子校正》,世界书局1935年,第368页。
② 黎翔凤:《管子校注》,中华书局2004年,第1322页。
③ 裘锡圭:《考古发现的秦汉文字资料对于校读古籍的重要性》,《裘锡圭学术文集·语言文字与古文献卷》,复旦大学出版社2012年,第349页。

人。"①何如璋、马非百说与之同②。俞樾谓:"人名,并举人言以问管子。"③石一参谓:"请士,请谒之士。"④郭沫若谓:"此节当有夺文。请士愿'使智者尽其智,谋士尽其谋,百工尽其巧',而管仲责以'禄菲则士不死,币轻则士简赏,万物轻则士偷幸,三息在国,何数之有?'针锋不相对。"⑤郭氏之意是实有其人。闻一多谓:"疑当作'有人谓之请士教我曰'。"⑥黎翔凤谓:"'请士'非人名,有人教我,其教我之言,即谓之'请士'。'官百能'即指'请士'而言。《广雅·释诂三》:'请,求也。'"⑦以上诸家对"请士"的解释,或主张是人名并分为实有其人和寓言式的虚指,或认为其不是人名。迄今为止尚未有定论。

让人高兴的是,在出土传世汉代印章中出现了有助于解释文献中"请士"的新资料。如西安市未央区范南村出土的"陈请士▨"印⑧和《虚无有斋摹辑汉印》所收录的"弁请士印·弁翁儿▨▨(0205)"⑨印。从印文内容看"请士"是人名无疑。典籍中有见如"顷侯请士"(见于《汉书·王子侯表》第三下)等。由此我们可以证明"请士"就是一个人名常用词。这个词似乎有特殊的喻意。另外,《陈簠斋手拓古印集》158页收录了一方"庄青士—庄春君▨▨"的双面印,施谢捷先生谓:"汉印中名'青士'或与'请士'属同名异写,'请'从'青'得声,'请''青'固可通借。"⑩其说可信,出土材料中"青、请"相通的例子确实多见⑪。汉印中的"青士"应即"请士"。今按,最近笔者在网络上见到一方战国"青士"成语玺,其或与汉印中的"青士""请士"所指相近。

根据相关的文献材料,我们认为此汉印中"请士"的"请"疑当训为"诚"。在文献中"请"通作"诚"的例子有见。如《墨子·明鬼下》:"若使鬼神请有""若使鬼神请亡"。孙诒让《墨子间诂》谓此篇多以"请"为"诚"。《墨子·非乐上》:"请将欲求与天下之利。"孙诒让《墨子间诂》请、诚字通。⑫又王念孙《读书杂志九·墨子第二·节葬下》:

---

① 黎翔凤:《管子校注》,中华书局2004年,第1323页。
② 马非百:《管子轻重篇新诠》,中华书局1979年,第355页。
③ 俞樾:《诸子平议》(卷六),续四库全书1161册,六二七上。
④ 石一参:《管子今诠》,中国书店1988年,第537页。
⑤ 郭沫若:《管子集校》(四),《郭沫若全集·历史编·第八卷》,人民出版社1985年,第138页。
⑥ 同上。
⑦ 同①,第1326页。
⑧ 程林泉、韩国河、杨军凯、吴春:《西汉陈请士墓发掘简报》,《考古与文物》1992年6期,第18页。
⑨ 施谢捷:《虚无有斋摹辑汉印》,艺文书院2014年,第35页。
⑩ 施谢捷:《〈汉印文字征〉及其〈补遗〉校读记》(三),《出土文献与古文字研究》(第三辑),复旦大学出版社2010年,第292页。
⑪ 白于蓝:《简帛古书通假大系》,福建人民出版社2017年,第1134页。
⑫ [清]孙诒让:《墨子间诂》,中华书局2001年,第249、263页。

"'请可以富贫众寡定危治乱乎.'毕从一本改请为诚。王念孙案:'古者诚与请通,不烦改字。'"①传世文献中这样的例子还有不少,兹不赘举。"请"字清纽耕部。《说文·言部》:"请,谒也。从言青声。""青"字因"生"得声,"生"为山纽耕部。"诚"字禅纽耕部。《说文·言部》:"诚,信也。从言成声。""成"字禅纽耕部其因"丁"得声,"丁"字属端纽耕部。"请""诚"二字古音相距不远,应可通。"请""诚"二字在意思上都有"真正的"义。凡此或可将"请士"训为"诚士"。此"诚士"应解释为"真正之士"。正如《荀子·非相》中对"诚士"的描述:

> 凡言不合先王,不顺礼义,谓之奸言,虽辩,君子不听。法先王,顺礼义,党学者,然而不好言,不乐言,则必非诚士也。故君子之于言也,志好之,行安之,乐言之,故君子必辩。凡人莫不好言其所善,而君子为甚。故赠人以言,重于金石珠玉;观人以言,美于黼黻文章;听人以言,乐于钟鼓琴瑟。故君子之于言无厌。鄙夫反是,好其实,不恤其文,是以终身不免埤污庸俗。故《易》曰:"括囊,无咎无誉。"腐儒之谓也。②

"诚士"就是能法先王,顺礼义,党学者,又好言、乐言,至诚好善的人,他们称得上是真正的士。所以《管子·山至数》篇中的"请士"似乎可做上面的解释。诚如闻一多先生所谓"有人谓之请士教我曰",有个可以称得上"诚士"的人来教我曰。《管子》中的"请士"应是虚指。汉印中的私名"青士""请士"也应是取此意。"青士、请士"这一人名可以揭示出当时人们在取名时对个人品行和"士"这一身份的追求。诚如《汉书·食货志上》对"士"的界定:"士农工商,四民有业。学以居位曰士,辟土殖谷曰农,作巧成器曰工,通财鬻货曰商"③,时人当以"士"之名为荣。

最后,我们顺带简单谈一谈汉印中一种常见的"士"类私印。归纳起来主要有:猛士、毋士、青士、请士、令士、仁士、圣士、携士、立士、强士、列士、博士等。印文出处分别为:《汉印文字征》第十·六李猛士,《秦汉印典》314.4 张毋士,《陈簠斋手拓古印集》158 页庄青士—庄春君,《西安文物精华:印章》168 页陈请士,《虚无有斋摹辑汉印》0205 弁请士印·弁翁儿、0491 窦令士—姜令士、0185 祕仁士—祕长公、2422 王仁士印、0534 杜圣士印、3794 司马圣士、1798 任携士、2987 虞立士印、2992 虞强士—虞子游、3216 张列士印、0773 关博士、1302 李博士印、1363 李平私印—刘博士印、1782

---

① 王念孙:《读书杂志九·墨子第二·节葬下》,中国书店 1985 年,第七十页。
② [清]王先谦:《荀子集解》,中华书局 1988 年,第 83 页。
③ [汉]班固:《汉书》,中华书局 1962 年,第 1117–1118 页。

任博士印、2126 田博士、3197 张博士印。另有《汉印文字征》中的毛博士、路博士印、杜博士印、巩博士，等等。我们在翻检《古玺汇编》和新见的战国玺印材料后发现战国时期除官印、箴言吉语印（包含秦印）外，六国私玺中以"士"为名者非常少见（恕笔者所能看到的战国私印材料数量有限）。秦印中以"士"为名的私印就开始出现了，如《秦印文字汇编》所录："冯士、冯适士"。到了汉代"士"类私印的大量出现，其既是对秦印的继承和发展，也体现出汉代人对"士"之精神的追求。印章中这类私名既可以印证典籍上所记载古人取名的一些原则，如《左传·桓公六年》："名有五，有信，有义，有象，有假，有类；以名生为信，以德命为义，以类命为象，取于物为假，取于父为类"，①又可以反映出当时的社会风俗文化。这些情况和后世人们在取名时，喜欢从经典文献中选取一些富有美好寓意的字词来命名的情况是相同的。

其中"令士""仁士""列士""立士""猛士""博士"等人名皆见于传世典籍，例如：

令士：《三国志·吴书第十二·陆绩传》："绩容貌雄壮，博学多识，星历算数无不该览。虞翻旧齿名盛，庞统荆州令士，年亦差长，皆与绩友善。"又《三国志·魏书第十九·陈思王植传》："文帝即王位，诛丁仪、丁廙并其男口"。裴松之注引《魏略》："〔太祖〕闻仪为令士，虽未见，欲以爱女妻之。"②此可指称有才学之人。

仁士：《墨子·耕柱》："天下无道，仁士不处厚焉。"《吕氏春秋·禁塞》："世有兴主仁士，深意念此。"《说苑·尊贤》："智士不为谋，辨士不为言，仁士不为行。"可指称那些非常有德行的人。

列士：《国语·鲁语下》："列士之妻加之以朝服。"列士，元士也。③《左传·哀公十一年》："王及列士皆有馈饩。"《管子·君臣下》："布法出宪，而贤人列士尽归功能于上矣。"《荀子·大略》："子赣、季路，故鄙人也，被文学，服礼义，为天下列士。"可指称地位较高且很有影响的人。

立士：《韩诗外传》卷三："四体不掩，则鲜仁人，五藏空虚，则无立士。"④文中与"仁人"所指相近，可指品行高洁自立之人。

猛士：《史记·高祖本纪》："酒酣，高祖击筑，自为歌诗曰：'大风起兮云飞扬，威加海内兮归故乡，安得猛士兮守四方！'"可称有勇力之人。

---

① 十三经注疏整理委员会整理：《春秋左传正义》，北京大学出版社 2000 年，第 207－208 页。
② ［晋］陈寿撰，［宋］裴松之注：《三国志》，中华书局 1997 年，第 1328、562 页。
③ 徐元诰撰：《国语集解》（修订本），中华书局 2002 年，第 197 页。
④ ［汉］韩婴撰，许维通校释：《韩诗外传集释》，中华书局 1980 年，第 128 页。

博士:《战国策·赵策三》:"郑同北见赵王,赵王曰:'子南方之博士也。'"在此可指博通之人。今按,"博士"是古代的学官之名,秦汉时期皆立有"博士"。汉私印中的人名某"博士"者,也或是一种学官身份的标志。

(李鹏辉:安徽大学徽学与中国传统文化研究院

汉字发展与应用研究中心,230039,合肥)

古玺考释五则*

张 飞

提要 文章对六枚战国私玺做了考释,认为原先释为"諆"的字,应改释为"谢";原先释为"𤕟"的字,应改释为"射";原先释为"畲"的字,应改释为"族";原先释为"茀"的字,应改释为"西";原先缺释的两个字,应分别释为"长"和"皇"。

关键词 战国 私玺 姓氏 古文字

一 释"射"及"谢"

吴砚君先生主编的《盛世玺印录》(续一)第 49 页收录一件编号 034 的阳文私玺,如下图所示:

该玺为铜质鼻纽,尺寸为 13.1mm×13.9mm×10.5mm,整理者释定为"諆聴"。

按:首字释"諆",可商。此字应隶定为"諿",分析为从言,𤕟声,𤕟即"射"之异体,释为"谢",用为姓氏。

𤕟旁下部为矢旁,左上看似人旁,实为弓旁。在战国文字中,"弓"旁在构字时往往会讹误作与它形近的"人",如"强"字作 (《郭店·语丛三》简48)、 (《玺汇》0079);"弩"字作 (《玺汇》0115)、 (《集成》11213);"强"字作 (《郭店·老子(甲本)》简6)、 (《玺考》282 页)。右上 ,徐在国师认为是"手"旁,甚是。三晋玺文中从"手"之字也有类似的写法,如"把"字作 (玺汇 1833)、"揔"字作 (《玺汇》1830)、"棩"字作 (《玺汇》3259)。

𤕟当分析为从弓、从矢、从手,隶定为"諿",会以手拉弓射箭之意,是"射"之异体。

---

* 小文写作后蒙徐在国老师审阅指正,谨致谢忱!文中错误由本人负责。

古文字中"射"字或作▲(《花东》7)、▲(《集成》2810)、▲(《清华叁·祝辞》简 3)、▲(《清华叁·赤鹄之集汤之屋》简 1)。楚简文字"射"从弓、从矢或至("箭"之初文)、从夬,用手上的扳指拉弓射箭,会射箭之意更为明显。① ▲与《清华叁·祝辞》简 3"射"字形体类似,只是所从"手"与"夬"的不同。

因此,▲字应释为"谢"。谢为古姓氏。《通志·氏族略二》:"谢氏,姜姓。炎帝之裔,申伯以周宣王舅受封于谢……后失爵,以国为氏焉。鲁有谢息,汉有谢弘、谢弼、谢该。"

日本学者尾琦苍石、和田广幸二位先生编著的《匋钵室藏古玺印选》(以下简称《匋钵室》)第 73 页收录一枚编号 137 的阳文私玺,见下图:

该玺为铜质鼻纽,尺寸为 12.5mm×11.8mm×12.0mm,整理者释为"王弸(弩)"。

按:▲释"弩",可商。该字可分析为从弓、从矢、从夬,与前文所举"射"字作▲(《清华叁·祝辞》简 3)、▲(《清华叁·赤鹄之集汤之屋》简 1)形相似,应释为"射"。

战国文字中"弩"字作▲(《雪斋二集》122 页)、▲(《玺汇》0113)、▲(《玺汇》0114)。与▲字相比,首先,弩字不从"矢";其次,弩字所从"奴"旁的部件"女"和"又"相分离,且没有作▲者。另外,▲字也可与上文所释"谢"字的▲旁相类比,只是将意符由"手"换成了"夬"。"夬"字"象右手套扳指之形",②本义是指射箭时戴在指上用来拉弦的扳指。大多数"夬"字都是扳指套在"又"旁的上部指形之上,但也有例外,如从夬的"臾"作▲(《包山》简 138),扳指则套在"又"字的中部指形之上,正与本文讨论的▲旁构形相同。故该字当释为"射",用作人名。

二　释"长"

《匋钵室》第 89 页收录一枚编号 168 的阳文私玺,如下图所示:

该玺为铜质鼻纽,尺寸为 12.2mm×11.1mm×10.0mm,整理者释为"隼□",次字缺释。

---

① 徐在国:《上博楚简文字声系》(一～八),安徽大学出版社 2013 年,第 1535 页。
② 何琳仪:《战国古文典:战国文字声系》,中华书局 1998 年,第 905 页;《仰天湖竹简选释》,《简帛研究》(第 3 辑),广西教育出版社 1998 年,第 110 页。

按：字应释为"长"，用作人名。

古文字中"长"字作（《合》17055 正）、（《合》28195）、（《合》27641）、（《集成》10175），象长发人手持杖之形，引申为"长短"之长，又引申为"年长"之长。① 部件与一般的"长"字相比，"长发"向左，古文字左右异写多无别，战国文字"长"也有类似的写法，如（《东亚》4·35）。该字所从之）即"拐杖"的象形，一般是置于人的身体前部，但此字将这一部件置于身体后方。这也可以得到解释，因为古文字偏旁、部件多变动不居，何琳仪先生曾做过很好的总结，②大家可以参看。

三　释"族"

《匋铼室》第 130 页收录一件编号 249 的阳文私玺，见下图：

该玺为铜质鼻纽，尺寸为 11.5mm×11.6mm×12.7mm，整理者释为"长翁"。

按：关于第二字，整理者只是做硬性隶定，其实该字当分析为从㫃、从矢，释为"族"，用为人名。

字所从之乃"㫃"旁之讹。战国文字中"㫃"旁或作（《玺汇》2377"旂"字所从）、（《玺汇》1154"游"字所从）、（《玺考》312 页"族"字所从），而在战国文字中"中"或类似"中"的写法往往被写作"×"形，如"乌"字作（《玺汇》0234），"南"字作（《玺考》96 页）、（《货系》2462）、（《货系》36）。另外，战国文字中"㫃"旁也作（《集成》85"旟"字所从），上部类似"止"的写法，而在战国文字中，"止"字或"止"旁中部相接的两笔经常被写成"×"形，③如"止"字作（《玺汇》0895）、"兆"字作（《集成》10478）、"岁"字作（《玺汇》4427）、"正"字作（《玺汇》4791）。而"止"旁的竖弯笔"⌐"也常常被写得较为平直，如"止"字作（《清华伍·三寿》简 9）、"正"字作（《玺考》48 页）、"返"字作（《齐币》281）、"逃"字作（《集成》10478）、"诏"字作（《玺汇》3323）、"遏"字作（《玺汇》0999）。战国文字中的"㫃"旁上部的竖弯笔也正好有被拉直的写法，如"旗"字作（《新蔡·零》简 287）、"游"字作（《郭店·语丛三》简 12）、

---

① 何琳仪：《战国古文字典：战国文字声系》，中华书局 1998 年，第 684 页。
② 何琳仪：《战国文字通论》（订补），上海古籍出版社 2017 年，第 277 页。
③ 刘建峰：《战国玺印文字构型分域研究》，山东大学博士学位论文 2012 年，第 40 页。

"族"字作㺇(《包山》简 10)。而且楚简文字中正有"㐆"旁写得类似于⺈的字,如"逄"字作𨗈(《清华玖·治政之道》简 11)、𨗈(《清华玖·治政之道》简 24)。⺈则是由㐆讹写而来,战国文字中向下拖曳的竖笔或斜笔常常会向内曲折,如"市"字作𠂔(《玺考》239 页)、𠂔(《玺汇》3154);"右"字作㕕(《玺汇》0063)、㕕(《玺汇》0196);"各"字作𠁁(《玺汇》3355)、𠁁(《玺汇》5309)。㐆旁的演化途径大致如下:

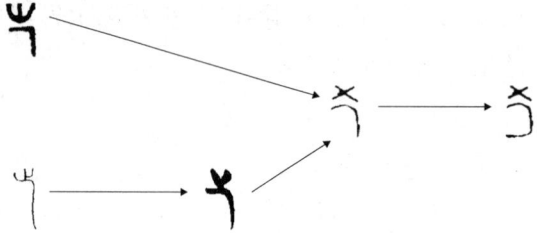

㐆旁写得与"大"字相同,其实是"矢"字,战国文字中有类似的写法,如"侯"字作矦(《集成》9616)、矦(《吴越三晋》188 页)、矦(《集成》11688)、矦(《集成》11707)。《说文》:"族,矢锋也。束之族族也。从㫃,从矢。""族"字在东周时期也有用作人名的例子,如《侯马》八五:二三人名"族"以及《玺考》312 页"公孙族"。

四 释"茜"

吴砚君先生主编的《倚石山房藏战国古玺》(以下简称《倚石》)第 32 页收录一枚编号 024 的三晋阳文私玺,如下图所示:

该玺为铜质鼻纽,马蹄形,尺寸为 13.7mm×13.3mm×13.0mm。原书释为"茻疢"。

按:玺文茜,整理者只是做硬性隶定。其实,该字当分析为从"艹","四"声,隶定作"茜",读为"四",用作姓氏。

该字上部从"艹",没有问题。下部所从㗊是"四",战国文字中"四"也有类似的写法,如㗊《包山》牍 1、㗊《郭店·穷达以时》简 10、㗊《上博七·武王践阼》简 6。故该字所从是"四"。

"茜"从"四"声,可读为"四"。从"四"声之字多读为"四"。"驷"可通"四"。睡虎地秦简《秦律·司空》:"居官府公食者,男子参,女子驷(四)。"《秦律·傅食律》:"食稗米半斗,酱驷(四)分升一,采(菜)羹,给之韭葱。"马王堆帛书《十问》:"驷(四)鼓同举,五遂(队)俱傅(薄)。""柶"可读为"四"。阜阳汉简《秦风》:"柶(四)马既閒(闲)。"①

"四"为古姓氏。春秋越国有大臣名"四水"。《说苑·权谋》:"越饥,勾践惧。四水进谏。"施谢捷先生曾考证"四水"为复姓,②可能后人为避繁复,将复姓"四水"改为单姓"四",如《姓觿》寒韵:"端……《千家姓》云,出端木赐之后。从省文为端氏"。施先生的观点与我们的结论并不矛盾。

五 释"㗅"

《倚石》第253页收录一枚编号199的三晋阳文玺印,见下图:

该玺为铜质鼻纽,长方形,尺寸为24.0mm×16.0mm×7.0mm。整理者释为"□子"。

按:玺文当分析为从"向",加注"上"声,隶作"㗅",是"向"之繁体,用为姓氏。古文字中"向"字或作《集成》2835、《货系》364、《陶录》2·674·3,《说文解字》:"向,北出牖也。从宀,从口"。中是"口"之简省,古文字中"口"旁的类似写法习见,如"命"字作(《玺汇》4282)、"和"字作(《玺汇》4494)、"吉"字作(《玺汇》4892)、"右"字作(《集成》11487)、"宝"字作(《集成》3653)、"尚"字作(《玺汇》5397)。上"一"当是饰笔,古文字中也能看到类似的写法,如"容"字作(《郭店·语丛一》简109)、(《郭店·语丛二》简24);"宅"字作(《上博七·凡物流形(乙本)》简5)、(《清华伍·命训》简2);"下"字作(《包山》简237)、(《清华贰·系年》简97)。所以当是"向"。

三晋文字中"向"还有如下写法:

 《集成》1349　　 《玺汇》3059　　 《陶录》5·98·4

2018年山东邹城邾国故城遗址出土一件陶量,上有一字作,③摹本不确,笔者对照原图加上一笔作。徐在国师将该字改释为"恦",读作"量",④可信。徐师认为

---

① 白于蓝:《简帛古书通假字大系》,福建人民出版社2017年,第830页。
② 施谢捷:《古玺印文字丛考(十篇)》,《南京师大学报》(社科版)1998年第1期,第116-117页。
③ 山东大学历史文化学院考古系、邹城市文物局:《山东邹城市邾国故城遗址2015年发掘简报》,《考古》2018年第3期,第44-67页。
④ 徐在国:《山东邹城市邾国故城遗址出土陶文补释》,《讹字研究论集》,中西书局2019年,第198-203页。

⟨向⟩字右部所从之⿳以及上揭三晋文字"向"中的"="，可能是饰笔，但更有可能是"上"，即加注一个声符。① 上古音"向""上"皆属阳部，从"向"声之"尚"可与"上"通。玺文⿳和上述"向"字结构相类，只是"上"字的写法不同，可知⿳应是"向"加注声符"上"，是"向"之繁体。这从另外一个角度也可以证明徐师的观点是正确的。

"向"为古姓氏。《通志·氏族略二》："向氏，祁姓附庸之国，今沂州古向城是也，子孙以国为氏。又宋桓公之后，公子肸，字向父，其后以字为氏。"古玺中有以"向"为氏者，如《玺汇》3059"向午"。

引书简称：

《合》——郭沫若主编，中国社会科学院历史研究所编：《甲骨文合集》，中华书局1982年。
《花东》——中国社会科学院考古研究所编：《殷墟花园庄东地甲骨》，云南人民出版社2003年。
《集成》——中国社会科学院考古研究所编：《殷周金文集成》（修订增补本），中华书局2007年。
《吴越三晋》——萧春源：《珍秦斋藏金·吴越三晋篇》，澳门基金会2008年。
《雪斋二集》——张光裕：《雪斋学术论文二集》，艺文印书馆2004年。
《侯马》——山西省文物工作委员会编：《侯马盟书》，文物出版社1976年。
《玺汇》——故宫博物院编：《古玺汇编》，文物出版社1981年。
《玺考》——施谢捷：《古玺汇考》，安徽大学博士学位论文2006年。
《陶录》——王恩田：《陶文图录》，齐鲁书社2006年。
《东亚》——奥平昌洪：《东亚钱志》，东京岩波书店1938年。
《货系》——马飞海、汪庆正、马承源：《中国历代货币大系1·先秦货币》，上海人民出版社1988年。
《齐币》——山东省钱币学会：《齐币图释》，齐鲁书社1996年。
《包山》——湖北省荆沙铁路考古队：《包山楚简》，文物出版社1991年。
《郭店》——《简帛书法选》编辑组编：《郭店楚墓竹简》，文物出版社2002年。
《新蔡》——河南省文物考古研究所：《新蔡葛陵楚墓》，大象出版社2003年。
《上博七》——马承源主编：《上海博物馆藏战国楚竹书》（七），上海古籍出版社2008年。
《清华叁》——李学勤主编，清华大学出土文献研究与保护中心编：《清华大学藏战国竹简》（叁），中西书局2012年。
《清华伍》——李学勤主编，清华大学出土文献研究与保护中心编：《清华大学藏战国竹简》（伍），中西书局2015年。
《清华玖》——黄德宽主编，清华大学出土文献研究与保护中心编：《清华大学藏战国竹简》（玖），中西书局2019年。

（张飞：中山大学中国语言文学系，510275，广州）

---

① 徐在国：《山东邹城市邾国故城遗址出土陶文补释》，《讹字研究论集》，第201页。

续论"厷"及相关诸字*

陈晓聪

提要 古文字中,从又从日之字应为"厷"。本文在前人研究的基础上,较为全面地梳理了这种写法的"厷"以及与之相关的形体,如"扰""祔""忲"以及合文"有日"等。

关键词 从又从日 厷 有日

古文字中,"厷"最常见的写法是从又从○。近年来,随着新发现材料的增加,"厷"字的另一种写法逐渐被人们所认识。

《陶文图录》中有一组字:

(《图录》5·2·3)   (《图录》5·2·4)

汤志彪先生将 释为"祭"。① 刘刚先生释第一字为"厷",第二个字为"扰"。② 仔细比对拓本, 与 应为同一个字。 "又"下面有笔画 ,其笔势及与"日"的距离与 基本一致,应为"手",或因原器磨损而笔画有所残缺。《陶文图录》5·2·3第一个字为"馬",5·2·4第一字为 ,笔画有些缺失,然而也可以看出是"馬"。这两片陶文应为同一个人名。上博简《周易》51"扰"字作 ,刘刚先生据此释 为"扰"。廿四年州令戈(《铭续》1232)中有 字,石小力先生根据 字将 释为"忲",所言可信。③ 清华简《良臣》篇中"忝"就作 (简2)。包山简中"扰"作 (简169)、 (简122),新出的清华简第八册《摄命》篇中出现了如下几个字: (简2)、 (简8)、 (简24),整理者认为皆

---

* 本文是2017年度国家社会科学基金重大项目"战国文字诂林及数据库建设"(17ZDA300)阶段性成果。

① 汤志彪编著:《三晋文字编》,作家出版社2013年,第2203页。
② 刘刚:《新郑出土陶文考释二则》,中国文字学会《中国文字学报》编辑部编:《中国文字学报》(第六辑),商务印书馆2015年,第111-112页。
③ 石小力:《〈商周青铜器铭文暨图像集成续编〉释文校订》,邹芙都主编:《商周青铜器与先秦史研究论丛》,科学出版社2017年,第153页。

从宏。① 后两字中"厷"从又从日,此皆可证从又从日之字应为"厷"。"厷"为"肱"之初文。甲骨文中"厷"字作（《合集》21565）,加一半圈为指事符号。西周金文中"厷"字作（毛公鼎,《铭图》2518）,指事符号割离,形成一圆圈。楚简尚沿其形。《玺汇》0846中的,或释"右",或释"厷"②。仔细看字形中间有一小点。古文字中常加一小点作为装饰笔画。因此,当释为"厷"。根据廿四年州令戈、上博简《周易》及清华简《良臣》等,可知"厷"字圆圈中间一小点可变为一短横而与"日"同形,需要注意的是,以上诸字所从的"厷"皆多加了指事符号,或是因为从又从日已与"厷"的造字本义相距甚远,故在"又"上再增加一指事符号,以此来提示"厷"的造字本义。苏建洲先生则认为这是变形音化的现象,即将意符"厷"的"又"旁改为形近的声符"尤"。③ 陶文与为同一个字,则可知"又"上的指事符号可以省略。

既已明白从又从日乃"厷"字的另一种写法,则可释出以下诸字:

1. （《珍秦斋藏印》123）　　（《珍秦斋藏印》124④）

2. （蔡侯申盘,《铭图》14535）　　（蔡侯申尊,《铭图》11815）

3. （《厚父》简12）

4. （《图录》3·340·2）　　（《图录》3·340·3）

（《图录》3·340·4）

第1组字《珍秦斋藏印》皆释为"右"。⑤ 汤志彪先生释为"祭"。高中正先生释123号印为"厷"。从钤本上看,124号印中的似乎从"又"从"口",然而仔细看玺印照片,"口"上还可看到一短横,因此该字应亦从又从日,释为"厷"。

---

① 李学勤主编、清华大学出土文献研究与保护中心编:《清华大学藏战国竹简》（八）,中西书局2018年,第222、207页。
② 何琳仪:《战国古文字典》,中华书局1998年,第1462页;张振谦:《燕玺复姓"夷吾"考》,中国文字学会《中国文字学报》编辑部编:《中国文字学报》（第四辑）,商务印书馆2012年,第119页。
③ 苏建洲:《释楚竹书几个从"尤"的字形》,简帛网（http://www.bsm.org.cn/show_article.php?id=769）,2008年1月1日。
④ 此玺印中另一字作,《珍秦斋藏印》没有释出,此字应为"痕"。
⑤ 萧春源:《珍秦斋藏印》,澳门基金会2001年,第91页。

蔡侯申盘中从示从又从日的字,以往诸家多释为"佑",认为"佑受不已"即"受佑不已"。少数学者释为"祭"。① 高中正先生则释为"祄"。蔡侯申盘文例为"元年正月初吉辛亥,蔡侯申虔共(恭)大命,上下陟祒,攝敬不惕(易),肇佐天子,用诈(作)大孟姬媵彝䤿,禋享是台(以),祇盟尝祴,祄受母(毋)已"。高中正先生认为"祄"可读为"宏"或"弘","宏受"与"溥受"的意思近似。按,根据高中正先生的说法,"宏"或"弘"可以直接训为大。《尔雅·释诂上》"弘""宏""溥"均训为"大也"。"祄受毋已"大意即是"上天大大授予(福佑)而不停止"。这样理解需要解释"受"后面的宾语为什么会无缘无故被省略。这是一个难题。

事实上,"祄受母(毋)已"还可以有另外的理解。结合上下文推测,"祄受母(毋)已",应该是说永远祭祀而不停止。我们将文句稍作翻译:"我(蔡侯申)因此作大孟姬媵嫁的彝器,(希望大孟姬)用它来禋祀享祭,恭敬地盟祀尝祴祭,大大地给予(祭祀)而不要停止。""祄"依然训为大。"受"读为"授",意思是授予、给予。"受"后面的宾语是"祭祀",即前文所谓的"祇盟尝祴",这里是承前省略。这样理解更符合语法习惯,文意也较为畅通。

清华简第五册《厚父》篇简12有⿱, 或释"左",或释"厷"。② 如今看来,当以释"厷"为是。甲骨文中"厷"亦有从"ナ",如 ⿱(《合集》5532正)、⿱(《合集》1772正)。《厚父》文例为:天竟(监)司民,氒(厥)征(征)女(如)有之服于人。对于句意的理解,诸家略有不同。单育辰先生认为:"简12相关句意是说:'上天监视下民,他的赏善罚恶就如人使用手臂一样方便。'"刘洪涛先生认为这句话意思是:"上天治理司民的效验就像胳臂顺从于人一样。"高佑仁先生的理解是:"上天正监视着'司民'(看他们有没有对人民保教明德),其'征兆'就如同双臂随时可供人操使服役一样,如此地清楚。"③ 诸说以高佑仁先生的说法较为通达。

第4组字旧释为"徇"。④《陶文图录》自3·340·5到3·342·6皆为确切的"徇",字作:

---

① 诸家说法可参祝振雷:《安徽寿县蔡侯墓出土青铜器铭文集释》,吉林大学硕士学位论文2006年,第33－34页。
② 诸家说法可参:吴琳:《清华简(伍)〈厚父〉篇集释》,复旦网2015年7月26日;黄凌倩:《清华伍〈厚父〉、〈封许之命〉集释》,安徽大学硕士学位论文,2016年;郭倩文:《〈清华伍〉〈上博九〉集释及新见文字现象整理与研究》,华东师范大学硕士学位论文2016年;吴博文:《清华大学藏战国竹简(伍)·厚父》文本集释与相关问题研究》,复旦大学硕士学位论文2017年;高佑仁:《〈清华伍〉书类文献研究》,万卷楼2018年,第242－248页。
③ 以上三家说法可参高佑仁:《〈清华伍〉书类文献研究》,万卷楼2018年,第244－248页。
④ 王恩田编著:《陶文字典》,齐鲁书社2007年,第276－277页。

（《图录》3·340·6）　（《图录》3·341·2）　（《图录》3·342·1）①

仔细比对，两组字形体有异。"佝"所从"勹"的右上部分近九十度，且古文字中"勹"尚有两横笔，而第 4 组字中并无两横笔，且字形从又，当改释为"忮"。明确的"忮"字作（《夕惕藏陶续编》，109 页）、（廿四年州令戈，《铭续》1232），形体与此基本一致。

古文字中还有一些形体与从又从日之"厷"相近的字：

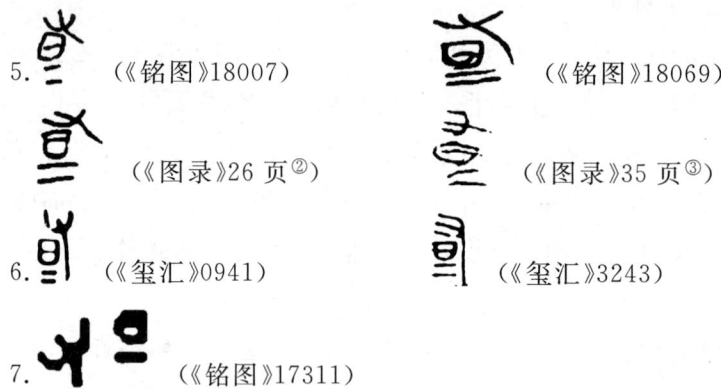

5. （《铭图》18007）　　　　（《铭图》18069）
   （《图录》26 页②）　　　　（《图录》35 页③）
6. （《玺汇》0941）　　　　　（《玺汇》3243）
7. （《铭图》17311）

第 5 组字见于三晋兵器，做人名。李学勤先生先释"或"，后改释为"春"④，董珊先生释"或"⑤，陈剑、高中正两位先生释为"厷"⑥。

第 6 组是晋玺，亦做人名。何琳仪先生隶定为"又日"，读为"有日"。⑦ 施谢捷先生早期释为"旬"，后来改释为"又日"。⑧ 此外，《战国文字字形表》⑨亦释为"又日"。

---

① 按，此字右边较细的竖笔为印框。
② 徐占勇、付云抒：《有铭青铜兵器图录》，河北美术出版社 2016 年，第 26 页。
③ 同上，第 35 页。
④ 保利藏金编辑委员会：《保利藏金》，岭南美术出版社 1999 年，第 274–275 页。李学勤：《前言》，萧春源：《珍秦斋藏金·吴越三晋篇》，澳门基金会 2008 年，第 15 页。吴镇烽先生释文与李学勤先生相同，然备注又释为"春"。见氏编著：《商周青铜器铭文暨图像集成》（第 33 册），上海古籍出版社 2012 年，第 374、455 页。
⑤ 董珊：《读珍秦斋藏吴越三晋铭文札记》，萧春源主编：《珍秦斋藏金·吴越三晋篇》，澳门基金会 2008 年，第 299–301 页。
⑥ 徐占勇、付云抒：《有铭青铜兵器图录》，河北美术出版社 2016 年，第 26、35 页；高中正：《古文字札记两则》，《出土文献》（第十一辑），中西书局 2017 年，第 141–143 页。
⑦ 何琳仪：《战国古文字典》，中华书局 1998 年，第 1476 页。
⑧ 施谢捷：《〈古玺汇编〉释文校订》，广东炎黄文化研究会、纪念容庚先生百年诞辰暨中国古文字学学术研讨会合编：《容庚先生百年诞辰纪念文集》（古文字研究专号），广东人民出版社 1998 年，第 646 页。施谢捷：《古玺汇考》，安徽大学博士学位论文 2006 年，第 230 页。
⑨ 徐在国、程燕、张振谦编著：《战国文字字形表》，上海古籍出版社 2017 年，第 2039 页。

刘乐贤先生读为"日有"。① 汤志彪先生疑为"祭"字异体。② 高中正先生释为"厷"。按,第5组字与第6组字字形完全相同。从字形看,与"春""或""祭"等字形体皆不类。高中正先生释为"厷"的依据是:"这两个字'日'下横笔较长,恐怕不应视为合文符。战国文字常有在封闭之形下加一横或两横者,如'向''佃''相'等字。"③ 其说可商。是否是合文符号与笔画长短无关。古文字中确有加一横或两横为饰笔的情况,然而明确的"厷"及从"厷"诸字尚未见加横为饰笔的写法。因此,第1、2组字下边两横视为合文符号更为稳妥,可释为"又日",在文辞中皆做人名。《玺汇》3243何琳仪先生自左向右读为"勒又日",当可信从。

第7组字见于廿七年涑郢啬夫戈(《铭图》17311),为啬夫之名。韩自强先生释为"担"④,刘刚先生释为"春"⑤。明确的"担"作 (《郭店·缁衣》简7)、 (传抄古文),皆从手,暂未见从又之形。刘刚先生以卅一年郑令戈(《铭图》17343)"春"字形体 、晋玺"屯"字 (《玺汇》2617)与 进行对比,认为 即"春"字。因原器拓本模糊,该字的释读只能依据摹本。假定韩自强先生的摹本准确,谛审 字,与"春"字形体还是有差别。屯字中间笔画有一小点,而 无。从 的笔势来看,该字是"又"的可能性更大一些。因此, 亦可视为"又日"合文,"━"应视为合文符号。单笔横画的合文符号在金文中亦较为常见。

(陈晓聪:华南师范大学文学院,510006,广州)

---

① 刘乐贤:《古玺人名考释六则》,张懋镕、王震中、田旭东、宫长为编:《追寻中华古代文明的踪迹——李学勤先生学术活动五十周年纪念文集》,复旦大学出版社2002年,第72页。
② 汤志彪编著:《三晋文字编》,作家出版社2013年,第2203页。
③ 高中正:《古文字札记两则》,《出土文献》(第十一辑),中西书局2017年,第142页。
④ 韩自强:《过眼烟云——记新见五件晋系铭文兵器》,《古文字研究》(第二十七辑),中华书局2008年,第324页。
⑤ 刘刚:《晋系兵器铭文三则》,《中国文字研究》2017年第25期,第38页。

俗讹字"閦、㮺、袘、𩪘"考辨

杨 琳

提要 本文对俗讹字"閦、㮺、袘、𩪘"的形音义做了考辨。"閦"最初是为音译佛经中的阿閦佛而造的字,"阿閦"的梵语原文为 Akṣobhya,"閦"对应的是 kṣo,但《集韵》等辞书中"閦"音初六切,与 kṣo 差别很大。Akṣobhya 也译作"阿刍鞞耶","刍"上古音为初母侯部,与 kṣo 近似,由此类推,"閦"的读音应该与"刍"相同相近,不应读初六切。慧琳《一切经音义》中"閦"音"初菊反",本文认为"菊"当为"蒭"之讹误。初蒭反即音刍。因"蒭"讹误为"菊","菊""六"同韵,故后人用书写简便的"六"替换了"菊"。所以,"閦"今应读 chú。"㮺"字见于《全唐诗》,然各种大型字典如《中华字海》《汉语大字典》等均未收录,音义不明。本文指出"㮺"为"㭿"之讹误,"㭿"或误为"㮺",或作"柿",义为树木茂盛,今应读 pèi。"袘"字《汉语大字典》释为"音义未详"。本文认为"袘"为"袍"之手写体的形讹或误识。敦煌变文《燕子赋》"密窠相𩪘"之意迄今不明,本文认为"𩪘"为"混"之音借,义为混合。

关键词 俗讹字 閦 㮺 袘 𩪘

一 閦

"閦"字的音义令人疑惑。先来看权威辞书的解释。

《汉语大字典》(第 2 版):

  閦,chù,《集韵》初六切,入屋初。

  众多。《玉篇·门部》:"閦,众也。"《集韵·屋韵》:"众在门中。"北魏杨衒之《洛阳伽蓝记·宋云与惠生使西域》:"有佛顶骨,方圆四寸,黄白色,下有孔,受人手指,閦然似仰蜂窠。"

《汉语大词典》"閦"下的解释基本相同。

閦字最早见于东汉支娄迦谶翻译的《阿閦佛国经》(148 年译)、《道行般若经》(179 年译)等佛经中,原本只是佛经音译用字。隋吉藏《维摩经略疏》第五《见阿閦佛品第十二》中已指出了这一点:"閦字此土所无,翻经者义作此字耳。""义作"犹言"臆造"。此字很可能就是支娄迦谶造的。閦字的读音佛经音义中音初六反。如唐玄应《一切经音义》卷三《明度无极经》第四卷:"阿閦,案閦文字所无,相承叉六反。余经作无怒,亦云无动,或云无怒觉,皆义译其名也。"唐慧琳《一切经音义》卷二十七《化城喻品》:"阿閦,初六反,梵语也,唐云无动。"日本学者松江崇(2012)对初六切提出两点质疑。一是"阿閦"的梵语原文为 Akṣobhya,初六切中古读 *tṣhjuk,与 kṣo 难以对应。二是"閦"很可能是以"乑"(*ŋrjəm)为声符的谐声字,初六切与"乑"(《广韵·侵韵》鱼金切,yín)难以建立谐声关系。据此他推断"初六"之六是个讹误字,至于原本应该是什么字,他表示"没有能力正面回答"。①

说"閦"是以"乑"为声符的谐声字②,未必可靠。典籍中"閦"字多从"众",而"乑"也是众多的意思③,二者可以互换,表明"乑"应该是意符。后秦鸠摩罗什译《摩诃般若波罗蜜经》卷二十记载说,阿閦佛说法时身边有很多人围绕谛听,"大众譬如大海水"。造字者也许据此传说创造了"閦"字,表示阿閦佛门下信徒众多的意思,故此处似无可疑。不过松江的第一点质疑是很有道理的。阿閦佛佛经中有多种译名,如"阿閦鞞、阿閦婆、阿刍鞞耶、噁乞蒭毗也、阿刍婆夜、阿刍鞞也"等(参丁福保《佛学大辞典》"阿閦"条及慈怡主编《佛光大辞典》"阿閦佛"条),其中"刍"(蒭)的上古音(初母侯部)王力拟作 *ʧʻɣwo,与 kṣo 近似,由此类推,"閦"的读音应该与"刍"相同相近,不应读-k 收尾的入声。据松江揭示,日本平安时代的僧人明觉(1045—?)在《悉昙要诀》卷三中就已指出"閦字非入声也"。但应该读什么音,为什么辞书中都音初六切,明觉也没做任何说明。

我们注意到"閦"的反切也写作"初菊反"。慧琳《一切经音义》卷三十六《金刚顶经略瑜伽》第一卷:"阿閦鞞,初菊反,毗迷反,梵语,唐云无动佛也。""菊"很可能是"蒭"之讹误,《龙龛手镜·上声卷第二·草部第六·入声》(高丽本)"苾蒭"之蒭作菊,与"菊"几乎一样。盖"蒭"先讹变为"菊",如慧琳《一切经音义》(狮谷莲社刻本)卷十八《大乘大集地藏十轮经》卷一"苾蒭","蒭"再讹变为菊。"初蒭反"即音刍。这一推断可以很好地解释"閦"与 kṣo 的对应问题,也容易解释"閦""刍"在译名中的互换问题,还便于说明"初六切"的由来。由于"蒭"讹误成了"菊","菊"(《广韵》居六切)与

---

① 〔日〕松江崇:《试说"閦"字的音义》,中国训诂学研究会 2012 年学术年会论文,杭州,2012 年 10 月。
② 一些学者还以此作为说明古音的证据,如加拿大蒲立本(Pulleyblank)《上古汉语的辅音系统》,潘悟云、徐文堪译,中华书局 1999 年,第 95、155 页。
③ 《玉篇·乑部》:"乑,众也。"《说文》:"乑,众立也。从三人。"王筠《说文句读》:"《周语》:'人三为众。'云立者,据字形三人并立也。"王说甚确。"立"是针对字形而言的,"乑"的词义与"立"无关。

"六"同韵(上古同属觉部),故后人用书写简便的"六"替换了"菊"。从玄应"相承叉六反"的话可知,"蔋"之误"菊"大约发生在唐代以前,后世虽然反切用字有异(如楚六反、义(叉)六反、差缩反等),讹误之音则一直沿袭了下来。

《大正藏》所收可洪《新集藏经音义随函录》第一册《摩诃般若波罗蜜经》第二十九卷:"阿閦,衣六反。""閦"即"閦"之异体。"衣"应该是"初"字右边漫漶残缺造成的,并非"閦"另有异读。

从东汉至两晋,"閦"字的使用仅限于"阿閦佛"。后来也用于神咒,如梁佚名《陀罗尼杂集》卷五《佛说除灾患诸恼毒神咒》有"仳閦喃"。都只是音译用字,有音无义。到了南北朝时期,"閦"字现身于普通词语。目前所知最早的用例是《洛阳伽蓝记》(撰成于547年)的"閦然似仰蜂窠"一例。隋唐文献中又有"閦塞"一词,如《敦煌变文集·降魔变文》:"天仙閦塞虚空,四众云奔衢路。""閦"是"閦"的异体。蒋礼鸿(2001)曾论及这两个词。他说:"'閦塞'按文义也应该是闑塞,但同篇页 377 又有'平等閦然齐'的话,不知应怎样解释,只能阙疑。"①根据松江崇的考查,这两个词只出现在汉译佛典和与佛教有关的文献里,世俗文献中不见使用。他的解释是:当时的语言中存在"侧塞"、"戛塞"(拥挤)、"戛然"(众多)等词,"戛"与"閦"读音相近,语义上也有相似之处,所以一些佛教徒便把"戛"也写作"閦","其结果'閦'的'众也'这个由于错误的类比而来的'字义'得到了实际用例,被收录在字书里了"。这一判断基本符合实际,可以信从。

这里我们想补充两点。

其一,道经中的神名也用閦字。如《太上玉佩金珰太极金书上经·九天化生三元九真宝神内讳》(约产生于晋代):"上元下真一君,姓闑,讳閦閟,字符山。"北周武帝敕纂《无上秘要》卷九十二:"帝君姓開元,讳閦明。"神名喜欢用"门"旁的字,可能有门派、门户的寓意。

其二,后世世俗文献中也用閦字。明杨慎《升菴集》卷一《破蚊阵露布》:"某等扫除贼役,箕帚微能,躬纠贯鱼,手戢閦蠢。"《易·剥卦》:"六五,贯鱼以宫人,宠,无不利。"孔颖达疏:"贯鱼者,谓众阴也。骈头相次,似若贯穿之鱼。""躬纠贯鱼"是说亲自收拾暗中活动的蚊子。"蠢"本或作"蠢"。"蠢"是蛀虫,蚊子不是蛀虫,故应以作"蠢"为是。"手戢閦蠢"是说亲手消灭这群愚蠢的家伙。"閦"为众多之义。这是将前人辞书释义用于实际的结果,而前人辞书释义则源于望文生训。

"閦"也用于虚幻、变化迅速之义。明王世贞《弇州史料》后集卷二十六《吴中往哲

---

① 蒋礼鸿:《敦煌变文字义通释》,《蒋礼鸿集》(第 1 卷),浙江教育出版社 2001 年,第 351 页。

像赞四》:"二十应公车,高第四十余。五十纡金紫,忽复困沉痾。閦若空中华,所得能几何?是以蓬蒿士,修言谅匪诬。"这是说虚幻若空中礼花。明俞彦《俞少卿集·日出入》:"日出入安极,出扶桑,爥万国,入悲泉,马爱息,故春忽迨夏,夏忽迨秋,秋忽迨冬,閦如六龙之驰。道逢夸父,为我呼六龙,曷不返驾,嗟来下,使我心兮独苦。"这是说季节变换之快如六龙奔驰。这两项意义源自佛经中阿閦佛国的故事。《摩诃般若波罗蜜经》卷二十记载说,佛祖在给弟子阿难(又译庆喜)演说佛法时,"于大众前而现神足变化,一切大众皆见阿閦佛比丘僧围绕说法,大众譬如大海水,皆是阿罗汉,漏已尽,无复烦恼,皆得自在,得俱解脱,心解脱,慧解脱,其心调柔譬如大象,所作已办,逮得己利,尽诸有结,正智得解脱,一切心、心数法中得自在,及诸菩萨摩诃萨,无量功德成就。尔时佛摄神足,一切大众不复见阿閦佛、声闻人、菩萨摩诃萨及其国土"。鸠摩罗什译《大智度论》卷七十九中说"所见阿閦佛会如幻如梦"。后世将"阿閦"或"阿閦佛国"常用于两种比喻。一是比喻只见过一次,见不到第二次。宋才良等《法演禅师语录》卷中:"如庆喜见阿閦佛国,一见更不再见。"宋道原《景德传灯录》卷三:"我今所解如庆喜见阿閦佛国,一见更不再见。"明王世贞《书赵吴兴真草千文后》:"永禅师书真草千文,后先散施江左僧寺。盖千余年而余于会稽董文玉侍郎家睹八百本中之一本,自恨此生如值阿閦国,一见不再见。"明王世贞《弇州山人四部续稿》卷二百五《密藏上人》:"前得一瞻法相,兼领慈诲,刹那间如甘露洒荑,飞锡莫追,则又成阿閦缘,一见不再见,使我耿耿在想。"明董其昌《画禅室随笔》卷一《书小楷册题后》:"小楷书乃致难,自临帖者只在形骸,去之益远,当由未见古人真迹,自隔神化耳。宋时唯米芾有解,至今如阿閦一见也。"明柳如是《河东君尺牍》:"得读手札,便同阿閦国再见矣。"二是比喻虚幻,或偶一出现,很快消失。宋孟元老《东京梦华录·序》:"繁华过眼,若阿閦一现。"明徐应秋《玉芝堂谈荟》卷二十六《阿修石鼉》:"徐彦若于海浅处得琉璃瓶龟宝,盈寸,于瓶中旋转不停,得而藏之,奇瑶毕集。知天下异物如阿閦之电,优昙之华,亦时一呈现,固未可以常理测矣。"明胡应麟《少室山房集》卷一百十七《与蔡稚含》:"一别足下归溪上,闻问便自杳然。追忆齐河邂逅,不数语挥袂,真若西天阿閦国,随现辄隐,乃人生梦幻泡影亦何处不然。"清王韬《弢园文录外编》卷九《幽梦影序》:"众生栖尘,皆如阿閦梦幻泡影。"在此基础上,"閦"引申出了虚幻、变化迅速之义。

由上可见,今人看来很生僻的閦字在古代文献中还是很有生命力的,然而目前的辞书对閦字的释义远未反映其多种含义和用法,希望后出的辞书能加以改进(尤其是正在修订的《汉语大词典》),否则读者面对"得读手札,便同阿閦国再见矣"之类的话就不知所云了。

二 柹

《全唐诗》(扬州诗局本、中华书局 1979 年铅印本)卷二百四十元结《演兴四首·讼木魅》:"登高峰兮俯幽谷,心悴悴兮念群木。见樗栲兮相阴覆,怜櫊榕兮不丰茂。见榛梗之森梢,闵枞樠兮合蠹。榙梻梻兮未坚,樟桹桹兮可屈。櫹林樽兮不香,拔丰茸兮已实。岂元化之不均兮,非雨露之偏殊。"这里的"林"字各种大型字典如《中华字海》(中华书局、中国友谊出版社 1994)、《汉语大字典》(第 1 版、第 2 版)等均未收录,音义不明。聂文郁《元结诗解》(陕西人民出版社 1984:108):"林,音士,果树名。樽与罇同,盛酒食的器具,这里应解作空洞不实。"陈贻焮主编《增订注释全唐诗》(文化艺术出版社 2001,第 2 册第 458 页)作"柂",注云:"櫹(mì)林:香木之林。櫹,一种香木。柂,原作'林',字书无此字,据四库全书本《次山集》改。樽:通'撙',抑止。"四库本《次山集》作"柂"应属讹误。从上下文来看,"梻梻""桹桹""丰茸"都是形容词,用来描述"榙""樟""拔"等树木,与此对应的若为"櫹林樽兮不香",文意未谐。《四部丛刊》影印明正德郭勋刻本《唐元次山文集》作"柹",并注音"而寸"切,而且四库本《全唐诗》也作"柹",可见作"林"不可信据。

根据文意,"柹樽"应为一词。《说文解字》中有𣏳字,楷定作"枾",讹变作"柿"。明张自烈《正字通》卷五《木部》:"枾,芳未切。音费。《说文》:'削木札朴也。陈楚谓牍为枾。'史周显德四年修永福殿,命宦者孙延希董役。世宗至其所,见役徒有削枾为匕,瓦中噉饭者,怒斩延希。《晋书》:'王浚为益州刺史,伐吴造船,益州木枾蔽江而下。'《魏书·太祖纪》:'营梓宫,木枾尽生成林。'俗讹为柹。《读书通》引《魏书》枾又作柹。今俗亦作柿。古从朩从市音近相通,故姉亦或作姊。按枾为木札,柿为果名,强通不可从。""柹"有树木茂盛义。《集韵·忝韵》:"柹,木盛貌。""樽"也有树木茂盛义。《集韵·魂韵》:"樽,林木盛貌。"可见"柹樽"为同义连文,用来理解"櫹林樽兮不香",文意通畅。看来《讼木魅》原文应该是作"柹","柹"或讹误为"林"(四库本《次山集》如此),或讹变为"柂"。

"柂"的写法早见于唐末,并得到了人们的认可。日本僧人昌住于昌泰年间(898—901)所编《新撰字镜·木部五十八》:"柂,衣乃木。"山田孝雄《新撰字镜考异》(东京:六合馆 1916 年版):"柂,一本作柹。""枾"为生僻字,转抄翻刻中常被误作他字,"柂"为常见讹误之一。朱元璋五世孙陇西王之名,明王世贞《弇州史料》(万历四十二年刻本)后集卷三十七《上下谥典》、明何乔远《名山藏》(崇祯刻本)卷三十八《分藩记三》、明张岱《石匮书》(稿本)卷十八均作"旭枨",然而明严嵩《南宫奏议》(嘉靖二十四年刻本)卷十九《韩府陇西王违例请继》、明郭良翰《明谥纪汇编》(文渊阁《四库全书》本)卷十二《尊谥九·安懿》都误作"林",明王圻《续文献通考》(明万历三十年松江府刻本)卷一百四十九《谥法考》误作"本",《中国基本古籍库》电子版《石匮书》误作"体",《中国基本古籍库》电子版《名山藏》误作"柿"。

"枾"字传本《说文》训"削木札朴",段玉裁注本改作"削木朴也",注云:"朴者木皮也,樸者木素也。枾安得有素?则作朴是矣。"《唐写本说文解字》"枾"下正是作"削木朴也"。"削木朴"指削木头时削下的小木片。"枾"之本义既为小木片,如何又有树木茂盛义?窃谓小木片并非"枾"的本义。小篆宋字楷定为宋,《说文解字》释为"艸木盛宋宋然",段玉裁注:"宋宋者,枝叶茂盛因风舒散之貌。"典籍中也写作"巿",与《说文解字》训为"韠也"的"巿"(小篆作巿)同形。《集韵·末韵》:"巿,艸木盛貌。或从艸。""枾""芾"皆为"巿"之后出分别文。《集韵·盍韵》:"枾,木盛貌。"《广韵·物韵》:"芾,草木盛也。"《广雅·释训》:"芾芾,茂也。"王念孙疏证:"芾芾,犹沛沛也。《说文》:'巿,艸木盛巿巿然。读若辈。'《陈风·东门之杨篇》云:'东门之杨,其叶肺肺。'《大雅·生民篇》云:'荏菽旆旆。'义并与芾芾同。"沛、霈亦与巿、枾、芾同源。《广雅·释诂一》:"沛,大也。"《玉篇》:"霈,大雨。"大与丰盛义通。由此同源词族来看,"枾"的本义应为"木盛貌"。木朴义之"枾"当是从巿。巿有小义。《诗经·召南·甘棠》:"蔽芾甘棠,勿翦勿伐。"毛传:"蔽芾,小貌。"《诗经·小雅·我行其野》:"我行其野,蔽芾其樗。"陆德明释文:"蔽芾,叶始生貌。"始生即幼小。段玉裁《说文解字注》"宋"下云:"《玉篇》宋作巿,引毛传:'蔽巿,小貌。'玉裁谓《毛诗》蔽巿字恐是用蔽卻之巿字。经传皱多作芾作茀,可证也。""芾"亦用作韠义之"巿"。《诗经·曹风·候人》:"彼其之子,三百赤芾。"毛传:"芾,韠也。"郭沫若《师克盨铭考释》(《文物》1962年第6期):"巿一般作芾,亦作绂或韨等,古之蔽膝,今之围腰。"盖"巿"为饰于裳前之小布片,因有小义。木朴为小木片,故"枾"字从"巿"。因从巿之"枾"与从宋之"枾"多有混同,许慎未能详察,误将木朴义认作枾字本义。

木盛貌义之"枾"《集韵·盍韵》音普盖切,今应读pèi,与"沛""霈"一致。若采用《广韵·废韵》的芳废切,今读fèi,也未尝不可。《元次山文集》音"而寸"切,未详所据。木朴义之"枾"从巿得声,巿《广韵·物韵》音分勿切,今宜读fú,不宜读fèi。

"拔丰茸兮已实"之"拔"也难以理解。陈贻焮主编《增订注释全唐诗》:"拔(fá):草名。似葛,蔓生。"此注的依据是《尔雅·释草》:"拔,茏葛。"郭璞注:"似葛,蔓生有节。江东呼为龙尾,亦谓之虎葛。细叶赤茎。"《讼木魅》提及的都是树木,未尝言草,故此注难通。

聂文郁《元结诗解》注（陕西人民出版社 1984：108）："拔，疑因形似，柭误作拔。柭，梧桐树的别名。"此注的依据为《集韵·薛韵》："柭，梧也。"《汉语大字典》（第 1 版、第 2 版）也据此在"柭"下列有"梧"的解释。《集韵》有很多版本，这一义训出自清康熙四十五年扬州使院曹棟亭刻本，但现存的三种《集韵》宋刻本，即南宋初明州刻本、孝宗淳熙十四年金州军刻本、南宋潭州刻本，均作"柭，棓也"，此训也见于《说文解字》，可见清刻本的"梧"为"棓"之形误。所以释"拔"为梧桐树也就落空了。

《说文解字》："柭，棓也。"学者多以为这是拿"棓"的棒杖义作解，《汉语大字典》在"柭"的"棒，木杖"义下引《说文解字》此训。然而列有此义的字典都举不出书证，那么许慎是否以棒杖义作解值得怀疑。"棓"还有树名义。宋本《集韵·佚韵》："棓，木名。依树生枝，交如罔。"《类篇·木部》："棓，一曰木名，依树生枝如罔。""交如罔"是说树枝相交如网。曹本《集韵》将"交"误作"文"。《说文解字》之"柭"当即"依树生枝如罔"之木。"扌"旁与"木"旁古常混同不别，故《訟木魅》之"拔"实为"柭"，以"依树生枝如罔"之木解读"拔丰茸兮已实"之句，文从字顺，且为《说文解字》得一书证。

三　袘

"袘"是一个至今音义不明的字。《汉语大字典》第 1 版：

> 袘，音义未详。元钱霖《哨遍·十煞》："恨不得柜头钱五分息招人借，架上袘一周年不放赎。"隋树森校注："袘字从丛刊本，惟字书无此字。津逮本作袘，亦非。"

第 2 版仍然一字未改，说明问题一直没有解决。

钱霖的这首套曲最早见于元末陶宗仪《南村辍耕录》卷十七，但不同版本用字有异。《四部丛刊》所收吴潘氏滂熹斋藏元刊本作"袘"，明毛晋《津逮秘书》本作"袘"，文渊阁《四库全书》本作"袘"，《古今图书集成·明伦汇编·人事典》卷七十《富贵部纪事二》引作"衣"。"袘"字典籍中仅此一见，应为讹误字，这一点大家的看法是一致的，问题在于难以确定为何字之误。该曲写的是守财奴如何聚敛钱财的事，上面的引文上句是说放高利贷赚钱，下句是说通过典当赚钱。明确了具体语境，再来看异文的是非。"袘"是"祀"的异体。《龙龛手鉴·平声卷第一·示部第十一》："禩袘，二或作。祀，今。音似。年也。一曰祭祀。"无论是"年"还是"祭祀"，这里都讲不通。"袘"有裤子的上半部、衣襟等义，这里也讲不通。作"衣"虽然文意可通，但作"衣"晚出，而且如果原本是

"衣"字的话，无法解释如何讹误成了"衵""袷""袑"等字，所以作"衣"应属后人臆改。

今世注本颇多猜测之辞。张燕瑾、黄克选注《新选元曲三百首》（人民文学出版社 2003：315）："衵：音义待考。据上下文意似应指典当的物品。"张国荣《元曲三百首译解》（中国文联出版社 2000：515）："衵，字书上无此字，疑作'袷'。据上下文推测，似指当铺里顾客典当的衣物。""袷"指夹衣（有衬里的上衣），没有泛指衣物的含义，为什么单单拿夹衣说事？这不好解释。吴庚舜、吕薇芬主编《全元散曲》（辽宁人民出版社 2000：1070）："王文才《元曲纪事》以为是'袑'字。袑，束发头巾。……用在此处似亦不甚妥当。架上应是抵押物，一年也不让物主赎，为了多收利息。疑为肁，肁是支取财物的文契，与'衵'形似。""肁"与"衵"差距太大，难以发生讹误，而且文契与"赎"搭配也有问题。唐铭铎主编《元曲 3》（远方出版社 2002：694）："疑为衵（nì 腻）字之误。'衵'，贴身衣服。依此解，原句意谓当铺中货架上顾客典当的衣物到一年期限了仍不让人家赎回。"当铺一般不会接受贴身衣服。

我们认为"衵"为"袍"之手写体的形讹或误识。敦煌写卷中"抱"作把（P.2965），传世书帖中"袍"作把、把（宋赵构）、把（元邓文源）、把（元赵孟頫）、把（清石梁《草字汇》）等形①，左旁"包"与"自""台""召"形近，故讹误作"衵""袷""袑"三字。

古人在缺钱的时候，常把自己的衣袍典当换钱。宋赵蕃《淳熙稿》卷十八《晚秋郊居八首》之五："病夫慵出长蓬蒿，但见刍薪价益高。积雨了知寒在候，我方随事典衣袍。"元方回《桐江续集》卷九《九日无酒并序》："予乙酉九日前以衣袍典钱，不能得，遂成无酒诗。"元成廷珪《居竹轩诗集》卷三《小轩有菊一本盛开两花大如酒杯饶介之见而爱之连赋诗二首因次其韵》："菊下呼儿典缊袍，相看无酒目空蒿。"明朱国桢《朱文肃公集·与钱丈》："旧袍已经令郎赎出，此外余数且存下。"明王彦泓《疑雨集》卷三《试后归舟杂兴》："摘去旋生新白发，赎来重典旧蓝袍。"清朱次琦《朱九江先生集》卷三《典衣四绝句》之四："绨袍赎得当金貂，恰是栖筋不寂寥。"所以，将"衵"视为"袍"之形误也符合古代的典当习俗。

四　骹

敦煌变文《燕子赋（一）》（P.2653②）："本典曰：'你欲放钝，为当退頮？夺他宅舍，

---

① 洪钧陶：《草字编》，文物出版社 1986 年，第 3011－3012 页；李志贤等：《中国草书大字典》，上海书画出版社 1994 年，第 1054 页。

② 该数字为法藏敦煌文献的编号。下文所引敦煌文献仿此。

不解卑逊,却事凶尘,打他见困。你是王法罪人,凤凰命我责问。明日早起过案,必是更着一顿。杖十已上关天,去死不过半寸。但办脊背祗承,何用密箪相骸。'""密箪相骸"之义颇难索解。"密箪"前人或以为当作"蜜脾",意为甜言蜜语;或以为"箪"为"咇"之讹;或以为"箪"为"箪"之讹;均根据不足。赵家栋认为佛教消灾除难时要作护摩法,作法时常将麻油、酥、蜜等物拌和一起供养诸神,故"密箪"即"蜜蓙","蓙"指蓙麻油。① 此说持之有故,可以信从。

关于"相骸",黄征、张涌泉总结说:

徐校:"'骸'字不识,大约是引诱之意。"蒋礼鸿云:"'相骸'或是勉强絮聒纠缠之意。"陈治文校:"'骸'为'骸'之讹,'骸'字疑为'诨'字之讹。《广韵》:'諢,諢摩人也。''相諢'之'諢'读'古困切',与其前后诸句协韵。"项楚校:"骸:即'啎',力争。"潘校:"原卷、戊卷'相骸'作'相骸'。原卷写本'骸'似'骸',变文集以为'骸'。"按:录作"骸"不入韵,必非。"諢"字《集韵》释为"䩉人也",则"摩人"即"䩉人",恐非纠缠人之意。故校作"諢"似亦未确。"啎"字音"牛奸切",不入韵,又须叠用,故亦未确。②

征引众说,结论是均难成立。赵家栋认为"骸"为"研"之音借,"相研"指蜜与麻油等物相研磨,也未见允洽。此段文字韵脚钝、顜、逊、困、顿、寸在平水韵中属于去声"十四愿","问"属于去声"十三问","愿""问"合韵,"研"则属于下平"一先",不入韵。而且"骸"是"骸"的俗字。后晋可洪《新集藏经音义随函录》第二十三册《诸经要集》卷十三:"形骸,胡皆反,正作骸(骸)。"S.214《燕子赋》即作"相骸"。可见说"骸"为"研"之音借无法成立。

今谓"骸"为"骸"之俗讹。《新集藏经音义随函录》第二十九册《弘明集》卷十三:"脱骸,户皆反,正作骸。"《钜宋广韵·上声·混韵》(上海古籍出版社 1983 年):"骸,古本切。禹父名。亦作骸。""骸"泽存堂本作"騉騉騉騉,骸"。清黎庶昌《宋本广韵校札》记载:"骸,原误骸。"可知骸、骸二字混同。"骸"又为"鲧"之俗字。《集韵·上声·二十一混》:"鲧,阙。人名,禹父也。或作骸,亦作鲧,通作鲧骸。"《龙龛手镜·入声卷第四·角部第廿一·上声》:"鲧骸,二或作,古本反,今作騉骸二字,禹父名也。""相骸"之"骸"应读古本反,在此为"混"之音借。《集韵·上声·二十一混》下"混"有古本切一读,与"骸"同音。"混"有混合义。《老子》第十四章:"视之不见名曰夷,听之不闻

---

① 赵家栋:《〈燕子赋(一)〉"密箪相骸"试解》,《古汉语研究》2010 年第 4 期。
② 黄征、张涌泉:《敦煌变文校注》,中华书局 1997 年,第 406 页。

名曰希,搏之不得名曰微,此三者不可致诘,故混而为一。"西汉河上公注:"混,合也。""密箪相骸"即蜜莚相混,文意顺畅,韵亦甚协。

"相骸"《燕子赋》的另一写卷(P.4019)作"相伴",即相拌和,与"相混"同义。盖此卷抄者所据底本作"骸",抄者不知"骸"为"混"之音借,便据文意改为"伴"。作"伴"义虽不殊,但不入韵,故所改亦非。

(杨琳:南开大学文学院,300071,天津)

"毌丘"补释*

尉 侯 凯

提要 复姓"毌丘"系以地名为氏,它的首字应当写作"毌"而非"毋",这既有战国秦汉印章等出土资料证明,又有后世方言作为旁证。古代没有"毋丘"一地,《史记·田完世家》"伐卫,取毋丘"之"丘"当系衍文。"毌"是古贯国的所在地,后世的贯姓即由此而来,但它与复姓"毌丘"没有什么关联。"毌丘"在汉代写作"牧丘",它的地望应该在今山东平原一带。

关键词 毌丘 毋丘 牧丘 复姓

"毌丘"是古代一个比较稀见的复姓,系以地名为氏,其代表人物有东汉毌丘长(《后汉书》卷九十四有传)、三国魏毌丘俭(《三国志》卷二十八有传)等,但"毌丘"之"毌"到底应该写作"毌"还是"毋",目前还没有统一的意见,比较流行的做法是写作"毋",读如"贯"。先来看《辞源》对"毋丘"的解释:

(一)古地名。在今山东曹县南。《史记·田完世家》:"宣公与郑人会西城,伐卫,取毋丘。"即此。(二)复姓。汉有毋丘长,见《后汉书》六四《吴祐传》。①

"毌"字《汉语大字典》给出的两个义项是:

❸古地名。即"毌丘",在今山东省曹县南。《史记·六国年表》:"(宣公)与郑会于西城,伐卫,取毌。"司马贞索隐:"毌,音馆。"按:《史记·田敬仲完世家》作"宣公与郑人会西城,伐卫,取毌丘"。司马贞索隐云:"毌,音贯。古国名,卫之邑。今作毋者,字残缺耳。"

❹姓。《正字通·毌部》:"杨慎曰:复姓有毌丘诸姓氏……今分为二姓,曰毌,曰丘。"《字汇补·毌部》:"案《古音略》,贯高之贯音冠,本毌丘,复姓,后去丘

---

* 本文是 2018 年河南省高等学校哲学社会科学创新团队"汉字理论与汉字史"(2018-CXTD-03)支持计划的阶段性成果。

① 何九盈、王宁、董琨主编,商务印书馆编辑部编:《辞源》(第三版),商务印书馆 2015 年,第 2247 页。需要说明的是,此版《辞源》还在"毋丘"后新增了"毋丘俭"一个词条。

为毌氏,又作贯氏,魏有毌丘俭,今多呼为父母之母,非也。"①

根据《史记·田敬仲完世家》的记载,春秋战国时期的卫国有地名"毌丘",该复姓既然以地名为氏,而卫国恰好有"毌丘"一地,司马贞将"毌"读为"贯",认为是古贯国的属地,那么该姓似乎应该写作"毌丘"。杨慎等人又认为"毌丘"可以分为二姓,即毌氏、丘氏,毌又作"贯",如汉初人贯高之贯,即由毌丘氏分化而来。应该承认,《史记·田敬仲完世家》中有关"毌丘"的记载,是该姓当为"毌丘"的关键证据(其实存在问题,详下),因而此说被广泛接受,一些保留"毋丘"写法的版本遭到批评,如金文明就曾专门撰文指出,上海古籍出版社1990年版《水经·谷水注》"毋丘兴"、中华书局1965年版《后汉书·吴祐传》"毋丘长"之"毋",皆为"毌"字之讹。②

然而,陆续也有学者对这种说法提出质疑,如吴金华即认为该姓应作"毋丘",并列举了四个方面的证据:

证一:汉代有姓"曼丘"的,后来作"母丘",见《汉书·高帝纪》及颜师古注;《隶释》卷二七有《魏酸枣令母丘悦碑》,是曹魏时已写作"母丘"。证二:本文(指《魏志·明帝纪》中的"毌丘俭"——引者注)在吴本中作"毋丘",旧本《晋书·文帝纪》等纪传也作"毋丘",唐何超《晋书音义》曰:"毋丘,音无。下同。"是唐代训诂家读"无","无"与"母"古音相近。《资治通鉴》卷七三也作"毋丘",胡三省注:"毋丘,复姓,毋音无。"是宋、元之际的学者仍承唐以前之说。证三:顾炎武《日知录》卷二三论"二字姓改一字"曰:"如马官本姓'马矢',改为'马'……'母丘'、'母将'之类,则去而为'母'。"是明、清之际的学者对"母"姓仍能探其本源。证四:近年曾见连云港市东海尹湾汉墓出土简牍有写着"毋丘"字样的姓氏,证之以古印,可知"母丘""曼丘""毋丘"是一个姓氏的同音异写。③

按此说当是,然其所举四证,除《隶释·魏酸枣令母丘悦碑》一条外(按此碑已佚,"母丘"也可以解释成"毌丘"在传抄时发生的笔误),似乎都不是特别有效,《汉书·高帝纪》的曼丘臣,颜师古曰:"姓曼丘,名臣也。曼丘、母丘,本一姓也,语有缓急耳。曼,音万。"④古音曼属明纽元部,母属明纽之部,声纽相同,但韵部相隔较远,典籍中除

---

① 汉语大字典编辑委员会编纂:《汉语大字典》(第二版),四川辞书出版社、崇文书局2010年,第2547页。
② 金文明:《"毌丘"辨——兼谈"丘"和"邱"》,《咬文嚼字》1997年第7期,第18-19页。收入《守护语林》,上海人民出版社2007年,第133-135页。
③ 吴金华:《〈三国志集解〉笺记》,《三国志丛考》,上海古籍出版社2000年,第64-65页。又《〈三国志斠议〉续例》,《文史》2001年第3辑,第59-60页。又《〈三国志〉难字献疑》,《中国文字研究》第4辑,广西教育出版社2003年,第202页。
④ 班固:《汉书》,中华书局1962年,第63页。

颜师古注外,也没有发现"曼""母"可以相通的例证,因此,"曼丘"并不是该姓应当写作"毌丘"十分有力的证据。实际上,杨慎就曾据颜师古注而判定该姓当作"毌丘",他说:

> 复姓有毌丘氏,诸姓氏书音毌作毋,非也。《汉书》有曼丘臣,颜师古曰:"曼丘、毌丘本一姓。"此说近之,亦未考其原也。《史记·田齐世家》:"伐卫,取毌丘。"索隐曰:"毌,音贯。贯丘,古国名,卫之邑也。今作毌丘,字残缺耳。"索隐之说,得其原矣。然以毌字为残缺,亦非,盖古字从省,不用贝耳。汉有毌丘兴、毌丘长、毌丘毅,魏有毌丘俭,皆同族也。今分为二姓,曰毌、曰丘,而毌为父母之母,不惟士人不知,而毌氏子孙亦不自知,则谱牒不明之弊久矣。尝有友人毌姓者,属予篆私印,予为写作"毌",且语之原,其人退谓人曰:"杨用修亦太横,乃欲改人姓音邪?"予闻而一笑。①

按毌属见纽元部,曼属明纽元部,韵部相同,但声纽远隔,将"曼丘"当作"毌丘"证据也仍嫌不足。因此,颜师古此注无法为该姓到底是"毌丘"还是"母(毋)丘"提供支撑。各本"毌丘""毋丘"错出,以及唐宋以来学者的注音、解说,都算不上是该姓当作"毌丘"的绝对可靠证据。尹湾汉墓木牍"赠钱名籍"中有"毌丘游卿",其"毌"字书写比较模糊,很难说一定就是"毌"而非"毋"。②

值得注意的是,吴氏在考释中曾谈到"证之以古印",实际上是采用了施谢捷的意见:

> 汉印有以"毌丘"为姓者,如"毌丘调·毌丘翁须"两面印,"毌丘长公·大幸"两面印,战国古玺有以"亡丘"为姓者,如"亡丘锥"等。又汉印中"毌智""毌泽",在古玺中作"亡智""亡泽",足见"毌丘"与"亡丘"为同一复姓之不同写法。作"毋丘"当误。③

汉印中的复姓"毌丘",以及战国古玺"毌丘"的异写"亡丘",对于证实该姓当作"毌丘"最为有效,可以补充的是,"毌丘"在秦代印章、魏碑等出土资料中也多次出现,④因

---

① 杨慎:《升庵全集》,商务印书馆 1937 年,第 565 页。王夫之也有类似的观点,他说:"毌,古丸切,音与冠同,义与贯通。夏曰毌追,取笄穿冕之象。复姓毌丘者,此字也。传注家以毌追为母追,读如牟。而今姓毌者,本毌丘氏之后(原注:魏有毌丘俭)。比见中有蜀人为兴宁知县,自呼其姓为父母之母。人不识字,乃至自昧其姓,良可哀也。"见王夫之:《说文广义》,《船山全书》(第 9 册),岳麓书社 1989 年,第 109 - 110 页。
② 整理者和研究者一般将此字释为"毌",如连云港市博物馆等编:《尹湾汉墓简牍》,中华书局 1997 年,第 119 页。张显成、周群丽:《尹湾汉墓简牍校理》,天津古籍出版社 2011 年,第 77 页。
③ 吴金华:《〈三国志校诂〉外编》,《古文献研究丛稿》,江苏教育出版社 1995 年,第 221 页。
④ 按秦印有"毌丘得",见许雄志:《秦印文字汇编》,河南美术出版社 2001 年,第 242 页。又有"毌丘𩰚",见〔日〕小林斗盦编,周培彦译:《中国玺印类编》,天津人民美术出版社 2004 年,第 398 页。山西闻喜近年发现的毌丘氏造像,有多位供养人姓毌丘氏,见卫文革:《山西闻喜毌丘氏造像碑及其相关问题》,《碑林集刊》(第 17 辑),三秦出版社 2011 年,第 129 - 133 页。

此可以肯定这个稀见的复姓应该写作"毌丘"。上引杨慎之说提到,从"毌丘"分化出来的"毌"姓人直到明代仍然坚称其姓为"母",①众所周知,方言对古音的反映通常比较忠实,它不会因时代的推移就发生很大的改变,而"母""毌"本系一字分化,那么这个方言的读法也是该姓当作"毌丘"的一个重要旁证。

不过,春秋战国时期的卫国有个地名叫毌丘,是否还存在另外一个以地名为氏的复姓毌丘呢?

刘乐贤曾指出,《史记·田敬仲完世家》"伐卫,取毌丘"的表述,不是该姓写作"毌丘"的可靠证据。日本学者泷川资言的《史记会注考证》已指出:"古抄本无'丘'字。愚按:索隐、正义亦无'丘'字。盖因下文衍。"《史记·六国年表》记此事时说:"与郑会于西城,伐卫,取毌。"其地名作"毌",不作"毌丘",泷川资言的说法是正确的。既然"毌丘"为地名之说不确,那么"毌丘"为姓也就失去了依据。②

按:刘氏所言甚是,《史记·田敬仲完世家》"伐卫,取毌丘"之"丘"确系衍文,其实这一点梁玉绳早已指出:"母(梁氏所据本作"母"——引者注),当'毌',衍'丘'字,说见《表》。"③《六国年表》"齐宣公四十九,伐卫,取丹阳(梁氏所据本"毌"作"丹阳"——引者注)",梁玉绳曰:"丹阳乃楚地,非卫所有,齐何从取之?他本多作'母丘',与《世家》同,亦讹。索隐本作'取毌'者是。毌即古'贯'字,卫之邑。索隐谓字残缺,妄也"。④既然"毌丘"本无其地,那么自然也就不会存在"毌丘"这样一个复姓。综而言之,齐宣公攻打卫国所取得的地名本作"毌",不作"毌丘","毌"是古贯国的所在地,后世的贯姓即由此而来,但它与复姓"毌丘"没有什么关联。然而,一个问题随之而来,"毌丘"既以地名为氏,它的地望到底在哪里呢?

先来看"毌丘"在先秦秦汉时期的别名。上文曾论及,有学者认为战国玺印中的"亡丘"即"毌丘",这个看法应该是对的,但"亡丘"的具体位置仍然难以确定。罗振玉认为玺印中的"於丘""鱼丘""虞丘""吾丘"都是"毌丘"的异文:

> 知古人一姓而异文者实繁。即是编所载,若"呼""虖",若"女""汝""若",若"五""伍",若"弟""第",若"工""攻""功",若"爰""辕""楥",若"空侗""空桐",若

---

① "毌丘"省作"毌(母)",与"吾丘"省作"吾"情况相似,如元代著名篆刻家吾丘衍(著有《学古编》),亦称吾衍。
② 刘乐贤:《尹湾汉墓简牍姓名研究三则》,《简帛研究二〇〇一》,广西师范大学出版社2001年,第476页。刘钊也认为该姓当作"毌丘",见刘钊:《古文字中的人名资料》,《厦大史学》(第1辑),厦门大学出版社2005年,第56页。收入《古文字考释丛稿》,岳麓书社2005年,第372-373页。
③ 梁玉绳:《史记志疑》,中华书局1981年,第1102页。
④ 同上,第401-402页。

"斫胥""斫须",若"阳成""阳城",若"大史""泰史",若"古成""苦成""枯成",若"綦毋""期毋""其毋",若"申徒""申屠""胜屠""信屠",若"於丘""鱼丘""虞丘""吾丘""毋丘"(原注:孙辑《姓纂》讹"毋丘"作"母丘",列入厚韵,误),并其例矣。①

按"鱼""虞""吾"古音相近,②"於""虞"也有辗转相通的例子,③因此,"於丘""鱼丘""虞丘""吾丘"这一组复姓应该是一个姓的不同书写形式。但是,"毋"与"於""鱼""虞""吾"的古音并不十分密切(韵部都属鱼部,但声纽远隔),更为关键的是,它们之间没有发现可以通假的例证,将"於丘""鱼丘""虞丘""吾丘"都视作"毋丘"的异文,恐怕不是特别妥当。

笔者认为,"毋丘"之"毋",似可读为"牧",古音"毋"属明纽鱼部,"牧"属明纽职部,声纽相同,韵部旁对转。《尚书序》"与受战于牧野",孔颖达正义:"牧,《说文》作坶"。《诗经·大雅·大明》"牧野洋洋",《水经·清水注》引作"坶野洋洋"。④《诗经·鄘风·桑中》"沫之乡矣",毛亨传:"沫,卫邑"。陈奂曰:"《书·酒诰》'明大命于妹邦',马融说谓妹邦即牧野。《说文》云:'坶,朝歌南七十里地。'卫都朝歌,沫为卫南郊邑名,去朝歌七十里,在远郊外矣。沫、妹、牧、坶,字并通用"。⑤ 安大简《诗经·唐阴·桑中》"沫"作"𦼪""𦺙",整理者认为"𦼪""𦺙"是《说文解字》"坶"的繁文,相当于典籍所用之"牧"字。⑥ 又上博简《容成氏》简51—52云:"武王乃出革车五百乘,带甲三千,以宵会诸侯之师于䜁(牧)之野。"⑦既然"坶""𦼪""𦺙""䜁"与"牧"可以通假,那么"毋"读为"牧"自然也没有什么问题。因此,先秦时期的"毋丘",应该就是汉代的"牧丘"("毋丘"的地名虽然在汉代写作"牧丘",但作为姓氏却相沿未改)。《史记·建元以来侯者年表》有牧丘侯石庆,索隐谓"《表》在平原"。⑧ 考《汉书·外戚恩泽侯表》在"牧丘恬侯石庆"下注云"平原"。⑨ 汉印有"牧丘家臣",叶其峰认为是汉武帝时期

---

① 罗振玉:《玺印姓氏征序》,《松翁近稿(外十种)》,上海古籍出版社2013年,第19页。黄人二也怀疑《汉书》"吾丘寿王"之"吾"可读为"毋",见黄人二:《上博五〈竞建内之〉和〈鲍叔牙与隰朋之谏〉试释》,《战国楚简研究》,上海古籍出版社2012年,第105页。
② 参看高亨纂著,董治安整理:《古字通假会典》"虞与吾""吾与鱼"条,齐鲁书社1989年,第854-855页。
③ 参看高亨纂著,董治安整理:《古字通假会典》"于与於""杅与虞"条,第823、826页。
④ 参看高亨纂著,董治安整理:《古字通假会典》"坶与牧"条,第442页。
⑤ 陈奂:《诗毛氏传疏》,《续四库全书》(第70册),上海古籍出版社1995年,第65-66页。
⑥ 安徽大学汉字发展与应用研究中心编,黄德宽、徐在国主编:《安徽大学藏战国竹简》(一),中西书局2019年,第132页。
⑦ 马承源主编:《上海博物馆藏战国楚竹书》(二),上海古籍出版社2002年,第290-291页。
⑧ 司马迁:《史记》,中华书局2013年,第1247-1248页。
⑨ 班固:《汉书》,中华书局1962年,第690页。

官印的标准品。① 牧丘一地，梁玉绳曰："《汉表》在平原，未详。"② 仓修良等认为"其地《表》注在'平原'，当析平原郡平原县（故治在今山东平原西南）置，未详确地"。③ 目前研究者一般认为"牧丘"在今山东平原。④ 如果这个说法不误，"牧丘"在先秦时期写作"毋丘"，那么"毋丘"这个复姓的地望应该就在今天的山东省平原县。

有意思的是，春秋时期的齐国又有"牡丘"一地，《春秋》僖公十五年："三月，公会齐侯、宋公、陈侯、卫侯、郑伯、许男、曹伯，盟于牡丘，遂次于匡。"杜预注："牡丘，地名，阙。"杨伯峻曰："据《方舆纪要》，即齐桓公所筑之牡丘，在今山东省聊城县东北七（当脱"十"字——引者注）里。"⑤ 按《读史方舆纪要·山东五 东昌府》"茌山"下云："牡丘，在府东北七十里。《春秋》僖十五年，楚人伐徐，公会齐侯及诸侯，盟于牡丘，救徐也。《齐语》桓公筑牡丘，即此。"⑥ 有人进而将这个"牡丘"核实在今山东茌平，如乾隆《大清一统志》："牡丘，在茌平县东十里。《春秋》僖公二十五年，诸侯同盟于牡丘。"⑦ 按"牧"属明纽职部，"牡"属明纽幽部，声纽相同，韵部旁对转，从读音上看，"牧""牡"没有问题可以通假，典籍中也有二字相通的例证。⑧ 不过，如果春秋时期的"牡丘"确实位于今山东茌平，而汉代的"牧丘"却在今山东平原，两地尚有一定距离，因此，"牡丘"与"牧丘"是否属于一地异名的关系，目前还很难断定，有待于做进一步的研究。

（尉侯凯：汉字文明传承传播与教育研究中心、
郑州大学汉字文明研究中心，450001，郑州）

---

① 叶其峰：《古玺印通论》，紫禁城出版社2003年，第88页。
② 梁玉绳：《史记志疑》，中华书局1981年，第683页。
③ 仓修良主编：《汉书词典》，山东教育出版社1996年，第388页。
④ 吴树平等：《全注全译史记》，天津古籍出版社1995年，第976页。韩兆琦：《史记笺证》，江西人民出版社2004年，第5196页。
⑤ 杨伯峻：《春秋左传注》（修订本），中华书局1990年，第349页。
⑥ 顾祖禹：《读史方舆纪要》，中华书局2005年，第1593页。
⑦ 蒋廷锡等纂：《大清一统志》卷一百二《东昌府》，乾隆九年武英殿刻本，哈佛大学哈佛燕京图书馆藏，第8页。
⑧ 参看高亨纂著，董治安整理：《古字通假会典》"牧与牡"条，第443页。

"疑"字补说

顾王乐

提要 《说文解字》"疑"字的小篆𠤎来源于秦文字，所从之"止"乃"匕"形之变，所从之"子"则可能是附加的声符。秦文字中的"疑"字是在"𠤎"的基础上加"子"声分化而成的，与甲骨金文中的"𢓊""送"和"遾"并无形体演变的关系。

关键词 《说文解字》 秦文字 疑

《说文解字》分"𠤎""疑"为二字，曰：

　𠤎　𠤎，未定也。从匕矣声。矣，古文矢字。语期切。（卷八上 15）

　疑　疑，惑也。从子、止、匕，矢声。徐锴曰："止，不通也。矣，古矢字。反匕之。幼子多惑也。"语其切。（卷十四下 12）

20 世纪 30 年代，商承祚谓："𠤎与疑为一字，象人遇岐途而侧首凝思也。许君于疑训'惑'，𠤎训'未定'，谊固相同，乃卜形之写讹。"①其说可从。从古文字的演变来看，"疑"乃"𠤎"字的分化，或认为"𠤎即疑省"，②不可据。

今本《说文解字》对"疑"字形体的分析颇为支离。元代戴侗《六书故》引《说文》曰："从子从止，矣声。"③清代学者亦多主此说。严可均、姚文田《说文校议》谓"疑"字"当作从子止矣声，据引小徐云'矣，古矢字'，则大徐原作矣声，转写误分为匕矢二字耳"。王筠《说文系传校录》亦说："𠂉、矢二字，当合为矣。"段玉裁则认为"疑"字"当作从子、𠤎省，止声"，主张"以子𠤎会意也"。④ 民国时期学者又进一步据古文字指出《说文解字》之非，林义光谓"疑"字从"𠤎"。"疑"字所从的"矣（㚓）"应为形之讹，《说文解字》将张口代表侧首的人形误以为是"匕"和"矢"。

秦文字中"疑"字或从"匕"作（《集成》10372，商鞅方升）、（《陶录》6·370·3）

---

① 商承祚著，商志馥校订：《甲骨文字研究》，天津古籍出版社 2008 年，第 196 页。
② 林义光：《文源》（卷十），中西书局 2012 年，第 346 页。
③ 戴侗撰，党怀兴、刘斌点校：《六书故》（卷九），中华书局 2012 年，第 182 页。
④ 丁福保编纂：《说文解字诂林》，中华书局 1988 年，第 14192 - 14193 页。

等形,或从"止"作☒(秦旬邑铜权,《秦铜》133)、☒(秦二世诏版,《秦铜》165)、☒(《秦印编》280)等形。① 汉印中"疑"字的这两种写法并见,②作☒(《虚汉》3406)、☒(《虚汉》)、☒(《簠斋》113)等形。③《说文解字》小篆作疑,源自从"止"的写法。以往学者多认为"疑"字从"ㄣ"是从"止"演变过来的。如郭沫若认为"秦刻诏版文'歉疑'作疑,从辵省,省彳存止"。④ 于省吾认为ㄣ是"止"字的省文。⑤ 季旭昇认为"匕"形为"止"形之讹。⑥ 这些说法其实是有问题的。秦文字中虽然确实存在季旭昇所说"止"形误作"匕"形的情况,但应属偶然。秦子矛"逸"字作"☒","辵"旁从"止",这里的"止"旁写作形似"匕"形,只是偶尔发生的误写,并不能证明"疑"字所从"匕"形是"止"形的讹变。反而,古文字中从"匕"(ㄣ)之字经常讹变成从"止"之形。孙海波《卜辞文字小记》说:

> 卜辞作☒,人名,或加卜作☒。……象人扶杖而立,裹裹岐路之意。知丨为杖形者,许书从匕之字,古文皆作丨。(引者按,此说不准确,"眞"字所从之匕并非杖形,而是古文"殄"字。参看唐兰《怀铅随录·释眞》,《考古》第5期)如老,《说文》云:"考也,七十曰老,从人从毛,言须髪变白也。"卜辞作☒,金文作☒(趩尊),☒(畏卣),☒(卿卣),象老人俯背倚伛,扶杖而立之形。长,《说文》云:"久远也。从兀从匕,亾声;兀者,高远意也,久则变,丨者,倒亾也。"卜辞作☒,象长人持杖侧立之形。畏,《说文》云:"恶也。从由,虎省。鬼头而虎爪,可畏也。"卜辞作☒,金文作☒(盂鼎),☒(毛公鼎),象巨头人持杖而立,可畏也。所从之匕皆杖形,即父攴所从之卜。……丨亦杖形,卜亦杖形,即毗老长畏所从之丨,其讹为匕者,殆由形近致讹(匕与丫形相近)。再变从止,长庶画戈长作☒,齐铸老作☒,则又由匕形餘娓,形愈变而本义湮。⑦

除上举"毗""老""长""畏"等字外,古文字中的"眞"字和从"眞"之字也经历了从ㄣ形讹变成止形。⑧ 就目前发现的秦文字材料来看,从"ㄣ"(匕)的"疑"字其实占据多数。因此,秦汉文字中"疑"字所从之"止"形应为"匕"形之变,庄有可而"匕"则为早期甲骨

---

① 王辉主编:《秦文字编》,中华书局2015年,第2115、2117页。
② 汉印中也有把"疑"写作从"皿"的,参看石继承:《汉印研究二题》,复旦大学博士学位论文2015年,第74页。
③ 秦凤鹤:《秦汉篆字编》,吉林大学博士学位论文2016年,第950页。
④ 郭沫若:《卜辞通纂》,科学出版社1983年,第371页。
⑤ 于省吾:《释"丢"和"亚丢"》,《社会科学战线》1983年第1期。
⑥ 季旭昇:《说文新证》,福建人民出版社2010年,第664页。
⑦ 孙海波:《卜辞文字小记》,《考古社刊》1935年第3期,第59页。
⑧ 吴振武:《战国货币铭文中的"刀"》,《古文字研究》(第十辑),中华书局1983年,第316页。

金文"𠤕"字所从杖形之变。① 此外,张家山汉简中的"疑"字或作🖾(奏谳书 60)、🖾(盖庐 32),石继承认为左下所从之"刀"也应该是"匕"的讹变之形。②

至于"疑"字从"子",历来学者也有不同的理解。徐锴《系传》谓"幼子多惑也"。林义光亦认为:"从子者,小儿之性善疑,亦善拟定,故《说文》'𡥀,小儿有知也。'"③近来,陈志向对"疑"字从"子"也有"另一种怀疑",认为:

"子"可能是作为意符而非声符的,如果是这样,🖾就是"𡥀"的本字,《说文》"𡥀"字的说解是"小儿有知也。从口、疑声。《诗》曰:克岐克𡥀",🖾被用为怀疑之"疑"后,加注"口"旁另造了"𡥀"来表示"小儿有知"之义。④

这种解释并无确切的证据,《说文解字》训"疑"为"惑也",应当可信。马叙伦也主张"子"为意符,他认为:"子巳一字,巳为胎之初文,男女未知,故为疑也。抑或从🖾𠤕声,🖾为育之初文,妇人生子,母子之死生皆未可定,故疑及存皆从🖾。此为书写之便而作🖾,又将🖾之直笔入匕字中,因讹为从止矣。"⑤马氏对"从子"的解释亦多凭臆测。"子"和"巳"的关系并不像他所说的为一字。⑥

西周金文中有"䍄"字作🖾(伯䍄父簋盖,《集成》03887)、🖾(䍄觯,《集成》06480)等形。吴大澂较早释为"疑",谓:"古疑字从牛不从子。"⑦后来研究者亦多释为"疑",郭沫若较早提出"疑"字所从之"子"为声符,并谓:"子声、牛声,与疑同在之部也。"后来学者多据此说,并将金文此字与后来秦文字和小篆"疑"的形体相联系。如董莲池认为"'子'旁当是更换的声符,或是由牛声讹成"。⑧ 于省吾虽不赞成郭说,但也认为"由从牛变为从子,乃是疑字的症结所在",他认为"大良造鞅量的🖾字右旁开始从子,乃牟字的讹变"。⑨ 但从实际情况来看,该字在金文中用为人名,没有确切的证据可以证明它一定就是"疑"字。⑩ 陈志向说:"从秦文字仍保留由杖形演变而来的'匕'形来看,我们怀疑金文已从辵作🖾的字形,并非是秦文字中的'疑'字的直接来源。""䍄"

---

① 陈志向已有类似说法,他认为《说文》小篆乃误🖾为"止"。参看:《利用古文字资料研究〈说文〉谐声及相关问题》,复旦大学博士学位论文 2017 年,第 114–115 页。
② 石继承:《汉印研究二题》,复旦大学博士学位论文 2015 年,第 116–117 页。
③ 林义光:《文源》(卷十),中西书局 2012 年,第 345 页。
④ 陈志向:《利用古文字资料研究〈说文〉谐声及相关问题》,第 115–116 页。
⑤ 马叙伦:《说文解字六书疏证》(卷二十八),上海书店 1985 年,第 75 页。
⑥ 参看葛亮:《古字新识(十)——说干支》(下),《书与画》2020 年第 10 期,第 50 页。
⑦ 吴大澂:《说文古籀补》(卷十四),《说文古籀补三种(附索引)》,中华书局 2011 年,第 69 页。
⑧ 董莲池:《说文解字考正》,作家出版社 2004 年,第 584 页。
⑨ 于省吾:《释"关"和"亚关"》,《社会科学战线》1983 年第 1 期,第 108 页。
⑩ 陈志向认为:"即使是有辞例能够证明'䍄'读为'疑',也有可能是同音假借为'疑'的。"参看:《利用古文字资料研究〈说文〉谐声及相关问题》,第 115 页。

字应分析为从辵牛声。① 就目前资料来看,陈志向指出从"遴"到"疑"并无字形演变的依据,是有道理的。以往学者利用"遴"字来解释"疑"字为何从"子",是有问题的。不过,郭沫若提出的"疑"字"从子声"的意见仍是有道理的。

"子"为精纽之部字,"疑"为疑纽之部字,二者韵部完全相同,但声纽实存在差别。② 这也是以往学者怀疑的症结所在。不过从古文字用法来看,"子"与"疑"的读音其实也是相近的。"子"与邪纽之部的"巳"字古音接近,甲骨、金文中"子"用为支名之"巳"是因为音近通假。③《周礼·秋官·闵隶》:"掌子则取隶焉。"郑玄注引杜预说:"子,当为祀。"此亦为"子""巳"二字音近之证。已知"疑"字所从之"矣"与"矣"为一字之分化,④而"巳"与"矣"古音亦十分相近。《说文解字·立部》"竢"字或从巳作"䇘"。出土简帛文献中也有不少二字相通的证据,如郭店楚简《老子·甲》:"皆智(知)善,此其不善巳。"马王堆帛书本、北大汉简本"巳"均作"矣"。⑤ "子"与"矣"(矣)古韵皆在之部,二者与"巳"的古音均相近,由此可见,"子"与"矣"的古音亦可能相近。秦文字中的"疑"很可能是在"𠤕"字的基础上附加声符"子"而成的。"疑"字可分析为从𠤕子声,所从之"𠤕"后演变为"𤴓",为《说文解字》小篆所继承。又或径省作"矣",如睡虎地秦简《秦律》简172"疑"字作 。

综上,《说文解字》"𠤕"字来源于甲骨金文中 (《合集》32908)、 (《集成》09099)等形,由杖形演变为"匕"。甲骨文中有从彳作 (《合集》12532 正)形者,象一人挂杖于路左顾右盼疑惑不定之形,乃 的繁体。也有省去杖形,径作 (《集成》02702)之形者。至于西周金文中的 (渚伯送卣,《集成》05363)、 (送盘,《集成》10078)等字,则是在甲骨文从彳之形的基础上加止旁而成。秦文字中的"疑"字其实是在"𠤕"的基础上加"子"声分化而成的,与甲骨金文中的"俟""送"和"遴"并无形体演变的关系。古文字中这类从彳或从辵的形体在后来的文字演变过程中没有保存下来。

(顾王乐:安徽大学文学院,230039,合肥)

---

① 陈志向:《利用古文字资料研究〈说文〉谐声及相关问题》,复旦大学博士学位论文 2017 年,第 115 页。
② 季旭昇虽赞成秦文字声符"牛"替换为"子",但也认为"二者同为之部字,但声纽不同"。参看:《说文新证》,福建人民出版社 2010 年,第 664 页。
③ 目前发现的"子"用为"巳"的例子,时代最晚的是春秋早期的叔上匜(《集成》10281),铭文"乙巳"之"巳"写作 。
④ 李守奎:《〈说文〉古文与楚文字互证三则》,《古文字研究》第二十四辑,中华书局 2002 年,第 468 页;张富海:《说"矣"》,《古文字研究》(第二十六辑),中华书局 2006 年,第 502-504 页。
⑤ 更多例子参看白于蓝:《简帛古书通假字大系》,福建人民出版社 2017 年,第 61 页。

"对"的引申义列梳理
——兼论"对"的词义发展

万 梅

提要 "对"在古今汉语中用法多样、释义丰富,由基本义"回答"经引申而形成了一个有章可循的义列,包括"回答;回应"义、"面向;朝着"义、"两两相对"义、"成双成对"义、"比对;调整"义、"平均两份"义和"掺和;交换;抵偿"义。本文通过梳理这一引申义列的衍生过程,考察"对"的基本义和引申义之间的源流关系,以期对词义发展的探索有所增益。

关键词 对 引申义列 词义发展

"对"是"對"的简化字。《说文·丵部》:"對,应无方也。从丵,从口,从寸。對,或从士。"①徐锴《说文解字系传》:"有问则對,非一方也。"②"对"是会意字,甲骨文从又(手),从丵(一种齿状仪仗形),会高举显扬之意。金文左下变为从士,右变为从寸(也是手)。篆文承接金文并整齐化,分为二体,其一另加义符口,专用以表示对答。隶变后楷书分别写作"對"与"對",如今皆简化作"对"。③"对"在古今汉语中用法多样、释义丰富,《现代汉语词典》(第7版)中共收录了"对"的16个义项,其中,表示"回答"是"对"的基本用法,是其基本义,其他义项是后期以基本义为起点经引申而产生的相关新义。从本义发展出引申义来,是有依据的。④ 本文试从"对"的基本义出发,通过梳理"对"义的引申路径,考察其基本义和不同引申义之间的源流关系,探索"对"的词义发展过程。

一 "对"的基本义

"对"最初用作动词,早期常见金文中的"对扬"一语。关于"对扬",学界多有诠释,虽然各家观点并不统一,但不同的见解中都包含了"一方向另一方表示答谢、颂

---

① [汉]许慎:《说文解字》,中华书局2013年,第209页。
② [南唐]徐锴:《说文解字系传》,中华书局2017年,第50页下。
③ 谷衍奎编:《汉字源流字典》,语文出版社2008年,第210页。
④ 陆宗达著:《训诂简论》,北京出版社2002年,第23页。

扬"之义。① 此外,"对"也表示"配合;对应"义,《周易》:"先王以茂对时育万物"。② 这些是"对"的早期用法,后延伸而专指言语上的"回答、回应",我们用对₁表示。根据言者、听者所表达的具体内容,对₁还可分为三种:一是"有问则对",对言者提出的问题、疑问进行"回答",例如:

(1)桓公曰:"吾欲从事于诸侯,其可乎?"管子对曰:"未可,国未安。"(《国语·齐语》)

上例中,因为言者有问,听者方有"对",针对性很强。

二是"无问而对",言者未必提出什么问题,听者只是对其表达的内容或态度进行回应,例如:

(2)王赫斯怒,爰整其旅,以按徂旅,以笃周祜,以对于天下。(《诗经·皇矣》)

三是"有异而对",若听者对言者表达的内容或观点并不赞同,就会存在异议。这时,"对"有"应对、反驳"之意,例如:

(3)魏惠王使人谓韩昭侯曰:"夫郑乃韩氏亡之也,愿君之封其后也。此所谓存亡继绝之义。君若封之,则大名。"昭侯患之,公子食我曰:"臣请往对之。"(《吕氏春秋·审应》)

上例中,魏惠王要求韩昭侯封郑国君主的后代,并不是就某个问题提出疑问要求回答。公子食我请求前往"对"之,显然是要就对方的这一要求进行反驳、应对。既然是反驳,说明二者所处的立场、看问题的视角不一样,这也成为后期"对"衍生出"反对、抵抗"义的语义基础,是"回答"义的进一步引申。

对上述"对"的基本义进行分析,其包含的语义特征可详解如下:(1)行为参与者有二,即"非一方也";(2)二者在空间上彼此面对即位置相对(也可能立场相对);(3)一方是信息发出者,另一方是接收者,要对前者进行回答、回应。"对"以"回答、回应"义为起点,始终保持与基本义的某一项或多项语义特征相对应,从不同的方向引申发展为后期的多种用法。

二 "对"的引申路径

(一)表"面向;朝着"义(对₂)

由"对₁"中二者在位置上彼此相对即互相面向对方,"对"引申出空间上的"面向;

---

① 参见沈文倬:《对扬补释》,《考古》1963年第4期,第186页;林沄、张亚初:《〈对扬补释〉质疑》,《考古》1964年第5期,第248页。

② 杨天才、张善文译注:《周易》,中华书局2011年,第235页。

朝向"之义。一是"互相面对",例如:

(4)设对酱于东,菹醢在其南,北上。(《仪礼·士昏礼》)

(5)设淯于酱北,御布对席。(《仪礼·士昏礼》)

"对酱""对席"分别是指婚礼上为新娘所设的馔食、席位,因与新郎东西或南北相对,故名。

二是"对 NP+VP"式。"对"的"面向"义描述了当事二者所处的位置,当主体朝向目标有进一步的动作行为时,便构成了"对 NP+VP"式,例如:

(6)五岁,常仰日欣初,对月叹终。(《太平经》卷一)

"对"在此引介出"VP"的动作对象,虽然还带有"朝着,面向"之义,但本义已明显淡化,可认为这是介词"对"的形成初期。

(二)表"两两相对"义(对$_3$)

"对"的"二者相向;位置相对"义从描述人物双方的相对位置延伸至相对的两个物体或抽象事物,例如:

(7)行不合,趋不同,对门不通。(《淮南子·说山训》)

(8)向佛安住,犹如双镜,光明相对,其中妙影,重重相入,名回向心。(《楞严经》卷八)

"两两相对"指二者处于互为对面的位置,既然互为对面,看问题的方向不同、角度不同,便有可能观点不同、立场不同,进而引申指互为敌对,例如:

(9)夫一人奋死可以对十,十可以对百,百可以对千,千可以对万,万可以克天下矣。(《韩非子·初见秦》)

(10)刘备天下知名,曹操所惮,今在境界,此强对也。(《三国志·吴书》)

例(9)中"对"表示"抵抗"义,可看作"对$_1$"的言语上的"反驳;反对"的进一步引申。例(10)中"强对"意为"强大的对手","对"由"相对的人"发展为"对手",尤其是指与自己本领、水平不相上下的对方或仇敌。

(三)表"成双成对"义(对$_4$)

"对$_1$"中的"言、听二方"是"成双成对"义的引申来源,表示事物的非孤立性。一是指数量上的"二;双"义,如:

(11)天下之物,未尝无对;有阴便有阳,有仁便有义,有善便有恶,有语便有默,有动便有静。(《朱子语类》卷六)

二是表示"配偶;对象"。自然界、人类社会中万物对立共生、互为存在,最常见的关系便是男女婚配、夫妻成双,例如:

(12)武子为妹求简美对而未得。(《世说新语·贤媛》)

我们向来有追求"偶对"的传统文化观念,不仅人可以配对,物体也可以,如"对子""对联"等,同"对"表示"配偶;对象"义异曲同工。

(四)表"比对;调整"义(对$_5$)

将两个事物放在一起进行比较,看是否相符或使事物符合已存在的标准。

一是"对 NP"式,例如:

(13)话言晁田、晁雷押刺客姜环进西宫对词。(《封神演义》第八回)

类似的用法还有"对对子",虽然不是要使下联与上联完全相同,但对上下联在字数、内容、韵律等方面同样是要求相符的,这里的"比对"是对对子的人进行考虑、对照的思维过程。

二是"对 VP"式,例如"对校""对证"等,由表示"相对;互相"义的"对"和一个动词构成。这里"对"的动词义逐渐弱化,有配合、修饰其后的 VP 之势,例如:

(14)卿以枯骨腐专可得诬,当以某日夜更典对证。(《搜神后记》卷六)

"对 VP"后期因高频率的使用很快词汇化为常见动词,很多保留在现代汉语中并得以继续衍生,如"对证""对照"等。

三是"对/不对"。两个事物经"对比;核对",结果即"对"或"不对",例如:

(15)鲁公子回到家里,将衣服鞋袜装扮起来,只有头巾分寸不对,不曾借得。(《今古奇观》第二十四卷)

(16)你这相貌稀奇,声音不对,是那里来的,这般村强?(《西游记》第六十八回)

"对"义进一步引申,由描述具体的事物是否相合延伸至形容甲、乙二者的心意、脾性是否相投,肯定的便是"对心思""对劲(儿)""对眼"[①],反之则是"不对心思""不对劲""不对眼"。

(五)表"平均两份"义(对$_6$)

事先存在的两个事物数量为"二",同一事物经过平均分割,数量上也由一变二,同是"非一方也"。除了表示事物平均"一分为二","对"最初还用于将两个事物以等量"合二为一",例如:

(17)深掘,以熟粪对半和土覆其上,令厚一寸,铁齿杷耧之,令熟,足踏使坚平。(《齐民要术》卷三)

---

① 现代汉语中"对眼"还表示"患内斜视的眼睛""患内斜视的人",由偏正结构词汇化而来,和此处的"对眼"衍生路径不同。

上例是指取"熟粪"和"土"各一半,搅和后覆盖于葵子之上,实质也是"平均两份"。又如:

(18)铅贱铜贵,私铸者至对半为之,以之掷阶石上,声如木石者,此低钱也。(《天工开物》中篇)

(六)表"掺和;交换,抵偿"义(对₇)

"对"还表示"掺和"义,将一物加入另一物,使总量合于要求,和对₆都有"二物相合"的意思,例如:

(19)是这么回事,要是酒味儿太大,还可以再对点水!(《正红旗下》第四节)

"对"之所以表示"掺和"义,与其表"交换,抵偿"义紧密相关。

(20)他若无知,坏了我二狮,即将八戒杀了对命!(《西游记》第九十回)

上例中"对命"表示将一命偿还、抵偿一命的意思,同样满足"事物有二"这一本义特征。此处的"对"同"对₃"中的"十可以对百,百可以对千"一脉相承,但前者的"交换"义突出,后者更强调"抵挡"。

三 结语

"对"由基本义"回答;回应"引申发展为包括"朝向""对立""调整""双""配偶"等义在内的诸多意义和用法,形成了一个有章可循的引申义列,属于王宁先生所提的引申结果其一,"是依托于同一词形的多义词的各个义项"[①]。通过本文的梳理,可以大致厘清"对"的词义发展过程。但是,"对"义的引申发展并不是一个时段清晰、界限分明的过程,本文仅是对该引申路径的概括性梳理。虽然"对"的词义发展过程是渐变而复杂的,但万变不离其宗,"对"的基本义是引申义产生的基础,二者是源与流的关系,"对"的引申义列是依据本义所包含的语义特征在语言使用过程中向不同方向发展而产生的。

(万梅:安徽大学文学院、
安徽医科大学对外汉语教学部,230039,合肥)

---

① 王宁:《训诂学原理》,中国国际广播出版社1996年,第58页。

契约文书"畛"字俗体考*

韩 志 周

提要 "畛"是契约文书中使用频率比较高的一个字,因其出自民间百姓之手,所以该字的俗体字形极其丰富,多达三十余个。文章从俗文字学角度出发,逐一探究"畛"的不同俗体字形发展演变轨迹及字际关系,以期为相关字书的编纂、修订提供有益参考。

关键词 契约文书 畛 俗字 考释

"畛"是自辽金以来土地买卖契约中较为常见的一个词,黑维强(2017)对其词义演变发展及分布状况进行了详细的考辨与分析,指出"畛"为一个以山西为中心的北方方言用词,指田地的行垄,非一般辞书及注释本所谓田间小路或界线。① 民间契约文书的书写者文化程度大多不高,书写、用词以"俗"为其突出特点。② "畛"字可以说是一个典型,其俗体丰富多样,就字形来说常见的有"㐱""叭""吩""少""㐱""㽃""不"等。除此之外,还有和语音相关的,如借音"轸""珍""琿""针""证"等。查阅相关大型字典,仅见"畛",其余均不见收录,这对文献的充分利用多有不便。有鉴于此,本文就契约文书中所见"畛"之俗体分别从字形和借音两方面进行探讨,并对这些俗体的字际关系做一梳理。文中引例未标注者皆系黑维强个人所藏,其余见参考文献,例末括号内为文献名简称、辑数(册数)及页码。

---

* 本文为国家社科基金一般项目"宋元以来民间手书文献俗字典编著及研究"(17BYY019)和国家社会科学基金重大项目"明代至民国西北地区契约文书整理、语言文字研究及数据库建设"(19ZDA309)阶段性成果之一。文章在写作过程中承蒙赵小刚、黑维强二位先生悉心指导,谨致谢忱!

① 黑维强:《辽金以来土地契约中"畛"之释义考辨》,臧克和:《中国文字研究》(第二十五辑),上海书店出版社2017年。

② 黑维强:《土默特契约文书所见200年前内蒙古晋语语音的几个特点》,《中国语文》2018年第5期,第627–640页。

一 "畛"之俗体演变

汉字是表意文字,构形的最大特点是根据所记录的汉语词(语素)的意义来构形。因此,汉字的形体总是携带着可供分析的意义信息。① 契约文书中所见"畛"的俗体字形绝大多数都保留有表义构件或"田"或"亩",都与"田地"相关,二者或因相互影响发生类化、或因形近义通导致俗书混同。为行文方便,特以表义构件"田""亩"为区别符号,对相关形体演变进行讨论。

(一)从"田"之"畛"形体演变

《说文解字·田部》:"畛,井田间陌也。从田,㐱声。""田"表义,凸显与"田地"相关。契约文书内容多涉及田地买卖,指田地行垄的"畛"在北方地区经常出现,高频使用为俗体字形的孳乳发展提供了必要条件。下面我们就相关俗体字形进行讨论。

(1)《清光绪二十年(1894)官印保过租文约》:"今将自己云社堡村东北地壹块,系东西畛。"(金 67)

(2)《清宣统三年(1911)齐长山立卖地契》:"今将祖遗地一段,坐落金山庄家南,地名牛道沟,东西畛,不拘亩数。"(首都 8/498)

(3)《清嘉庆十七年(1812)张门兰氏等卖地契》:"西头壹段,南北畛,东至道,西至沟,南至张绍,南北至张居易。"(故 5/292)

(4)《清道光十五年(1835)安文元卖地契》:"坐落在村西北,南北畛,其地东至道沟,西至安姓,南至道并沟,北至沟。"(首都 1/623)

(5)《民国□□年樊吉祥揭约》:"计地壹亩,其地南北畛。"(故 3/191)

(6)《清同治元年(1862)武全宝卖地契》:"立卖平地麦根人武全宝,因为不便,今将自己村东好村岭上地壹段,东西畛,平地柒亩半。"

(7)《明嘉靖十四年(1535)毛文迪卖井浇麻地契》:"将自己村南井地壹段,南北畛,计地玖分。"(故 5/226)

(8)《民国三十五年(1946)李拴劳卖场面子地契》:"今情自己祖业坐落村东场面子地壹段,南北畛,中长壹拾五号叁尺式寸。"

(9)《清道光二十年(1840)杨栖鹤等卖地契》:"今将自己村西南平地壹段,其地东西畛,计地式亩九分七厘式毛(毫)。"(山西 4/599)

---

① 王宁:《汉字构形学导论》,商务印书馆 2015 年,第 55 页。

(10)《清同治八年(1869)张王氏等卖地契》:"村西平地壹段,南北畛,计地伍亩七分七厘。"(山西 6/28)

结构灵活是汉字本身的特点,更是俗字大量产生的一个重要原因,如"鵞""鵞""鵞"皆同"鹅",这充分反映了汉字字形结构的不稳定性。① 例(1)中"畛"是由"畛"通过变换结构而来,可看作是非典型的上下结构,例(2)同。契约文书中不乏此类结构变换的俗字,如"樹"俗作"㮛"②,"数"俗作"㪅"③。还有上下结构变左右的,如"略"俗作"畧"④,"桃"作"杫"⑤。例(3)—(5)中"畛"都是不同的草写形式,其形体演变过程大致如下:

畛→畛→畛→畛

例(6)中"畛"作"畛",是把右边构件"㐱"减省为"彡"所致。"彡"进一步草写,整体俗作"畛",如例(7)。例(8)—(10)中"畛""畛"和"畛"都是"畛"书写草化的结果。

因"㐱""尔"俗书混同,如"趁"作"趂"(见《字汇·走部》)、"诊"作"诊"(见《玉篇·言部》)。所以"畛"常俗作"畊",契约文书中十分常见。例如:

(11)《明万历三十五年(1607)吴何高氏卖井浇麻地契》:"今将自己原分四□井浇麻地一段,南北畊。"(故 5/244)

(12)《清乾隆元年(1736)王世德卖地文字》:"今将自己祖业村北老茔到北头白地壹段,计地柒亩,系南北畊。"(故 1/5)

(13)《同治三年(1864)张绳考典地契》:"立典契人张绳考,因为使用不便,今将村西平地壹段,计地式畞,东西畊。"(山西 10/58)

(14)《清同治元年(1862)张六艺堂卖地赤契》:"今将自己分到新愤后平地一段(段)叁亩五厘,东西畊。"

(15)《清嘉庆十四年(1809)王张氏等卖地契》:"又壹段,东西畊,长七十九杆,活(阔)叁杆。"(山西 3/596)

例(11)—(12)中"畊"和"畊"⑥为一字异写。《正字通·田部》:"畊,同畛,俗省。"可证。例(13)中"畊"是由"畊"省写而来。例(14)中作"畊",是因为构件"尔""欠"形近致误。例(15)作"畊"则是因为右下"小"与"水"形近讹误所致。由于没有严格的

---

① 张涌泉:《汉语俗字研究》(增订本),商务印书馆 2010 年,第 103 页。
② 首都博物馆:《首都博物馆藏清代契约文书》(第 8 册),国家图书馆出版社 2015 年,第 535 页。
③ 首都博物馆:《首都博物馆藏清代契约文书》(第 1 册),国家图书馆出版社 2015 年,第 237 页。
④ 王宗勋:《加池四合院文书考释》(第 1 卷),贵州民族出版社 2015 年,第 59 页。
⑤ 储建中等:《土默特文书》(第 2 册),广西师范大学出版社 2019 年,第 504 页。
⑥ "尔""尓"俗书同。

用字规范,在文字的高频使用下,经常会出现"俗之又俗"的情况,如契约文书中"畝"的百余种俗体字形。①

我们这里的"畛"字也不例外:

(16)《清光绪二十五年(1899)官音宝佃地契》:"又连道西地壹墩(段),计地壹拾亩零五分,系东西畛。"(金83)

(17)《清同治八年(1869)刘会义卖地契》:"今将自己楼村道地壹段,系东西畛,东西北至道,南至李盛林,四至分明。"(山西10/182)

(18)《清光绪二十二年(1896)贾门张氏等卖地契》:"今将自己祖遗地马道地壹段,计地五亩,系东西畛。"

(19)《清乾隆四年(1739)孙耀卖地契》:"坐落家西南,其地东西畛。"(故1/6)

(20)《民国卅七年(1948)陈有辛指地揭债文约》:"其地坐落本村南岭,系地南北畛。"(故3/190)

(21)《清光绪二十六年(1900)武联甲转典文约》:"今将自己典到大段地破白地一段,计地叁亩柒分五厘,系南北畛。"(山西13/193)

(22)《清光绪十二年(1886)梁铭新卖地文约》:"坐落梁屯家东北,其地东西畛。"(故1/196)

(23)《清道光十二年(1832)郭士璜卖地契》:"今将自己村南白地壹段,系南北畛,计明平地肆亩整。"(山西9/376)

(24)《清道光二十七年(1847)张瑞卖地契》:"今将自己田地一段,坐落家西,其地东西畛。"(故1/90)

(25)《清咸丰元年(1851)张文魁卖地契》:"今将自己村东路南白地壹段,南北畛,楼行六回壹垅半。"(山西13/684)

(26)《清光绪四年(1878)杨世洪卖井地契》:"今将自己村西井地壹段,系南北畛,计地叁亩四分。"(山西10/474)

(27)《清光绪三十二年(1906)贾凤银典地契》:"今因不足手中乏缺,将应分到祖遗十塘沟地东畔,南北畛,计地陆亩。"(山西7/300)

根据"畛"字的搭配习惯("(系)东西/南北畛""其地东西/南北畛")及上下文语境,不难判断"畛""畛""畛""畛""畛""畛""畛"皆是"畛"的不同俗体。它们都是在"畛"或"畛"的基础上进一步俗写而成。《中华字海·田部》:"畛,同'畛'。见《龙

---

① 韩志周:《〈首都博物馆藏清代契约文书〉俗字研究》,陕西师范大学硕士学位论文2018年。

龛》。"可知"尒""参"俗同。又"弥"俗作"弥"(见《偏类碑别字·弓部》),可得"尒"
"尔"俗书混用不分。由此可见,"参""尒""尔"俗书混同,故例(16)—(17)中"畛"
"畛"为"畛"无疑。例(18)—(22)中"畛"皆系右边构件"尔"不同程度草写所致。例
(23)—(27)中"坭""䟆""㘈""你""伱"皆可看成是由"畛"更换表义构件而来,例
(23)作"坭"是因为"田""土"意思相近。而其余四例中"曰""口""纟""亻"都与"田地"
无关,更换后使得"畛"字表义功能丧失,我们称之为无理俗变。这些无理俗变形体使
用范围有限,难以广泛流通,势必被汉字系统淘汰。

(二)从"亩"之"畛"形体演变

人们在书写时,受自身或邻近文字形体、结构或其他因素影响,在思维类推作用
下,产生非理性类推致使某些构件或偏旁出现同化,我们把这种现象叫作"类化"。这
是俗字形成的内部动因,也是契约文书中俗字大量产生的重要途径之一。如"可证"
作"玎証"①,"岩洞"作"峈洞"②,"碍者"作"硋者"③,"衚衕"作"㘅㘅"④,等等。契约文
书中常见的"畛"和"畞"皆与田地休戚相关,构件又都从"田"且常在同一契文中共现,
在高频使用的情况下"田""亩"彼此影响发生类化。例如:

(28)《清道光十五年(1835)王志泰卖地官契》:"今将自己续置村西坡地二
段,系东西畛,计地肆畞五分。"(故 4/163)

(29)《光绪三十一年(1905)杜绍基典地契》:"今将刘家庄村东南上平地壹
段,东西畛,计地参畞。"(山西 11/193)

(30)《清光绪廿四年(1898)毛主信典地契》:"今将自己白村村东水地壹段,
其地东西畛。东至渠,西至河,南至陈立贵,北至陈回回,四至分明,计地壹畞壹
分式厘五毛(毫)。"(故 4/207)

(31)《民国六年(1917)荣景卖地红契附卖契》:"今将此已村东地一段(段),
计地大数式拾玖畞,系东西畛。"

(32)《民国十二年(1923)张正栢卖地死契》:"今将自己原祖遗置到三十畞白
地壹塅,计地玖畞,随带西面随角壹块,系东西畛。"(历代 116)

例(28)—(32)中"畛"即"畛"。因为"畛"与"畞"经常共现,使用频率极高,前者
受"畞"左边构件"亩"影响发生类化,所以俗作"畛"。因"参"经常俗作"尔","尔"又

---

① 首都博物馆:《首都博物馆藏清代契约文书》(第8册),国家图书馆出版社2015年,第377页。
② 王宗勋:《加池四合院文书考释》(第3卷),贵州民族出版社2015年,第232页。
③ 王支援等:《故纸拾遗》(第1卷),三秦出版社2006年,第158页。
④ 王支援等:《故纸拾遗》(第4卷),中州古籍出版社2011年,第254页。

俗同"尒",故"畛"又俗作"畩"或"畲"。用例如下:

(33)《明万历二十五年(1597)吴九现卖长流水地文契》:"水地一段,东西畖,计地叁分。"(故 5/234)

(34)《清道光六年(1826)党鹏朱卖地文契》:"其地东西畲,计地贰亩伍分。"(故 4/159)

(35)《明崇祯十四年(1641)葛成果卖地文契》:"又村北平地一段,东西畲,计地贰亩柒分。"(故 5/251)

(36)《清嘉庆十六年(1811)刘温氏等卖地契》:"今将自己原分到祖业王家茔赋后水地式段,计地肆畝,系南北畲。"(山西 11/786)

无独有偶,"畝"或受"畩/畲"类化俗作"畬",与例(33)—(35)中"畛"之俗体"畲"偶成同形字。如《清道光十年(1830)李王氏并子如桂卖地契》:"四至分明,车路出入,东北上内,计地壹畬零伍厘陆毛(毫)。"(田藏 1/53)例中"畬"做量词,与"壹"构成数量短语,计量土地面积,当为"畝"之俗写无疑。除此之外,还有因构件"亩"或"尔"增繁、减省等所致俗写的,大致有以下几种情况。

(37)《清光绪四年(1878)赵吉祥卖地契》:"今将自己村北西滩下平地一段,东西畩,东至道,西至仟头,南至陈六德,北至郑满赵。"(山西 10/476)

(38)《清宣统二年(1910)铁思彦卖地契》:"今有间垅地壹段,坐落崖上,计地肆分,东西畛。"

(39)《清咸丰九年(1859)辛福魁典地契》:"今将自己村西井地壹段,东西彰,计地式畝。"(山西 9/776)

例(37)系左边"亩"繁增一撇俗作"畩"。例(38)则是省略"亩"的一横俗写为"畛"。例(39)中"彰"是将构件"尔"省作"乡"所致,例(6)中"畛"俗作"彭"可兹比勘。在契约文书当中,随着俗体"畲"的高频使用,其主要构件"亩"和"尔"或增繁、或类化、或草写、或讹变、或省简,为"畲"的进一步俗变提供了多种可能。例如:

(40)《清同治十年(1871)高全等卖地契》:"今将自己村东白地壹段,系南北畲,计地柒畲五分。"(山西 10/254)

(41)《清道光三十年(1850)费心创卖地契》:"今将自己村东滩地一段,南北畩,东至杜应乐,西至文小蛋,南至费兴魁,北至王海儿,四至分明。"(山西 5/59)

(42)《清乾隆四十六年(1781)费克成典地契》:"今将自己村南念地一段,东西畩,南至衙方济,北至费克通,东至阡头,西至沟,四至分明。内计地一畝八卜

(分)。"(山西 7/761)

(43)《清乾隆十三年(1748)犁景凤等卖沟凹地契》:"今将自己原买到沟西窑平沟凹壹所,其南北🗆。"(故 4/134)

(44)《清光绪二十九年(1903)赵老虎等卖地约》:"立卖约人赵老虎、赵元亨,今将自己白道账白地一段,系南北🗆,东至道……四至分明。计地式🗆。"

(45)《清道光二十四年(1844)吉法年卖地契》:"又有前岭老赵地壹段,期(其)地南北🗆。"(山西 4/690)

(46)《清光绪三十一年(1905)达木气立推佃地文约》:"……荒滩地壹块,系东西🗆。"(金 100)

(47)《清乾隆三十四年(1769)卫门潘氏卖地契》:"今将自己村北地壹段,计地陆分柒厘肆毫,东西🗆。"(山西 2/701)

例(40)中"🗆"是"畒"的类化增繁俗字,受此影响"畛"俗作"🗆"。例(41)"🗆"系构件"亩"增加撇而来。例(42)中"🗆"是因"亩""亥"形近而误。例(43)中"🗆"左边构件"亩"或因"🗆"(俗"畒",首都 2/564)内部构件类化俗作"台","畒"受内部构件"厶"影响,类化俗作"🗆"①可以比勘。"尔""欠"形近相讹,例(44)中"畛"作"🗆"。需要注意的是,"🗆"恰与"畝"的一个俗体同形,《清光绪三十一年(1905)达木气卖地合同》:"今将自己祖遗西河上村东户口沙地一块,系南北畛,计地一十九🗆。"(金 102)是其例。例(45)—(47)中"🗆""🗆""🗆"均系"畛"的不同草写形式。除此之外,契约文书中偶见以"尔"代"畛"者,如《明崇祯三年(1630)韩时孟推地文约》:"今将先年揽到迤户军地村西一段,南北尔,计地叁畝叁分柒厘。"(故 5/246)其中"南北尔"即"南北畛","尔"可看作是由"畛"或"畛"省略义符而成的俗字。《清康熙十二年(1673)石岩等分拨文书》:"村东水地一段,东西尔。"(故 5/352)亦其例。

二 借音"畛"

民间契约文书大多出自普通老百姓之手,受知识水平所限,书写者在字词使用上较为随意、不加规范,导致大量借音字的出现。所谓"借音字",是以音同或音近的字来另替他字,包括传统的假借字和通假字。契约文书中"畛"的借音情况较为多见。

---

① 曹树基等:《石仓契约》(第 1 辑·第 1 册),浙江大学出版社 2011 年,第 135 页。

我们先看用"軫"来代替"畛"的情况。

(48)《清咸丰八年(1858)马有财等绝倒地契》:"坐落在屯佃村北崔家坟,东西軫。"(首都 2/446)

(49)《清同治五年(1866)王天喜等推兑地契》:"此地坐落在屯佃村南张家坟南边,南北軫,地两副。"(首都 3/131)

(50)《清同治十一年(1872)引峯老典地契》:"计地拾五亩,坐落在辛主屯村南,南北軫。"(首都 3/444)

(51)《清同治十二年(1873)王永明等卖地契》:"计地四辐(副)拾伍亩,南北軫地。"(首都 3/527)

(52)《清光绪元年(1875)王永明兑地契》:"南北軫地,计地两副,拾柒亩。"(首都 3/597)

例(48)—(52)中"軫"是"畛"假借字,《说文解字·车部》:"軫,车后横木也。从车,㐱声。""軫"本义指古代车箱底部四面的横木,后假借为"畛"。《说文通训定声·坤部》:"軫,假借为畛。"《汉语大字典》:"軫,通'畛'。田间小路。"可证。除借音"軫"外,文书中以"珍"来记录"畛"的情况俯拾皆是。

(53)《清嘉庆九年(1804)王化浃典地契》:"其地东西珍(畛),东至道。"(故 5/290)

(54)《清道光十年(1830)曹玉林卖地契》:"今将自己村东杨家灵(岭)白地一段,系南北珍(畛)。"(故 1/298)

(55)《清光绪二年(1876)张门王氏卖地契》:"愿将己产村南刘姓地一段,东西珍(畛),计数壹拾壹亩四分。"(故 1/320)

(56)《清宣统三年(1909)秃孟八彦典地契》:"今佃到德老爷什不更村后地壹块,计地四亩,南北珍(畛)。"(土默特 4 中/386)

(57)《民国五年(1917)连木气典地契》:"今将自己甲拉板村申村东壹犁地壹段,系南北珍(畛),计地式拾亩。"(金 134)

(58)《民国二十一年(1932)达木气过约契》:"地壹塅(段),计地壹拾式亩,系东西珍(畛)。"(金 167)

"珍"本指珠玉之类的宝物。《说文解字·玉部》:"珍,宝也。从玉,㐱声。"例(53)—(58)中"珍"皆与本义无关,考察其出现的位置,及前后语境("珍"皆与表方向词语的"东西"或"南北"连在一起使用),很容易判断"珍"即"畛"的借音字。因为"㐱"

常俗作"尔",故"珍"又多用"珎"代替。例如：

(59)《明万历二十四年(1596)翟伯林卖地契》："今将自己村北秋平白地段,南北珎(畛),计地肆分。"(故 5/233)

(60)《明万历二十七年(1599)翟麦仑卖地契》："今将自己村北平地一段,南北珎(畛),计地壹亩伍分。"(故 5/239)

(61)《明万历二十七年(1599)吴何王氏卖地契》："……麻地一段,南北珎(畛),计地壹亩陆分。"(故 5/237)

(62)《明崇祯十五年(1642)兰镇中卖地契》："……南北珎(畛),已(计)地玖分玖厘叁毫。"(故 5/255)

(63)《清嘉庆十一年(1806)焦门赵氏卖地契》："其地东西珎(畛),计地壹亩捌分。"

例(59)—(63)中"珎"为"珍"之俗,《玉篇·玉部》："'珎',同'珍'。"《干禄字书》："珎珍,上通下正。"皆可证。又因"珍"是"畛"的借音字,故"珎"实为"畛"。除此之外,契约文书中偶见以"贞""针""证"等字来代替"畛"的情况。例如：

(64)《清乾隆五十七年(1792)王思成典地契》："今将自己西北平地一段,典与刘维仁耕种,南北贞(畛),计地拾亩。"(故 4/148)

(65)《清光绪十五年(1889)什立图召东仓长租地约》："今因使用不足,今将自己舍必崖村东至北地□一段,记地南北贞(畛)。"(土默特 4 中/166)

(66)《清道光十七年(1837)邓学剑卖地契》："情愿将自己村北匣里下平地二段,其地东西针(畛),计地叁亩伍分。"(山西 4/500)

(67)《清光绪三十四年(1908)李保娃卖地契》："情愿将自己祖业寨坡八亩垠下地一处,其地东西证(畛),东至置主,西至置主,南至置主,北至置主。"(山西 2/491)

上述有关"畛"的借音字,从文献整理、传播及使用来看有百害而无一利。然而换个角度看,却能透过它们探究到某一时代、某一地域的方音状况,因此,别字异文是研究语音历史的珍贵材料,具有很高的方音研究价值。[①] 如"畛"的借音情况,记录了明清时期山西地区深臻曾梗四摄合流这一语音现象。

[①] 黑维强:《土默特契约文书所见 200 年前内蒙古晋语语音的几个特点》,《中国语文》2018 年 5 期,第 627 - 640 页。

通过对契约文书中"畛"的不同俗体字形及借音字的考察,我们可以清晰地看出这些字形的发展演变轨迹,以及相互之间的字际关系。如图1所示:

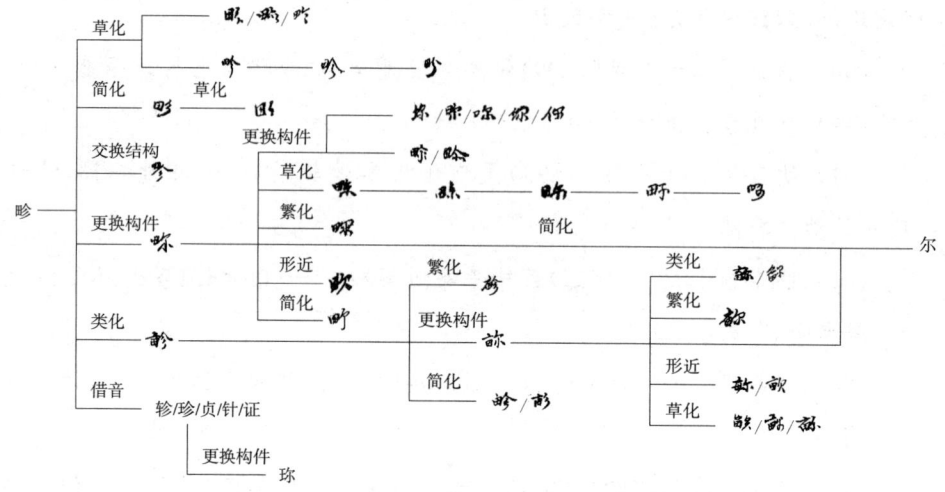

图1 "畛"字际关系图

综上所述,通过对"畛"字俗体的考辨,可以看出契约文书俗字研究具有以下几方面重要的意义:第一,准确识读俗体字有利于文献的整理与利用。第二,能为汉字俗字体形体演变提供参考(俗体的形成过程有简有繁,多数来看并非一蹴而就,是一个动态的发展过程)。第三,可为大型字典、专题性字书的编纂和修订提供有益参考。第四,有益于总结契约文书俗字的形成、类型及其使用的一般规律。

参考文献

[1]曹树基、潘星辉、阙龙兴:《石仓契约》(第1辑),浙江大学出版社2011年。(简称"石仓1")

[2]储建中、储昱主编:《土默特文书》(全19册),广西师范大学出版社2019年。(简称"土默特1—19")

[3]储小旵、张丽:《宋元以来契约文书俗字在大型字典编纂中的价值》,臧克和:《中国文字研究》(第十九辑),上海书店出版社2014年。

[4]韩志周:《〈首都博物馆藏清代契约文书〉俗字研究》,陕西师范大学硕士学位论文2018年。

[5]郝平:《清代山西民间契约文书选编》(全十三册),商务印书馆2019年。(简称"山西1—13")

[6]黑维强:《土默特契约文书所见200年前内蒙古晋语语音的几个特点》,中国语文2018年第5期,第627-640页。

[7]黑维强:《辽金以来土地契约中"畛"之释义考辨》,臧克和:《中国文字研究》(第二十五辑),上海书店出版社2017年。

[8]黄征:《敦煌俗字典》,上海教育出版社2005年。

[9]康香阁主编:《太行山文书精萃》,文物出版社2017年。(简称"太行山")
[10]冷玉龙、韦一心主编:《中华字海》,中国友谊出版公司1994年。
[11]首都博物馆:《首都博物馆藏清代契约文书》(全8册),国家图书馆出版社2015年。(简称"首都1—8")
[12]田涛等主编:《田藏契约文书粹编》,中华书局2001年。(简称"田藏")
[13]铁木尔:《内蒙古土默特金氏蒙古族契约文书汇集》,中央民族大学出版社2011年。(简称"金")
[14]王宁:《汉字构形学导论》,商务印书馆2015年。
[15]王支援等:《故纸拾遗》(卷1),三秦出版社2006年。(简称"故1")
[16]王支援等:《故纸拾遗》(卷2、卷3),三秦出版社2007年。(简称"故2、故3")
[17]王支援等:《故纸拾遗》(卷4、卷5),中州古籍出版社2011、2012年。(简称"故4、故5")
[18]王宗勋考释:《加池四合院文书考释》(全4卷),贵州民族出版社2015年。(简称"加池1—4")
[19]尹伊君:《尹藏清代法律文书》,北京大学出版社2013年。(简称"尹")
[20]臧美华:《五百年房地契证图集》,北京出版社2012年。(简称"契证")
[21]张德义、郝毅生:《中国历代土地契证》,河北大学出版社2008年。(简称"历代")
[22]张涌泉:《汉语俗字研究》(增订本),商务印书馆2010年。

(韩志周:西北大学文学院,710127,西安)

中医古籍疑难俗字辑考十则

马乾 周艳红

提要 中医古籍中疑难俗字不利于今人阅读和阐释古代中医文献,也不利于古医籍的数字化加工和中医药信息知识元的提取和标引。文章通过形音义互求、文献比勘等方法,对中医古籍中的10个疑难字进行了考释,沟通了相关字际关系,并校订了今人整理中医古籍中的部分失误。

关键词 中医古籍 疑难字 考释 字形

中医古籍中疑难字既不利于今人阅读和阐释古代中医文献,也不利于广大中医药学者"挖掘和传承中医药宝库中的精华精髓",传承中华优秀中医药文化,这些疑难字,特别是未编码字也不利于古医籍的数字化加工和中医药信息知识元的提取和标引。李国英(2007)特别指出:"古籍电子化的前提是要建立满足古籍电子化所需要的汉字编码字符集,而汉字编码字符集编制的前提是汉字的系统搜集和整理。"[①]因此,我们有必要全面清理中医古籍中的疑难字,特别是其中的未编码字。沈澍农《中医古籍用字研究》对唐宋以前的中医古籍中的部分疑难字进行了考辨,但明清以来的中医古籍中的疑难字尚缺乏专题研究。

文章辑录了明清以来中医古籍中未见于《汉语大字典》《中华字海》等现代大型字书中的10个疑难字,利用形音义互求法、文献比勘法,对其形音义进行了考辨,同时校订了今人整理中医古籍中的部分失误。

一 蛛

明徐谦《仁端录》卷三《痘形诸名》:"蛛蛛痘,中无大粒,但有一宗一宗小者是也。"[②]

---

① 李国英:《字典考正》序(二),邓福禄、韩小荆:《字典考正》,湖北人民出版社2007年,第8页。
② [明]徐谦:《仁端录》,《文渊阁四库全书》(第762册),台湾商务印书馆1986年,第615页。

按："蛴"不见载于字书。该字又见于清张璐《张氏医通》卷十二："痘出数粒,成丛,平塌不起者曰蛷蛴痘,治之起,分颗者吉,否则凶。"①然"蛴"今人点校注释中医古籍时均未注释其音义。

今考,"蛴"即"休"的分化字,为"蛷"之异体字。"蛴蛷痘"即"蛷蛴痘",徐谦所谓"一宗一宗"即张璐所谓的"成丛"。文献中"蛴蛷""蛷蛴"多作"蠼螋"。据传,蠼螋尿溺人影会导致人体生痘疮,且此类痘疮有致死风险。如晋葛洪《肘后备急方》卷七《治卒蜈蚣蜘蛛所螫方》：

治蠼螋虫尿人影,着处便令人体病疮,其状如粟粒,累累一聚,惨痛,身中忽有处燥痛如芒刺,亦如刺虫所螫,后细疮瘑作丛,如茱萸子状也,四畔赤,中央有白脓如黍粟,亦令人皮急,举身恶寒壮热,极者连起竟腰胁胸也。②

"状如粟粒,累累一聚""细疮瘑作丛"即前文所谓"一宗一宗""数粒成丛"。

又明李时珍《本草纲目》卷四十二"蠼螋"条下曰：

〔藏器曰〕状如小蜈蚣,色青黑,长足,能溺人影,令人发疮,如热痱而大,若绕腰匝不可疗,山中者溺毒更猛。……〔时珍〕曰：蠼螋喜伏甋瓺之下,故得此名。或作蛷螋……乃求而搜之也。其虫隐居墙壁及器物下,长不及寸,状如小蜈蚣,青黑色,二须六足,足在腹前,尾有叉歧,能夹人物,俗名搜夹子。其溺射人影,令人生疮,身作寒热。③

中医学从致病的原因角度将此痘疮称为蠼螋尿疮、蠼螋溺疮、蠼螋恶疮等。"蠼螋"的词形又作"蠷蝼""蠷螋(蝼)""蛷(蝥)螋(蝼)""蚑蛷""矜求""蜡蛷""肌求""蚑蛷""蚑蠷""蜉蛷""务求""蝤蛷""蜍蛷""轧螋"等。

"蠼螋"作"蛷蛴"者,当为一音之转,"蠼"于《广韵》为平声虞韵群母字,"求"为平声尤韵群母字,二者为双声关系；"休"于《广韵》为平声尤韵晓母字,"螋"则为平声尤韵生母字,两者为叠韵关系。周作人《蓑衣虫》："虫旁瞿叟二字我们乡下也认识,读作其休,是蜈蚣似的多足虫,江南云蓑衣虫,北方称钱串子,或曰钱龙,以前者为更普遍。"④据此可知"蠼螋"于绍兴方言即读为"其休"("其"为平声之韵群母字,与"蠼""求"亦为双声关系),据此亦可证"螋"可音转为"休","蛴"即"休"之分化字,其与"螋"为异体关系。而"蛴蛷"当为"蛷蛴"之倒文。

---

① [清]张璐：《张氏医通》,中国中医药出版社1995年,第321页。
② [晋]葛洪：《肘后备急方》,广东科技出版社2018年,第205页。
③ 钱超尘等：《金陵本〈本草纲目〉新校正》,上海科学技术出版社2008年,第1493页。
④ 周作人：《周作人作品精选》,长江文艺出版社2003年,第424页。

二　蠕

（明）李时珍《本草纲目》卷四十六《介之二·蛤蚌类·牡蛎》"集解"："时珍曰：南海人以其蛎房砌墙、烧灰粉壁，食其肉谓之蛎黄。保升曰：又有蠕蛎，形短，不入药用。"①

按：今人点校本多将"蠕"类推简化作"蚖"②，当以其音同云，殆误；部分点校本直接传抄作"虫云蛎"，更是以讹传讹。今考，"蠕"为"蝁"之讹，"蝁蛎"见于《证类本草》。宋唐慎微《重修政和经史证类备急本草》卷二十曰："臣禹锡等谨按：《蜀本》云：又有蝁（音樗）蛎，形短不入药用。"③此即李时珍《本草纲目》所本。由此可知，"蝁蛎"始见于（五代后蜀）韩保升所著《蜀本草》（又名《重广英公本草》），惜《蜀本草》已不可见，唯《大观本草》《政和本草》卷二十"牡蛎"条下注"蝁"字"音樗"。据此可知"蠕"为"蝁"之讹无疑，是部件"云"与"亏"形近混同所致，刘衡如标点《本草纲目》时改"蠕"为"蝁"字④，可从。"蚖"又为"蠕"的不规范类推简化字。然形短不入药的"蝁蛎"为何种牡蛎则不可知了。

三　骹、骸、骹

明王肯堂《疡医证治准绳》卷四"附骨疽"条下："一后生，骹骨痛，以风药饮酒一年……一少年，天寒极劳，骸骨痛，两月后生疽，深入骨边。"⑤

按：此两条医案较早见于明卢和《丹溪先生医书纂要》卷五《疮疡》，字多作"骹"（中国国家图书馆藏明万历刻本）。其他医书亦传抄此两条医案，字或作"骸"，如明江瓘、江应宿《名医类案》卷十《附骨疽》下则作"骹"。"骹""骸""骹"形近，其当为一字之变，然其正字为何，今人点校较少论及。又，内阁文库藏日本学者抄本《丹溪先生医书纂要》于"骹"旁批注"骰"；韦以宗《中国骨科技术史》引《名医类案》注作"髂骨"；王键、杨文明、郑日新《新安医学研究集成临床研究》承袭《中国骨科技术史》亦作"髂骨"；

---

① 钱超尘等：《金陵本〈本草纲目〉新校正》，上海科学技术出版社2008年，第1586页。
② 王庆国：《〈本草纲目〉（金陵本）新校注》，中国中医药出版社2013年，第1348页。
③ ［宋］唐慎微：《重修政和经史证类备急本草》，华夏出版社1993年，第192页。
④ 刘衡如校点：《本草纲目》，人民卫生出版社1981年，第2519页。
⑤ ［明］王肯堂：《证治准绳·疡医证治准绳》，人民卫生出版社2014年，第326页。

《古今图书集成》两引此医案均作"叉骨"。由此可知中日学者对于"敠骨"的音义也有不同的观点。

今考,"敠""敠""敠"三字当以"敠"为正字,"敠"即"叉"的分化字。"敠骨"即现代医学所谓的腰髂部位。髂,《素问·长刺节论》"病在少腹有积……刺两髂髎季胁肋间"曰:"髂为腰骨。"①古人将腰部的骨骼称为"髂"②,其即现代医学所谓的髋骨的一部分,其与耻骨、坐骨组成股骨部分。卢和载患者因以风药饮酒无效而改在防风通圣散的基础上去硝黄、加生犀角、浮萍制成膏药敷贴而愈,但因未能"茹淡远房劳"而复发,导致其"后五六年其处再痛……出脓血,四五年延及腰背,皆空,又三年而死",此处称"延及腰背",可知"敠骨"当位于腰背周围,而髂骨距离腰部最近,据此可知"敠骨"确为"髂骨",二者为异名同实关系。

"敠"又见于《石山医案》卷下《答银台宋公书》:"一人四十余,色黄白,季春感冒,发汗过多,遂患左脚腿敠(厥阴之分)微肿而痛,不能转动。……腿敠肿者,盖人身之血,犹江河之水,洪泛则流沙走石,彼细流浅濑则此阻彼碍而壅肿矣。"今人整理本误作"骹"③。字亦为"敠"之变。"厥阴之分"即足厥阴肝经周围,其所指即腰髂部位。此亦可证"敠"即指的髂骨部位。

文献中有以"叉"称呼"髂"者,清吴亦鼎撰《神灸经纶》卷四《手足证略》载医案曰:"腿叉风,憎寒发热,或筋挛肿痛,当阴股沟间足厥阴之脉,上腘内廉,循股阴,入毛中。"④"腿叉"即两腿交叉之处,也就是上文的腰髂部位,故下文言"足厥阴之脉",此处即现代解剖学所谓的髂总动脉等。

字又作"肶"⑤,明楼英《医学纲目》卷三十《伤寒部·太阳病发热续法》载医案曰:"丁亲家于久疟后,暑月涉水,又劳苦,腿肶痛,渐渐浑身痛,胁亦痛。"⑥此处的"腿肶"即"腿叉",所指即两腿交叉之处,其病当因阴虚体弱又因受寒劳而至痨瘵。

综上,"敠"即"叉"的分化字,取髂骨为两腿交叉之处的骨骼之义。"叉"与"又""义"形近混同,字遂变异作"敠""敠"。《古今图书集成》传抄作"叉骨"者,盖因字"敠"

---

① 张登本、孙理军:《王冰医学全书》,中国中医药出版社2006年,第244页。
② "髂"的异体字众多,字本作胯,《说文解字·肉部》:"胯,股也。"字又作骻,《慧琳音义》卷六十二引《苍颉篇》曰:"骻,两股外也。"又卷七十九引《埤雅》曰:"骻,腰也。"《集韵·祃韵》枯化切:"骻,股间也。或作胯,髁。"字又作髁、髂,《玉篇·骨部》:"髁,口亚切。腰骨。"又:"髂、髂,并同髁。"字又作䯞、胳,高丽本《龙龛手镜》卷四《足部》:"䯞(俗),苦嫁反。正作髂。䯞䯞。"又《肉部》:"胳(俗),若嫁反。正作髂。胳胳也。"
③ 高尔鑫:《汪石山医学全书》,中国中医药出版社2015年,第100页。
④ [清]吴亦鼎:《神灸经纶》,中国中医药出版社2015年,第161页。
⑤ CJKV(中日韩越汉字统一字符集)及Unicode编码作"肶",字形有误。
⑥ [明]楼英:《医学纲目》,中国中医药出版社1996年,第685页。

不见于各家字书,遂仅录其声以存其义。

四 㾑

  清云川道人《绛囊撮要·通治》"观音大士救苦神膏"下曰:"一㾑疮脚气,针孔反贴上,盖以纸带缚定,一日洗换,十日愈矣。"①

  按:"㾑"字未见字书记载。Unicode 据越南字喃编码,读音为[rêm],此显然于中医文献音义不合。

  今考,"㾑"与"廉""䯑""䯖""臁""䪻"为一组同源通用字。中医文献中"㾑疮"又作"廉疮""㾑疮""臁疮""䯖疮""䯑疮"等。

  "㾑疮"作"臁疮"者,如宋杨士瀛《仁斋直指》卷二十四:"或风热毒气流注,两脚生疮,肿烂疼痛,步履艰难,惟生于臁骨者为重,曰臁疮,以其骨上肉少皮薄难愈。至有多年无已,疮口开阔,皮烂骨现,臭秽可畏者,先当取虫,然后傅药。"②此处即作"臁疮",杨士瀛特别指出了"臁疮"的命名理据,即生长在臁骨上的疮疽。"臁骨"即"䯑骨",中医学又称"臁胫骨""骭骨",明李时珍《奇经八脉考·释音》:"骭:音行。臁骨也。……骭,音干,胫骨也。"③又清吴谦《正骨心法要诀》"骭骨"条下:"骭骨,即膝下踝上之小腿骨,俗名臁胫骨者也。其骨二根,在前者名成骨,又名骭骨,其形粗;在后者名辅骨,其形细,又俗名劳堂骨。"④由此可知,"臁疮"当是位于胫骨部位的疮疽。

  "㾑疮"又作"臁疮"。明孙一奎《赤水玄珠》卷二十九《外科门小引》"臁疮":"夫臁疮者,皆由肾脏虚寒,风邪毒气外攻三里之傍,灌于阴交之侧。风热毒气,流注两脚,生疮肿烂,疼痛臭秽,步履艰难。此疮生于臁骨为重,以其骨上肉少皮薄,故难愈。至有多年无已,口开阔,皮烂肉现,臭秽可畏。"⑤孙一奎阐释了"臁疮"患病的病机,且此处"㾑疮"即作"臁疮","臁骨"即作"䯑骨"。

  "㾑疮"又作"䯑疮",宋洪遵《洪氏集验方》卷四:"治䯑疮(上官医传):鳝鱼。上以鳝鱼数条,打死。先用油涂其腹,置患人腿上,盘令周遍,以帕子系定。食顷,患人觉痛不可忍,然后取鳝,鳝腹上有针眼大窍子,皆虫也。虫既去尽,却用死人胫骨烧灰,

---

① [清]云川道人:《绛囊撮要》,《珍本医书集成》(第 9 册),上海科学技术出版社 1985 年,第 52 页。
② [宋]杨士瀛:《仁斋直指》,《文渊阁四库全书》(第 744 册),台湾商务印书馆 1986 年,第 497 页。
③ 彭勃点校:《奇经八脉考》,第二军医大学出版社 2005 年,第 110 页。
④ [清]吴谦:《正骨心法要诀》,中国医药科技出版社 2012 年,第 46 页。
⑤ [明]孙一奎:《赤水玄珠》,中国医药科技出版社 2011 年,第 611 页。

涂疮口,即愈。"①洪遵此处记载了治疗臁疮的中医学方法,此法又见于《本草纲目》。明李时珍《本草纲目》卷四十四"鳝鱼"条下:"专贴一切冷漏、痔瘘、臁疮、引虫。"②据此可知"臁疮"亦同"臁疮"。

"臁疮"又作"廉疮"。元孙允贤《类编南北经验医方大成》"痈疽疮疥":"痈疽疮疥之类,随其藏府所受冷热调之,所贵气血宜流,自失其痛痒矣。如脚外廉疮久年不愈者,多是肾水流注,又有脾水溃溢,治各有方,随证选择。"③此处的"廉疮"亦即"臁疮"。

"臁疮"又作"臁疮"。明徐长孺《东坡禅喜集》卷九:"东坡与佛印同饮。要行一令,即一处有四物,或洁净,或龌龊,不许差韵。东坡曰:美姬房,象牙床,玻璃盏,百合香。佛印曰:推猪水,臁疮腿,妇人阴,胡子嘴。"④此处的"臁疮"亦即"臁疮"。

由以上中医文献可知,"臁疮""廉疮""臁疮""臁疮""臁疮""臁疮"为一组异形词⑤。《中医大辞典》"臁疮"条下解释为:"发生于小腿臁骨(胫骨)部位的慢性皮肤溃疡。主要发生于双小腿内、外侧的下1/3处,在外侧的叫'外臁疮',由足三阳经湿热结聚而成;在内侧的叫'内臁疮',由三阴经蕴湿,兼血分虚热而成。其特点是经久难以收口,或虽经收口,每易因损伤而复发,与季节无关。"⑥清王维德《外科证治全生集》卷一《阳症门》"臁疮治法":"生于小腿,男人谓之烂腿,女人谓之裙风。"⑦宋庄季裕《鸡肋编》卷上:"疮发于足胫骨傍,肉冷难合,色紫而痒者,北人谓之'臁疮',南人呼为'骭疮',其实一也。"⑧据此则"臁疮"与"烂腿""裙风""骭疮"为同义词关系。

程宝书《新编针灸大辞典》:"廉,体表定位用词,即'侧'或'面'。上廉即上侧(面),内廉即内侧(面)。"⑨将"胫骨"称为"臁骨"亦取其侧义,故清赵濂《医门补要》卷上《臁疮》:"两胫内外廉骨,每有脾虚,湿盛化热,蕴于血分,而成臁疮。"⑩"两胫内外廉骨"意谓两胫内外侧骨,即现代解剖学所谓的胫骨和腓骨部分,在位置上,

---

① [宋]洪遵:《洪氏集验方》,上海科学技术出版社2003年,第50页。
② 钱超尘等:《金陵本〈本草纲目〉新校正》,上海科学技术出版社2008年,第1550页。
③ [元]孙允贤:《类编南北经验医方大成》,《四库全书存目丛书·子部》(第41册),齐鲁书社1995年,第403-404页。
④ [明]徐长孺:《东坡禅喜集》,《大藏经补编》(第26册),华宇出版社1985年,第790页。
⑤ 《汉语大字典》于"臁"字下释义为小腿,不确,当释义为胫骨;于"瘝""臁""臁"下未收录胫骨义,当补充。
⑥ 高希言等:《中医大辞典》,山西科学技术出版社2017年,第1234页。
⑦ [清]王维德:《外科证治全生集》,人民卫生出版社1956年,第15页。
⑧ [宋]庄绰:《鸡肋编》,上海古籍出版社2012年,第22页。
⑨ 程宝书:《新编针灸大辞典》,华夏出版社1995年,第939页。
⑩ [清]赵濂:《医门补要》,人民卫生出版社1994年,第4页。

腓骨位于小腿的外侧,胫骨位于小腿的内侧,中医学将发生在两胫部分的疮疡称为"廉疮"。

综上,"癞""廉""癝""髒""膁""膁"等当为一组同源通用字,其源字当为体表定位用字"廉"。这一组字常常用于病名,后人遂构造了从疒、廉声的"癞"字,"癞"当为"廉"的分化字无疑,其于越南喃字"癞"形同而音义俱异。

五 歊

清雷丰《时病论》卷五《夏伤于暑秋必疟大意》"秋暑(附:秋凉)"条下:"七月大火西流,暑气渐减,而凉气渐生,其时炎歊尚存,一如盛夏,亦有较盛夏更热之年,人感其热而病者,为秋暑,即世俗所称秋老虎是也。"①

按:"歊"未见字书收录。点校本《时病论》多传抄作"歊",或作"熇"②,征引《时病论》者有将"炎歊尚存"传抄作"炎炎尚存"者③,有将"炎歊"处理为"炎(高炎)"者④,也有于"歊"下注释为"火盛之意"者⑤。由此可见,中医学界对于"歊"的形音义均有不同的理解。

今考,"歊"当为"歊"之分化字。《说文·欠部》:"歊歊,气出貌。"段玉裁注:"亦作歊",并引颜师古注《汉书》:"气盛也。"引申有热气、炎热之意,故《广韵·宵韵》许娇切:"歊,热气。"宋欧阳修《书简》:"秋暑尚有残歊,更冀特加精摄。""残歊"即残热、残余的热气之意;清薛所蕴《垦荒词》:"亭午炎歊背如炙,无牛拖犁躬自拽。""炎歊"即炎热之意。"炎歊"又作"炎熇",如(宋)欧阳修《憎蚊》:"荒城繁草树,旱气飞炎熇。"明张煌言《暑夜独坐》诗:"炎熇如酷吏,入夜气犹蒸。"此两句中"炎熇"即热气之义。熇,《说文·火部》:"火热也。"引申亦有热气、炙热之义,其与"歊"当为一组同源字。

"歊"作"歊"当是受到前文"炎"字及文意的双重影响,抄写者改从欠为从炎,遂造了从炎、高声的"歊"字以表示暑天盛热之气的意思,整理者注"火盛之意"于文意稍远,当校正。

---

① [清]雷丰:《时病论》,福建科学技术出版社2010年,第100-101页。
② [清]雷丰:《时病论》,中国医药科技出版社2011年,第86页。
③ 楚更五、李平:《重订医门揽要》,中医古籍出版社2007年,第62页。
④ 李紫慕等:《市隐庐医学杂著》,人民军医出版社2012年,第48页。
⑤ 刘道清、周一谋:《中医名言大辞典》,中原农民出版社1991年,第1606页。

六 䴬、䴇

清张璐《本经逢原》卷二《隰草部·葶苈子》:"发明:葶实治消渴去热,及瘰疬癖痞腹胀,皆取其散热消积之功,即《本经》下水气,面浮肿,痈疡之用。其茈草子专治痞积,䴬䴇丸用之。"①

按:"䴬""䴇"二字未见字书收录。清康熙长洲张氏刻本同,今人整理本或作"鸺鹠"②,或类推简化作"鸺鹠"③。

今考,"䴬䴇"即"鸺鹠"之变,受到鸟部字的类化影响,书写者改右声左形结构的"鸺""鹠"二字为左形右声结构。《本经逢原》卷四《禽部》"鸺鹠(即鸱鸺)"条下:"咸寒无毒。[发明]好啖鱼蛇及鸟雏,故治痞积,有鸱鸺丸用之为君,治食鱼鳖成瘕者尤效。其骨酥炙,和南硼砂吹喉治骨哽,忍之须臾,轻轻咯之,骨与痰涎俱出。"④据此"鸱鸺丸"即"鸺鹠丸","鸱鸺"即"鸺鹠",据《本草纲目》卷四十七"鸺鹠"条,词形又作"鹠鸺"等,《康熙字典·鸟部》引《本草》则又作"鸴鸧"。

据此则"鹠""鸧"与"鸱"、"䴬"与"鸺"、"䴇"与"鹠""鸺"为三组异体字,今人整理作"鸺鹠"可从,但径作类推简化则不可取。

七 齫

明吴正伦《脉症治方》卷三《火门·上部(眼耳口鼻舌牙咽喉是也)》"牙齿肿痛":"大肠虚则齿露,大肠壅则齿浮,挟风则攻于头面眼目,疳䘌则齫脱为痔。"⑤

按:此论牙齿肿痛诸症,相似内容较早见于《三因极一病证方论》。宋陈无择《三因极一病证方论》卷十六"齿病证治":

齿为关门,肾之荣,骨之余也。肾衰则齿豁,精固则齿坚。又大肠支脉在牙龂,主灌注于牙。大肠壅则齿为之浮,大肠虚则宣露,挟风则攻目头面,疳䘌则齫脱为痔,皆气郁而生,诸症不同,治之各有方。⑥

---

① [清]张璐:《本经逢原》,《续修四库全书》(第994册),上海古籍出版社2002年,第85页。
② [清]张璐:《本经逢原》,上海科学技术出版社1959年,第86页。
③ [清]张璐:《本经逢源》,山西科学技术出版社2015年,第104页。
④ [清]张璐:《本经逢原》,上海科学技术出版社1959年,第230页。
⑤ [明]吴正伦:《脉症治方》,上海科学技术出版社1992年,第300页。
⑥ [宋]陈无择:《三因极一病证方论》,中国医药科技出版社2011年,第286页。

陈无择的论述又为宋刘信甫《活人事证方后集》卷十七《口齿门》、(明)徐彦纯《玉机微义》卷三十《牙齿门》等径引。

又宋严用和《严氏济生方》卷五"齿论治"下曰：

夫齿乃骨之余气，骨乃肾之所主，呼吸之户门也。精气强则齿自坚，肾气衰则齿自豁。且手阳明大肠之脉入于齿，灌注于牙，倘风寒壅热之气，郁滞心胸，冲发于口，则齿为之病矣。轻者为宣露，龈颊浮肿，甚则为疳䘌齼脱之证也。亦有肾气虚壅，齿痛宣露，当进补肾药，其诸随证施以治法。①

此亦当本于陈无择所论。

中医学认为，口齿疳会引起患者唇口痒痛、牙齿焦黑、龈肉赤烂、颊肿舌痛、口多臭气，小儿患此往往会造成糟宽齿脱。②"齼脱为痔"即描述其牙齿脱落、牙龈肿胀的症状。据此则"齼脱"当为"齼脱"之误，"齼"为"齼"字之讹。吴正伦传抄"齼（繁体作齼）"作"齼"者或是受到前文"眼耳口鼻舌牙咽喉"的同化，或是受到《三因极一病证方论》卷十五"五痔证治"条"肠癖为痔，如大泽中有小山突出为峙，人于九窍中，凡有小肉突出者，皆曰痔，不特于肛门边生，亦有鼻痔、眼痔、牙痔等"③一句中"鼻痔"的同化影响，误改从齿为从鼻，遂形成此疑难字。

(马乾：西北大学文学院，710127，西安；
周艳红：陕西中医药大学人文管理学院，710146，咸阳)

---

① [宋]严用和：《严氏济生方》，中国医药科技出版社2012年，第136页。
② 高希言等：《中医大辞典》，山西科学技术出版社2017年，第92页。
③ [宋]陈无择：《三因极一病证方论》，中国医药科技出版社2011年，第262页。又，《汉语大字典》《汉语大词典》于"痔"下训"鼻、耳所生瘜肉赘瘤之类"不够准确，当据《三因极一病证方论》所论校补释义和疏证。

《续修四库全书》本《新校经史海篇直音》勘误举隅

李 莹 娜

提要 《新校经史海篇直音》是现存最早的全直音字典,在字书史和语音史上有一定地位。此书在明代有数种刻本流传,收入《续修四库全书》的是刊刻时间明确的版本中最早的。将《续修四库全书》本《新校经史海篇直音》与其他版本对比可知其错讹之处甚多,部分错讹亦偶现于其他版本。兹择要指出 40 处,分为字目、注音、释义三类问题进行论述。

关键词 《续修四库全书》 《新校经史海篇直音》 国图本 内阁本 哈佛本

《新校经史海篇直音》(以下简称《海篇直音》)约成书于明弘治十二年(1499)至嘉靖十七年(1538),是"中国第一部全直音字典"[1],其编者暂不可考。此书以明成化本《四声篇海》(全称为《改并五音类聚四声篇海》)为底本,对注音作了全直音化改编[2],对单字释义进行了简化。由于收字广博、注音直接、释义简明,《海篇直音》在明清之际颇受欢迎,不仅成为文人学士案头必备之书,还影响了明末多种"海篇类"大型字书的编纂[3]。目前,《海篇直音》在语音史和字书史上的价值已被逐渐发掘出来[4]。

《海篇直音》在明代曾多次刊行,流传于世的有十余种版本,关于各版本的基本情况详见日本学者大岩本幸次的研究[5]。大体而言,《海篇直音》可分为每行字目五字

---

[1] 韦乐、韦一心:《〈海篇直音〉新考》,《辞书研究》2015 年第 1 期,第 75 - 83 页。
[2] 《四声篇海》多数注反切音,少数注直音,《海篇直音》将反切折合为直音,将直音悉数保留。
[3] 马丛棉:《〈五侯鲭字海〉与〈海篇直音〉释义对比研究》,河北大学硕士学位论文 2012 年,第 8 - 9 页。
[4] 宁继福:《汉语韵书史》(明代卷),上海人民出版社 2009 年,第 483 页;郭敬燕:《明代"海篇类"直音系书研究》,《民俗典籍文字研究》2014 年第 2 期,第 215 - 225 页;张颜:《〈五侯鲭字海〉与〈海篇直音〉字头对比研究》,河北大学硕士学位论文 2012 年。
[5] 大岩本幸次:《明代"海篇類"字書群に関する二、三の問題》,《东北大学中国语学文学论集》(第 4 集),宫城县:东北大学 1999 年,第 19 - 33 页;大岩本幸次:《明代海篇类字书知见录》,《东北大学中国语学文学论集》(第 9 集),宫城县:东北大学 2004 年,第 102 - 105 页。

本和每行字目六字本两种①：五字本如《续修四库全书》本②和哈佛大学哈佛燕京图书馆藏明刊本（以下分别简称续库本、哈佛本）；六字本如中国国家图书馆藏明刊本和日本内阁文库藏明刊本（以下分别简称国图本、内阁本③）。续库本即复旦大学藏金邑勉勤堂嘉靖二十三年（1544）刻本，是现存时间明确的刻本中刊刻最早的，也是目前学界使用最多的版本。将续库本与国图本、内阁本、哈佛本进行对比，可以发现续库本存在许多讹误，这些讹误在国图本中很少，在哈佛本中间或有之。本文择要指出 40 处，从字目、注音、释义三个方面进行讨论。

一　字目问题

和其他三本相比，续库本《海篇直音》字目位置的改动十分突出，例如，《海篇直音·门部》中，国图本、内阁本、哈佛本的"市"字位于"内"字之前，而续库本"市"字位于"内"字之后。不过此类问题不涉及讹误，此处暂不予讨论。续库本《海篇直音》在字目方面的问题主要有形讹、缺漏、重复三类。

（一）字目形讹

（1）《海篇直音·木部》五画④中，国图本、内阁本、哈佛本有"柛"字，续库本讹作"神"。

（2）《海篇直音·甘部》中，国图本、内阁本有"廿"字，续库本、哈佛本讹作"甘"。

（3）《海篇直音·手部》八画中，国图本、内阁本有"捔"字，续库本、哈佛本讹作"捔"。

（4）《海篇直音·鼻部》中，国图本、内阁本有"魟"字，续库本、哈佛本讹作"魟"。

（5）《海篇直音·水部》八画中，内阁本有"涑"字，续库本、国图本、哈佛本讹作"涑"。

按：原本《海篇直音》以《四声篇海》为底本。经查阅可知，上述例子所涉及的字目唯有内阁本《海篇直音》全同于《四声篇海》⑤。可见内阁本的字目皆正确，其他三本皆存在不同程度的讹误。其中，例（2）—（4）中哈佛本的讹误字同于续库本，例（5）中

---

① 巫俊勋：《论〈翰林笔削字义韵律鳌头海篇心镜〉之编辑特色与流行》，《北市大语文学报》2018 年第 19 期，第 5 页。
② ［明］佚名：《新校经史海篇直音》，《续修四库全书》（231 册），上海古籍出版社，2002 年。
③ 哈佛本、内阁本、国图本《海篇直音》的刊刻机构、具体刊刻时间皆不详。
④ 《海篇直音》字数较多的部首中单字按笔画数编次，字数较少的部首中单字未做编次。此编次法承自《四声篇海》。
⑤ ［金］韩孝彦、韩道昭撰，［明］释文儒等删补：《改并五音类聚四声篇海》，《续修四库全书》（229 册），上海古籍出版社，2002 年。

国图本、哈佛本的讹误字同于续库本。下文例子中还可不断发现不同版本的相同讹误情况。

(二) 字目缺失

(1)《海篇直音·刀部》十一画中,国图本、内阁本、哈佛本"剸"字至"罰"字之间有"劃剳劂劃劃"五字,续库本缺。

(2)《海篇直音·心部》五画中,国图本、内阁本、哈佛本"思"字至"忐"字之间有"怦忰急怠悫"五字,续库本缺。

(3)《海篇直音·石部》八画中,国图本、内阁本、哈佛本"砌"字至"碃"字之间有"碢磒磈磋"四字,续库本缺。

(4)《海篇直音·弓部》六画中,国图本、内阁本"弼"字至"弰"字之间有"弰弛弪弔弜弜"六字,续库本缺,哈佛本亦缺。

按:上述例子所涉及的字目在《四声篇海》中皆有,说明这些字目在原本《海篇直音》中就存在,而非后来刻本新增的。例(4)中续库本缺失的字目,哈佛本同样缺失。

(三) 字目重复

《海篇直音·巾部》十七至廿画中,国图本、内阁本、哈佛本中的"幯"字,续库本重复出现。

按:作为一部以汉字为单位、兼及音义的字书,相同的字目不太可能重复出现,续库本出现此种错误应是刊刻者粗心所致。

二　注音问题

续库本《海篇直音》的注音问题主要有音讹、形讹、涉前文而讹、注音字缺失四类。为便于说明续库本的注音问题,此处同时列出《四声篇海》的注音作为比较。

(一) 注音字音讹

(1)《四声篇海·金部》十二画:"鎈,采古切。"

国图本、内阁本、哈佛本:"鎈,音麁上声。"

续库本:"鎈,音初上声。"①

按:《四声篇海》反切上字"采"中古属清母,国图本、内阁本、哈佛本注音字"麁"中

---

① 《海篇直音》的字目安排基本同于《四声篇海》。此处已标明《四声篇海》具体字目的部首及所属笔画数,为简便起见,不再列出《海篇直音》中相同字目的位置。下同。

古属清母,续库本注音字"初"中古属初母。续库本注音与《四声篇海》不符。可以推测在续库本刊刻者的实际语音中,"麓"和"初"读音相同,由于"麓"不如"初"常用,故而改换了注音字。此条讹误注音显示了续库本刊刻者实际语音中清、初二母相混的特点。

(2)《四声篇海·鬼部》:"魏,鱼贵切。"

国图本、内阁本、哈佛本:"魏,音谓。"

续库本:"魏,音未。"

按:《四声篇海》反切上字"鱼"中古属疑母,国图本、内阁本、哈佛本注音字"谓"中古属三等喻母,续库本注音字"未"中古属微母。续库本注音不同于《四声篇海》及其他三本。在续库本刊刻者的实际语音中"谓"与"未"同音,体现了喻母和微母的合流。

(二)注音字形讹

(1)《四声篇海·金部》四画:"鈇,方于、方宇二切。"

国图本、内阁本:"鈇,夫斧二音。"

续库本、哈佛本:"鈇,大斧二音。"

(2)《四声篇海·几部》:"凫,音徒。"

国图本、内阁本:"凫,音徒。"

续库本、哈佛本:"凫,音走。"

(3)《四声篇海·古部》:"𠵀,古文,音敦。"

国图本、内阁本:"𠵀,古文,音敦。"

续库本、哈佛本:"𠵀,古文,音教。"

(4)《四声篇海·犬部》四画:"犾,音颜。"

内阁本:"犾,音颜。"

续库本、国图本、哈佛本:"犾,音项。"

(5)《四声篇海·骨部》四画:"骸,息合切。"

国图本、内阁本、哈佛本:"骸,音撒。"

续库本:"骸,音拨。"

按:上述例子中,唯有内阁本《海篇直音》与《四声篇海》的注音全部相符,其余三本皆存在注音字形近讹误现象。例(1)—(3)中,续库本里形讹的注音字亦见于哈佛本。例(4)中,续库本里形讹的注音字亦见于国图本、哈佛本。

(三)注音字涉前文而讹

(1)《四声篇海·金部》十三画:"镴,庐盍切。"

国图本、内阁本:"钀,音蜡。"

续库本、哈佛本:"钀,音钀。"

按:续库本"钀"的注音字受字目影响误作"钀",哈佛本亦出现此种错误。

(2)《四声篇海·革部》七画:"鞤,敷封切。鞍,私閏切。"

国图本、内阁本、哈佛本:"鞤,音峰。鞍,音峻。"

续库本:"鞤,音峰。鞍,音峰。"

按:续库本"鞍"受前一字"鞤"的影响将读音误注为"峰"。

(四)注音字缺失

(1)《四声篇海·耳部》十二画:"聮,吕员切,挛缀也。"

国图本、内阁本、哈佛本:"聮,音挛,挛缀也。"

续库本:"聮,音(缺),缀也。"

(2)《四声篇海·欠部》四画:"欪,即移切,欧也。"

国图本、内阁本、哈佛本:"欪,音咨,欧也。"

续库本:"欪,音(缺),欧也。"

按:以上两例,续库本注音字缺失,国图本、内阁本、哈佛本注音字皆全。

三 释义问题

续库本释义问题最为常见,大致可分为三类:释义字讹误、释义字缺漏、省略符"一"的讹误或缺失①。此处以《海篇直音·金部》为例。

(一)释义字讹误

(1)国图本、内阁本、哈佛本:"釪,刀端。"

续库本:"釪,刀器。"(金部/四画)②

(2)国图本、内阁本:"銁,正作饷。"

续库本、哈佛本:"銁,王作饷。"(金部/六画)

(3)国图本、内阁本、哈佛本:"鈘,美金,与镠义同。"

续库本:"鈘,美玉,与镠义同。"(金部/七画)

(4)国图本、内阁本、哈佛本:"鈒,青州人呼镰也。"

---

① "一"为省略符,指代被注字。
② 此处以括号标注《海篇直音》字目所属的部首和笔画数。下同。

续库本:"鎉,音州人呼镰。"(金部/八画)

(5)国图本、内阁本、哈佛本:"鏉,乐器也。"

续库本:"鏉,乐話也。"(金部/十一画)

(6)国图本、内阁本:"鐁,平木器名。"

续库本、哈佛本:"鐁,平不器名。"(金部/十二画)

(7)国图本、内阁本、哈佛本:"鏦,矛也,量也。"

续库本:"鏦,予也,量也。"(金部/十一画)

(8)国图本、内阁本:"鐍,环有舌,与鑴同。"

哈佛本:"鐍,环有舌,与—同。"

续库本:"鐍,环有舌,与舌同。"(金部/十二画)

按:例(1)—(7)中,续库本的释义皆有形近讹误之字,其中例(2)、(6)中的讹误字亦见于哈佛本。例(8)中的讹误情况或可揭示各版本间的关系。《四声篇海·金部》十二画:"鐍,环有舌,与鐍同。"原释义字"鐍"在国图本、内阁本中讹作"鑴"。哈佛本以此为基础将释义中的"鐍"替换为省略符。续库本可能发现此处有误,将其改为前文已出现的释义字"舌"。

(二)释义字缺漏

(1)国图本、内阁本、哈佛本:"鋫,除利也。"

续库本:"鋫,除(缺)。"(金部/六画)

(2)国图本、内阁本、哈佛本:"鎕,车鎕,铁轮。"

续库本:"鎕,车鎕,铁(缺)。"(金部/十一画)

(3)国图本、内阁本、哈佛本:"鎳,鋏—也。"

续库本:"鎳,(缺)—也。"(金部/十一画)

(4)国图本、内阁本、哈佛本:"鐰,镤—也。"

续库本:"鐰,(缺)—也。"(金部/十二画)

按:以上四例,续库本的释义存在缺漏,国图本、内阁本、哈佛本释义字皆全。

(三)省略符的讹误或缺失

(1)国图本、内阁本:"鉹,曲—也。"

续库本、哈佛本:"鉹,曲十也。"(金部/六画)

(2)国图本、内阁本、哈佛本:"錁,车—角。"

续库本:"錁,车子角。"(金部/八画)

(3)国图本、内阁本:"镶,鉤—,兵器。"

续库本、哈佛本:"鑲,鉤(缺),兵器。"(金部/十七至廿四画)

按:例(1)、(2)中,续库本的省略符讹作其他字,例(3)中续库本的省略符缺失。哈佛本也存在例(1)、(3)中的省略符问题。

此外,还有一些讹误情况同时涉及注音、释义和字目,例如:

(1)国图本、内阁本、哈佛本:"呲,音接,一鸣也。吃,音剳,豕食也。"

续库本:"呲,音剳,豕食也。"(口部/四画)

按:续库本"呲"的注音释义误同于其他三本"吃"的注音释义。其他三本中的字目"吃"在续库本中被遗漏了。

(2)国图本、内阁本:"稓,音仓去声,禾项也。䆉,音私,一治也。䅳,音致,稠一也。"

哈佛本:"䆉,音私,一治也。稓,音仓去声,禾项也。䅳,音致,稠一也。"

续库本:"䆉,音私,一治也。稓,音仓去声,禾项也。䅳,音仓去声,禾项也。"(禾部/十画)

按:国图本、内阁本"䅳"的前一字原本是"䆉"。哈佛本将"䆉"字位置前移,使得"䅳"前一字变为"稓"字。续库本的字目顺序同于哈佛本,然而续库本"䅳"的注音释义误同于与前一字"稓"的注音释义。

(3)国图本、内阁本、哈佛本:"穬,音犷,一粟,《说文》曰:芒粟也。穧,鑽、攒二音,禾稬也。篡,同上。"

续库本:"穬,鑽、攒二音,禾稬也。穧,同上。"(禾部/十五画)

按:续库本"穬"的注音释义误同于其他三本"穧"的注音释义,续库本"穧"的注释同于其他三本"篡"的注释。其他三本中的字目"篡"在续库本中被遗漏了。

(4)国图本、内阁本、哈佛本:"蹞,音扰,一躟也。"

续库本:"蹞,(缺)。"(足部/十五画)

按:续库本"蹞"字注音和释义皆缺,国图本、内阁本、哈佛本注音和释义皆全。

四 小结

除了字目、注音、释义方面的错误,续库本对个别部首的编排也存在问题。《四声篇海》444个部首按五音、三十六字母、四声的综合音序进行排列[①],其中"马部"位于"重唇音""明母""上声"之下,在所有部首中排于第174位。《海篇直音》删去了《四声

---

① 忌浮:《字典史上的一块丰碑——〈四声篇海〉》,《辞书研究》1987年第1期,第124－130页。

篇海》对五音、三十六字母、四声的标注,但保留所有部首的排序。国图本、内阁本、哈佛本中"马部"仍位于总部序第 174 位,但续库本"马部"误移至第 190 位[①]。若从《四声篇海》的部首编排看,续库本"马部"相当于移到了"轻唇音""非母""平声"之下。续库本的刊刻者显然不清楚原书部首是按音序排列的,否则不会随意移动"马部"的位置。

对续库本《海篇直音》的内容进行勘误,有助于解决现有研究中的一些争论。日本学者大岩本幸次认为《海篇直音》成书早于《重校经史海篇直音》[②],郭敬燕对此观点提出反对意见[③]。她根据续库本《海篇直音》中"𩨞"的形体讹误、"鈇"的注音讹误、"鈘"的释义讹误以及"弓部"六画中缺失的六个字目,推测《海篇直音》在抄录《重校经史海篇直音》时产生了这些错误,从而得出后者比前者成书时间更早的结论。然而,郭敬燕指出的错误在内阁本、国图本《海篇直音》中皆无[④]。她的论据存在问题,不足以驳倒大岩本幸次的意见。郭敬燕忽视了续库本《海篇直音》的版本错讹情况,得出的结论不具有说服力。

对续库本《海篇直音》的内容进行勘误,还有助于梳理《海篇直音》的版本源流。前文所举续库本存在错讹的例子共 40 条,其中有 14 条见于哈佛本,2 条见于国图本,没有见于内阁本的。续库本和哈佛本的相同错误绝非偶然,二者又同为五字本,可以推测它们具有相同的底本。另外,从"涑"字的形体、"犹"字的注音在国图本、哈佛本中的相同讹误情况看,哈佛本的刊刻可能参考了国图本为代表的六字本。将各版本根据接近原本《海篇直音》的程度排列,其由近及远的顺序分别是内阁本、国图本、哈佛本、续库本。

总而言之,续库本《海篇直音》虽是刊刻时间明确的版本中最早的,却非最接近原本《海篇直音》的版本,其刊刻质量亦非最佳。在利用《续修四库全书》本《新校经史海篇直音》进行学术研究时,必须结合其他版本进行校勘,以确保研究内容的准确性。

(李莹娜:复旦大学古籍整理研究所,200433,上海)

[①] 韦乐、韦一心也曾指出续库本《海篇直音》对"马部"的编排错误,不过他们将其视为《海篇直音》的编纂问题,并未意识到此乃《海篇直音》的版本问题。详见《〈海篇直音〉新考》,第 77 页。
[②] 大岩本幸次:《明代"海篇类"字书群に関する二、三の問題》,《东北大学中国语学文学论集》(第 4 集),第 26 页。
[③] 郭敬燕:《明代"海篇类"直音系字书研究》,《民俗典籍文字研究》2014 年第 2 期,第 221-222 页。
[④] 详见前文中例子中各版本的对比情况。

《说文解字》文本英译初探*

张 宏 国

提要 《说文解字》有丰富的中国传统语言学思想和文化内涵,将其译介出去有非常重要的意义。《说文解字》中的语言学术语主要采用异化翻译方法,并辅以释义。《说文解字》的文本英译采用深度翻译策略,需要加注文化内涵。

关键词 《说文解字》 英译 异化 深度翻译

一 引 言

《说文解字》为东汉著名学者许慎所著,是我国最早的字书。《说文解字》自问世以来,引起了学者们广泛的研究兴趣。历史上的《说文解字》研究大致可分为四个阶段:唐宋整理校勘阶段,代表人物有唐朝的李阳冰和宋代的徐铉和徐锴兄弟;元明时期对《说文解字》的研究集中于"六书"的研究;清代出现"说文四大家"——段玉裁、桂馥、朱骏声、王筠;民国时期以王国维、黄侃、章太炎等学者为代表,在研究中加入甲骨文和金文等史料,充实了《说文解字》研究[①]。

到了新中国时期,尤其是 21 世纪以来,《说文解字》的研究进入了快速发展阶段。我们以"说文解字"作为篇名搜索条件,在中国知网共录得近 2000 篇论文,其中硕博士论文约 200 篇。此外,还有多部专著对《说文解字》展开研究。对国内《说文解字》研究文献做了较为全面归纳的当属董莲池教授主编的《说文解字研究文献集成》,分为现当代卷[②]和古代卷[③],共计 26 册,包括"今存说文重要版本""通论""文本研究"

---

* 本文是安徽大学文科创新团队项目"信息技术支撑下的汉外对比翻译研究(S0303 14002/011)的阶段性成果。
① 王元巾、王晓波:《〈说文解字〉研究综述》,《绥化学院学报》2017 年第 11 期,第 86 页。
② 董莲池:《说文解字研究文献集成》(现当代卷),作家出版社 2006 年。
③ 董莲池:《说文解字研究文献集成》(古代卷),作家出版社 2007 年。

"部首研究""叙、六书研究""《说文》学史研究""语言、历史、文化研究"和"《说文》学史研究"等部分。

在海外,《说文解字》也引起了学者们的关注。例如,英国音乐家 Picken 从音乐角度系统地关注《说文解字》中和音乐有关的词[①]。法国汉学家 Francoise 与挪威汉学家 Harbsmeier 探讨了《说文解字》中六书的性质以及中国的人文科学[②]。

二 《说文解字》早期英译实践

国内外学者从翻译角度对《说文解字》研究进行了一些尝试。张德劭认为译者必须通晓《说文解字》文本内容和外语,这样才有可能把《说文解字》翻译成对西方读者有意义的中国字书[③]。沙宗元在对文字学名词审定过程中,提及了《说文解字》术语英文名称确定的几种做法[④]。《语言学名词》在每一条术语后附有对应英译术语[⑤]。郦青、杨晓波[⑥]和杨晓波[⑦]对比了国内几家汉英词典对"六书"术语的翻译,指出译者对于术语理解不准确导致术语翻译不准确。

另外,国内的一些文字学研究著作被译介到海外,这些英文版著作都或多或少涉及《说文解字》及其术语的翻译。裘锡圭先生《文字学概要》的英文版 *Chinese Writing* 于 2000 年由加利福尼亚大学出版[⑧],周有光先生《中国语文的时代演进》的英文版于 2013 年正式出版[⑨]。古文字学家陈梦家 1944 年在美国芝加哥大学讲授中国古文字学的英文讲稿 An Introduction to Chinese Palaeography 中包含了"六书"的英译。

在海外,美国到中国的第一个新教传教士 Bridgman 于 1850 年将《说文解字》的

---

① Picken, L. Musical Terms in a Chinese Dictionary of the First Century. *Journal of the International Folk Music Council*, 1962, pp. 40 – 43.
② Bottéro, F. & Harbsmeier, C. The Shuowen Jiezi Dictionary and the Human Sciences in China. *Asia Major* (3rd series), 2008, pp. 249 – 271.
③ 张德劭:《文字学与古籍的翻译》,《上海交通大学学报》(社会科学版) 2000 年第 2 期,第 104 页。
④ 沙宗元:《文字学名词审定例释》,《中国科技术语》2007 年第 5 期,第 34 – 35 页。
⑤ 语言学名词审定委员会:《语言学名词》,商务印书馆 2011 年。
⑥ 郦青、杨晓波:《古代文化典籍核心概念翻译的修辞选择——以"六书"名称英译为例》,《当代修辞学》2014 年第 3 期,第 66 – 77 页。
⑦ 杨晓波:《论〈说文解字叙〉中的术语英译:以 K. L. Thern 的评注式译本为例》,《中国翻译》2015 年第 3 期,第 107 页。
⑧ Qiu Xigui. *Chinese Writing*. The Institute of East Asian Studies, University of California, Berkeley, 2000.
⑨ Zhou Youguang. *The Historical Evolution of Chinese Languages and Scripts*. 湖北教育出版社 2013 年,第 1 – 213 页。

《序》翻译成英文,该译文比美国威斯康星大学 Thern 博士 1966 年的《序》英译本[①]早100 多年。

可见,过往文献已对《说文解字》进行多角度且有深度的解读,但基于跨语言和跨文化交际的视角,除了一些诸如"六书"等专有名词和《说文解字·序》翻译的尝试之外,其文本的英译研究较为少见。

三 《说文解字》文本英译例释

(一)《说文解字》的语言和文化体系

《说文解字》全书分为文字和说解两个部分。文字部分包括字体和部首的排列;说解部分包括文字的义、形、音的分析。

例如,《说文解字》对"角"的描述为"角,兽角也,象形。角与刀鱼相似。凡角之属皆从角。古岳切"。其中,"角"的部首、义、形、音分析属于语言学范畴。我们对《说文解字》"角"部所收 39 字进一步分析,发现"觵、觯、觛、觞、觚"均与"角"作为酒具器物有关。通过对这些"角"部字的形、义分析,我们可以看到中国古代特别是商周时期部分酒器的形制及其社会功能等文化特征。

因此,从编写体例可以看出,《说文解字》不仅蕴含了丰富的语言学思想,同时也是一部反映我国早期文化史的不朽著作。学者们从不同角度对《说文解字》中所折射的中国文化进行了揭示和归纳。臧克和认为《说文解字》反映出中国系统思想、中国逻辑思维、中国古代社会、中国古代审美、中国神话思维[②]。黄德宽和常森阐释了《说文解字》中的图腾遗风、古代民俗、儒家传统、阴阳五行和日常经验背景等文化内涵[③]。李振中考查了中国先民的类聚观、转注观、姓氏观、建筑观、音乐观、中医观、审美观、法制观、鞋履观和饮食观[④]。

(二)《说文解字》英译例释

将《说文解字》翻译成外语绝非易事。首先,《说文解字》构形、释义、注音和部首等中国传统语言学思想有别于西方语言学思想;其次,文本翻译不能仅仅停留在文字

---

① Thern, K. L. *Postface of the Shuo-wen Chieh-tzu: The First Comprehensive Chinese Dictionary*. The University of Wisconsin, Madison, Wisconsin, 1966.
② 臧克和:《说文解字的文化说解》,湖北人民出版社 1995 年,第 1-410 页。
③ 黄德宽、常森:《汉字阐释与文化传统》,北京师范大学出版社 2014 年,第 60-121 页。
④ 李振中:《〈说文解字〉研究》,湖南师范大学出版社 2014 年,第 1-278 页。

层面,需要增译文字蕴含的文化内涵。

1.《说文解字》语言学术语与异化翻译

《说文解字》中含有许多专有名词,如"六书"中的"象形""指事""会意""形声""转注""假借"和注音中的"切"等。这些术语是中国古代语言学思想中所特有的概念,在翻译过程中,我们需要采用异化翻译方法。异化翻译法主张采用音译或直译的方式来处理源语中具有独特文化内涵、在目标语中找不到对应形式的语言表达。同时,由于目标语读者对源语文化可能并不了解,会对源语语言形式背后所负载的源语文化信息造成不解,甚至误解。因此,在音译或直译的基础上,需要对异化翻译法采取补充解释的方法,对语言形式进一步释义。

以"象形"为例,我们将其音译为"xiangxing",或直译为"imitating shapes";为了便于译文受众更加深刻理解"象形"的内涵,我们需要对"象形"进行解释。基于许慎对"象形"的解释——"象形者,画成其物,随体诘诎,日月是也",我们将"xiangxing"进一步释义为"*Xiangxing* is based on sketching an outline of an object or a person, and '*ri*(sun)' and '*yue*(moon)' are the examples"。

我们依据上述方法将"六书"和注音中的"切"的译文列表如下:

术语	音译	直译	释义
象形	xiangxing	imitating shapes	sketching an outline of an object or a person
指事	zhishing	indicating features	recognizing meanings by showing characteristics of things
会意	huiyi	understanding combined meanings	indicating meanings by combining one form component of a graph with that of another graph
形声	xingsheng	combining meaning with pronunciation	combining one part indicating form or meaning with another part indicating pronunciation
转注	zhuanzhu	explaining mutually	interchanging characters with similar meanings under the same category
假借	jiajie	borrowing pronunciation	borrowing one character with the same pronunciation to represent another whose written form didn't exist at first
切	qie	combined pronunciation	combining the initial pronunciation of one character with the final pronunciation of another

需要指出的是,在《说文解字》的文本翻译过程中,"象形"等术语概念首次出现时,需要采用音译或直译方法,然后通过脚注或者尾注方式加以具体释义,后面再次出现这些概念时,出于简洁目的,只需音译或直译,而无需加注释义方式。例如:

(1)角,兽角也,象形。角与刀鱼相似。凡角之属皆从角。古岳切。

Translation:"角" is a horn of an animal. "角" is created by means of *xiang xing*, a way of imitating shapes. A horn is similar to a knife or a fish in their shapes. The characters related to "角" belong to the category of "角". "角" has the combined pronunciation of "古" and "岳".

2.《说文解字》文本英译与文化注释

美国翻译家 Appiah 提出深度翻译理论（Thick Theory），主张通过添加各种注释、评注等方式，将翻译文本置于一个具有丰富内涵的文化和语言环境中，从而保留源语文化特征，便于译文读者理解和接受译本的语言和文化信息①。

《说文解字》共十五卷，共收字 9353 个，重文 1163 个，解说内容 133441 字。全书部首 540 个。许慎在编排部首时遵循"以类相从"和"以义相贯"的原则，不仅把形体相近或相关的部首排列在一起，而且把同一部首的字按照意义相近原则编排在一起。因此，在解释字义的过程中，与部首相关的文化信息得以呈现。翻译同部首的汉字时，需要适当增译这些汉字所负载的文化内涵，便于译文读者或受众了解社会文化背景对语言产生的影响。

例如，前文已述，《说文解字》的"觵（觥）、觯、觛、觚、觚"等字均与"角"制器物有关。这些字反映出中国古代的酒器文化。早在远古时期，兽角就被用来作为饮酒器具。如《诗经·周南·卷耳》所云："我姑酌彼兕觥，维以不永伤。"此外，在商周时期，酒器的制作有严格的规则，酒器分为不同的规格。《周礼·考工记·梓人》中记载："梓人为饮器。勺一升，爵一升，觚三升。献以爵而酬以觚，一献而三酬，则一豆矣。"其中，作为酒器，"觵"（与"觥"重文，是异体字）是一种容量或体积比较大的酒具。王国维《说觥》中说："觥……是于饮器中为最大。"所以，在翻译"觵"的文本时，需要以"notes"形式加注对"觵"的文化阐释。我们对"觵"试译如下：

（2）觵，兕牛角可以饮者也。从角，黄声。其状觵觵，故谓之觵。古横切。

Translation:"觵" is a horn of a rhinoceros, which can be used as a drinking utensil. "觵" is created by means of *xingsheng*, a way of combining "角" indicating meaning with "黄" indicating pronunciation. The horn is big and that's why it is called "觵". "觵" has the combined pronunciation of "古" and "横".

Notes: A horn of an animal was frequently used as a drinking utensil in ancient China and a rhinoceros's horn was no exception. Because a rhinoceros's horn is

---

① Appiah, K. A. *Thick Translation*. Callaloo, 1993, pp. 808–819.

much bigger than other animals', "觵" as a drinking utensil is much bigger than others.（注释：在中国古代，兽角常被用作酒器，兕牛角也不例外。因为兕牛角比其他兽角大许多，所以，作为酒器的"觵"比其他酒器也要大许多。）

再如，在《说文解字》中，"女"部收录字 238 个，重文 13 个，是全书最大的部类之一。"女"部字的编排方式和编排顺序反映了中国古代社会女性地位的演变过程。早在母系氏族时期，每个氏族的全体成员都以母系血缘为纽带联结在一起的，氏族家庭是以女子为中心建立起来的。具有共同血缘关系的氏族，因"母之所居"形成了"姓"。

（3）姓，人所生也。古之神圣母，感天而生子，故称天子。从女，从生，生亦声。《春秋传》曰："天子因生以赐姓。"息正切。

Translation: "姓" is the family name. The holy mother in ancient society, moving the heaven, gives birth to a son, thereby called the son of the heaven. "姓" is created by means of *huiyi* and *xingsheng*, the former being the way of combining the meanings of "女" and "生", and the latter using "生" to indicate pronunciation. As is said in *Chunqiu Zhuan* (*the Spring and Autumn Annals*), the son of the heaven gets his family name by means of his birth. "姓" has the combined pronunciation of "息" and "正".

Notes: The creation of "姓" shows that in matriarchal society, women enjoyed a higher social status than men; sons and daughters got their family name from their mother's.（注释："姓"的造字方法表明，在母系氏族里，女性地位高于男性，子女随母姓。）

但是到了父系社会，男性的财产权和社会地位高于女性，家庭婚姻关系也由母系氏族社会的"从妻居"变为"从夫居"。这种社会关系的变化也反映在语言文字中。例如：

（4）娶，取妇也。从女从取，取亦声。七句切。

Translation: "娶" means marrying a woman at the man's home. "娶" is created by means of *huiyi* and *xingsheng*, the former being the way of combining the meanings of "女" and "取", and the latter using "取" to indicate pronunciation. "娶" has the combined pronunciation of "七" and "句".

Notes: In patriarchal society, men enjoyed a higher social status than women and a man married a woman at his home rather than at her home.（注释：在父系氏族里，男性地位高于女性，男子娶妻进门而不是入赘女方。）

通过深度翻译,补充文化信息,使得译文读者深入了解文字产生的社会文化背景,这样有助于消除译文读者误以为作者对不同字的解释前后不一致甚至矛盾的困惑。因此,《说文解字》中所收录的这些字看似孤立,各自的解释甚至可能冲突,但文字背后的文化主线可以将它们串联起来,而文化主线还可以消解文字的阐释问题。

四 结语

《说文解字》有着丰富的语言学思想和文化内涵。我们借助异化翻译方法和深度翻译理论,将作者许慎的意图与文字深处的意义相结合,丰富汉语文化的意蕴,并保持汉语文化的真实性,从而把译文置于丰富的汉语言和汉语文化环境之中,让译语读者或受众回到《说文解字》文本产生时的上古时代,理解《说文解字》文本产生时的社会文化背景,对汉语文化产生尊重和认同感。

(张宏国:安徽大学外语学院,230601,合肥)

国际汉语教学中的音符独体字研究*

沙宗元 宋福艳

提要 音符独体字是指参构合体字并在构字后具有较完备表音功能的独体字。本文依据国家语委"语言文字规范"《现代常用独体字表》(GF0013-2009)中对独体字的界定,梳理《国际汉语教学通用课程大纲》(2014版)所附《常用汉字表》(1—6级)范围内用作音符的独体字,并对音符独体字的相关属性进行考察,在此基础上提出对国际汉语教学相关问题的思考和建议。

关键词 音符 独体字 表音功能 国际汉语教学

一 引言

独体字因其数量少、系联汉字多的特点一直是对外汉字教学的重点。在参构合体字时,独体字的结构功能主要通过充当合体字的音符、意符和记号这三种方式来实现。如果独体字的读音与所参构的合体字有相当程度的关联,我们称之为音符独体字。参构合体字的音符独体字不仅具有表音功能,而且形体结构相对简单,充分利用此优势,可以帮助汉语学习者提升汉字学习效率,降低学习难度。

近年来,相关研究成果主要集中在以下几个方面:一是对古汉字形声字音符的研究,着重探讨古汉字音符的特点、功能、音义关系。[①] 二是采用定量分析的方法,探讨现代汉字形声字音符的表音功能。[②] 三是对现代汉字独体字及其教学的研究,既包括独体字范围的界定和独体字规范,[③]也包括从不同角度探索独体字教学的理论和

---

* 本文为安徽省哲学社会科学规划项目(AHSKY2016D111)的阶段性成果。
[①] 黄德宽:《古汉字形声结构声符初探》,《安徽大学学报》(哲社版)1989年第3期,第100页;刘忠华:《从段注看〈说文〉正篆与重文声符异部变换的原因》,《古籍整理研究学刊》2017年第4期,第56页。
[②] 王小宁:《从形声字声旁的表音度看现代汉字的性质》,《清华大学学报》(哲社版)1999年第1期,第66页;徐彩华等:《现代汉语形声字的声符家族表音属性研究》,《语言文字应用》2017年第3期,第51页。
[③] 苏培成:《现代汉字学纲要》,北京大学出版社1994年,第70页;赵宗鸿:《独体与合体》,《语文建设》1995年第1期,第35页;国家语委:《现代常用独体字规范》,语文出版社2009年,第2页。

方法。① 四是探索行之有效的音符(声符)教学方法。②

本文依据国家语委(2009)"语言文字规范"《现代常用独体字表》(GF 0013-2009),采用定量统计分析的方法,考察《国际汉语教学通用课程大纲》(2014年修订版)所附《常用汉字表》③中可以用作音符的独体字,分析音符独体字的属性,探讨音符独体字在《常用汉字表》中的分布和构字情况,在此基础上对国际汉语教学中的汉字教学提出建议。

二 相关概念及研究范围

(一)相关概念界定

独体字的概念及数量、范围问题一直是学界研究的热点之一。④ 本文依《现代常用独体字规范》的界定,认为独体字是"由笔画组成、不能或不宜再行拆分、可以构成合体字的汉字"。⑤

裘锡圭在论述汉字的性质问题时,把文字所使用的符号称为"字符",并将字符分为"意符""音符"和"记号"三类,其中跟文字所代表的词在语音上有联系的就是音符。⑥ 基于前人研究成果,⑦考虑到国际汉语教学实际,本文对作为音符的独体字做以下界定:

(1)由于古今音变,现代汉字的读音与其古音的关系较为复杂,考虑到国际汉语教学的实际,本文判定所有音符、整字的读音均以《现代汉语词典》(第7版)⑧为标准。例如,从字源角度看独体字"工"是"江"的音符,但二者的读音在现代汉语共时层面差距较大,且追溯其表音功能对于国际汉语教学来说并无实际意义,故本文不将此

---

① 万业馨:《汉字字符分工与部件教学》,《语言教学与研究》1999年第4期,第32页;沙宗元:《对外汉语教学所用独体字及其构字状况分析》,《云南师范大学学报》(对外汉语教学与研究版)2011年第5期,第13页。
② 李大遂:《略论汉字表音偏旁及其教学》,《中国对外汉语教学学会北京分会第二届学术年会论文集》,北京语言文化大学出版社2001年,第19页;种一凡:《形声字理想分类初探》,《语言教学与研究》2008年第5期,第16页。
③ 国家汉办、孔子学院总部:《国际汉语教学通用课程大纲》,北京语言大学出版社2014年,第41页。
④ 沙宗元:《文字学名词术语规范研究》,安徽大学出版社2008年,第189页。
⑤ 国家语委:《现代常用独体字规范》,语文出版社2009年,第1页。
⑥ 裘锡圭:《文字学概要》,商务印书馆1988年,第10页。
⑦ 苏培成:《现代汉字学纲要》,北京大学出版社1994年,第70页;李燕、康加深《现代汉语形声字声符研究》,《语言文字应用研究论文集》(Ⅰ),语文出版社1995年,第29页。
⑧ 中国社会科学院语言研究所词典编辑室:《现代汉语词典》(第7版),商务印书馆2016年。

类"溯源音符独体字"纳入研究范围。

（2）在现代汉字层面，音符与整字之间的表音关系具体表现或近或远。考虑到多数汉语学习者对汉字音符表音能力的感知程度和判断能力，本文只讨论音符与整字声韵均同的情况，并据音符与整字声韵调的等同程度将音符划分为"全表音音符"（即声韵调均同）和"准表音音符"（即声韵同、调不同）。换言之，参构合体字的独体字，若与整字之间仅仅韵同、仅仅声同、仅仅调同、仅声及调同、仅韵及调同、声韵调皆不同，则皆不视为音符独体字。

（3）现代汉字中存在大量多音字，有些独体字（如"重""中"等）属于多音字。多音的独体字，只要有一个读音与整字声韵相同，本文即认定为音符独体字。例如，音符"中"有两个读音"zhōng"和"zhòng"，"中"只算作一个音符，且认定为"钟、种、忠、衷"等字的全表音音符。

综上所述，我们将音符独体字定义为"由笔画组成，不能或不宜再行拆分，参构合体字并在构字后具有较完备表音功能的汉字"。

（二）研究范围

根据以上的概念界定，我们在《现代常用独体字表》①全部 256 个独体字范围内共梳理出可用作音符的独体字 184 个。其中 82 个在《国际汉语教学通用课程大纲》所附《常用汉字表》中未参与构字，故本文不将其纳入研究范围。

在《常用汉字表》内参与构字的全部 102 个音符独体字如下：

乙、丁、卜、八、人、匕、几、了、力、乃、干、于、工、土、才、下、寸、大、丈、与、千、凡、及、亡、门、义、己、弓、子、刃、马、王、井、夫、云、专、丏、木、五、太、尤、巨、牙、止、中、见、气、壬、长、斤、爪、氏、勿、文、方、火、为、斗、户、尺、巴、予、未、末、正、本、术、丙、龙、平、东、申、由、史、生、乍、禾、乎、用、主、立、半、永、弗、亚、夷、朱、衣、亥、羊、米、州、农、求、肃、两、里、弟、果、垂、象

需要指出的是，在这 102 个音符独体字中，有 15 个并未被《常用汉字表》收录。考虑到其在国际汉语教学中的构字情况和重要性，本文仍将其纳入本次研究范围，并另作分析。这 15 个音符独体字为：卜、匕、乃、弓、刃、壬、爪、氏、乍、禾、弗、夷、朱、亥、肃。

---

① 国家语委：《现代常用独体字规范》，语文出版社 2009 年，第 2 页。

三 音符独体字的属性考察

(一)音符独体字的等级分布

通过统计102个音符独体字在《国际汉语教学通用课程大纲》所附《常用汉字表》(1—6)各等级中的分布情况,我们得到如下的音符独体字等级分布情况。

表 1 音符独体字等级分布表

	一级	二级	三级	四级	五级	六级	表外	合计
各级新增字数量	150	150	300	400	500	1000	/	2500
各级累积字数量	150	300	600	1000	1500	2500	/	2500
各级新增音符独体字数量	20	9	21	13	14	10	15	102
各级累积音符独体字数量	20	29	50	63	77	87	15	102
各级新增音符独体字占新增字比例(%)	13.33	6.00	7.00	3.25	2.80	1.00	/	/
各级累积音符独体字数量占累积字量比例(%)	13.33	9.67	8.33	6.30	5.13	3.48	/	/
各级新增音符独体字占音符独体字总体比例(%)	19.60	8.82	20.59	12.75	13.73	9.80	14.71	100
各级新增音符独体字字例	八人几九了工下大子五太中见气本生衣米里果	千门长火为正羊两弟	力干于才丈己马夫牙斤文方末平东史乎用土半求	与及云专尤止户术申由永亚象	乙土义王木巨勿斗尺巴未龙立农	丁寸凡亡井丐予丙州垂	卜匕乃弓刃壬爪氏乍禾弗夷朱亥甫	/

从表1可以看出,15个未收入《常用汉字表》的"表外音符独体字",占音符独体字总体的14.71%。其余87个"表内音符独体字",占音符独体字总体的85.29%,占字表汉字总数的3.48%。可见,国际汉语教学中所有音符独体字占汉字总体数量的比例较小,而且以表内音符独体字为主。

表内音符独体字各等级分布情况是:"一级音符独体字"有20个;新出现的"二级音符独体字"有9个;新出现的"三级音符独体字"有21个;新出现的"四级音符独体字"有13个;新出现的"五级音符独体字"有14个;新出现的"六级音符独体字"有10个。

此外,一级音符独体字占一级汉字的比例最大,且各级新增音符独体字占新增汉字比例和各级累积音符独体字数量占累积汉字量比例均呈明显下降趋势。三级音符独体字占音符独体字总体的比例最大,为20.59%,其次是一级音符独体字,为19.60%。由此可见,一级音符独体字在音符独体字中占有重要地位,在汉字教学中显然应作为重点对待。同时,也应注重对三级音符独体字的教学,尤其应重视其表音方面的作用。

(二)音符独体字的构字情况

通过对《常用汉字表》各等级全部2500个汉字逐一进行分析,本文统计了102个音符独体字的构字情况。

表2　各级新增音符独体字及表外音符独体字构字情况统计表

	一级	二级	三级	四级	五级	六级	表外	合计
各级新增音符独体字数量	20	9	21	13	14	10	15	102
各级新增音符独体字构字数	34	18	48	24	26	15	19	184
各级平均构字数	1.7	2	2.29	1.85	1.86	1.5	1.27	1.8
各级音符独体字构字数占比(%)	18.48	9.78	26.09	13.04	14.13	8.15	10.33	100

根据统计结果,102个音符独体字共构字184个,平均构字数为1.8个,音符的总体构字能力较弱,这一结论与学者的研究结论相一致。[①] 其中构字数量最多的音符独体字是"方",共构字8个,其次为"丁、中、申、主",构字数为5。构字数为4的音符独体字有7个:几、马、牙、巴、正、龙、羊。构字数在4个及4个以上的音符独体字

---

① 李燕、康加深:《现代汉语形声字声符研究》,《语言文字应用研究论文集》(Ⅰ),语文出版社1995年,第32页。

共有 12 个,占音符独体字总量的 11.76%,比例较小。构字数为 1 的音符独体字共有 60 个,占音符独体字总量的 58.85%,占比过半。由此可见,国际汉语教学中的音符独体字整体构字能力弱,构字能力强的音符独体字较少。

由表 2 可知,三级音符独体字不仅数量多,且构字能力强。在构字能力最强的 12 个音符独体字中,"方、主、马、牙"均为三级音符独体字,这 4 个音符独体字共构字 21 个,占所有音符独体字构字总数的 11.41%,其构字情况如表 3 所列。

表 3　构字能力最强的音符独体字构字情况

音符独体字	方	主	马	牙
构字	房放防仿访妨肪纺	拄住注驻柱	码妈吗骂	鸦雅讶呀
构字数	8	5	4	4

表外音符独体字的构字数量最少,平均构字仅为 1.27 个,低于表内音符独体字 1.9 的平均构字数。在 15 个表外音符独体字中,多数音符独体字在字表中构字数为 1,只有"乍、朱、刃、壬"有 2 个构字。

为考察各级累积音符独体字的构字情况,我们对 87 个表内音符独体字在各个等级的累积数量及其构字数量进行了统计,结果如表 4 所列。

表 4　各级累积音符独体字构字情况统计表

	一级	二级	三级	四级	五级	六级
各级累积音符独体字数	20	29	50	63	77	87
各级累积音符独体字构字数	34	52	100	124	150	165
各级累积音符平均构字数	1.7	1.79	2	1.97	1.95	1.9
各级累积音符构字占比(%)	18.48	28.26	54.35	67.39	81.52	89.67

由表 4 可知,87 个表内音符独体字共构字 165 个,平均构字 1.9 个,占所有音符独体字构字的 89.67%,这是国际汉语教学中音符独体构字的主体部分。其中,一级音符独体字平均构字最少,为 1.7 个,三级累积音符独体字构字数最多,为 2 个,所以从各级累积音符独体字的构字情况来看,三级字表中的音符独体字也是值得我们关注的。但同时,我们也发现各级累积音符独体字的平均构字相差并不大,说明音符独体字的教学应贯穿于汉字教学始终。

那么,音符独体字所构成的全部 184 个合体字情况如何呢?我们对其分布和占比情况进行了考察,统计结果如表 5 所列。

表 5　音符独体字所构合体字的等级分布及占比

	一级	二级	三级	四级	五级	六级	合计
各级累积汉字数量	150	300	600	1000	1500	2500	2500
各级新增音符独体字构字数量	12	12	18	29	36	77	184
各级累积音符独体字构字数	12	24	42	71	107	184	184
各级累积构字数量占每级累积汉字量比例(%)	8	8	7	7.1	7.13	7.36	/
各级新增构字数占构字总量比例(%)	6.52	6.52	9.78	15.76	19.57	41.85	100

从音符独体字在不同等级的构字数量来看,各级新增构字数随着等级的升高而逐渐增加,一级、二级字表中构字最少,每级各有 12 个音符独体字构字,各占构字总体的 8%;六级字表中新增音符独体字构字最多,共有 77 个,占所有构字的 41.85%。由此可见,在汉语学习者的学习过程中,音符独体字构字的数量随着汉字学习的不断深入而逐渐增加。从各级累积构字数量占各级累积汉字数量比例来看,一级、二级所占比例最大,三级所占比例最小,但各个等级的差异并不大,三到六级基本无差异,音符独体字构字的教学在各个阶段都应予以重视。

(三)音符独体字的表音状况

表音自然是音符独体字最重要的功能。为细致考察音符独体字的表音状况,我们对 102 个音符独体字的表音度逐一进行了量化统计分析。本文对音符独体字表音度的参数设定如下:"全表音音符"表音值设定为 1,"准表音音符"表音值设定为 0.5。按此,音符独体字的表音度计算公式为:

(1＊全表音音符构字数＋0.5＊准表音音符构字数)/总构字数

依照此公式进行计算,某级音符独体字的表音度应该在 0.5—1 区间。最后,我们得到音符独体字整体表音状况统计表,具体如表 6 所列。

表 6　音符独体字整体表音情况统计表

表音度	0.5	0.5—0.75	0.75	0.75—1	1	合计
音符独体字数量	33	5	11	6	47	102
占音符独体字总体的比例(%)	32.35	4.9	10.79	5.88	46.08	100

由表 6 可知,表音度为 1 的全表音音符独体字数量最多,共有 47 个,占音符独体字总体的 46.08%。表音度≥0.75 的音符独体字共有 64 个,占音符独体字总体的比例达 62.75%。经计算,我们得出所有音符独体字的平均表音度为 0.75。可见,国际汉语教学中的这些音符独体字表音能力普遍较强,因此在汉字教学实践中合理利用音符独体字的表音功能是必要且可行的。

从表 6 数据可以看出,表音度为 1 和表音度为 0.5 的音符独体字最多,分别占音符独体字总体的 46.08% 和 32.35%,二者合在一起占总体的 78.43%。而表音度在 0.5—1 之间的音符独体字只有 22 个,仅占 21.57%。可以看出,国际汉语教学中音符独体字表音能力的整体分布具有两极多、中间少的特点。究其原因,主要是因为国际汉语教学中的很多音符独体字只参构 1 字,所以仅有的一个构字的表音度即成为音符独体字的表音度。在表音度为 1 的 47 个音符独体中,有 39 个只有 1 个构字,只有"几、才、丈、及、见、由、半、朱"8 个音符独体字有两个及以上的构字数,其中仅有"几"有 4 个构字,其余也只有两个构字。在表音度为 0.5 的 33 个音符独体字中,有 21 个仅有 1 个构字,只有"乙、了、亡、己、王、云、牙、壬、长、方、东、用"这 12 个音符独体字有 2 个及以上的构字。

此外,我们对各级新增音符独体字及表外音符独体字的表音情况进行了量化分析,计算了各级新增及表外音符独体字的整体表音度,结果见表 7。

表 7 各级新增音符独体字及表外音符独体字的表音度统计表

	一级	二级	三级	四级	五级	六级	表外	合计
新增音符独体字整体表音度	0.81	0.69	0.68	0.81	0.75	0.73	0.82	/

从表 7 可以看出,表外音符独体字表音度最高,为 0.82,其次是一级音符独体字和四级音符独体字的表音度,为 0.81,这三类音符独体字教学难度相对较小,以完全表音的情况为主,学习者理解和掌握相对容易。表外音符独体字数量虽少,但表音能力很强,15 个表外音符独体字中有 9 个表音度为 1,合理利用表外音符独体字的表音功能进行汉字教学对于降低学生汉字学习难度有重要意义。

同时,我们发现三级音符独体字的表音度最低,为 0.68。虽然三级音符独体字的数量和构字数量均为最大,但三级音符独体字的表音能力相对较弱,很多构字能力很强的音符独体字表音度都不高,构字最多的"方"表音度只有 0.5。在教学过程中应注意对三级音符独体字表音功能加以重点关注,帮助学生更好理解和掌握音符独体字与整字声调不同的情况。

研究过程中,我们注意到一部分音符独体字既具有较强的构字能力,也具有较高的表音度。构字能力最强的12个音符独体字的表音能力如表8所列。

表8 构字能力最强的12个音符独体字表音度统计表

表音度	0.5	0.5—0.75	0.75	0.75—1	1
字数	2	3	2	4	1
音符独体字例	方牙	马羊主	巴龙	中正丁申	几

在这12个音符独体字中,表音度≥0.75的共7个,分别为"几、中、正、丁、申、巴、龙",是我们期待的构字能力和表音能力"双强"的音符独体字。其中,"几"的表音度为1,构字数为5,是国际汉语教学"理想"的音符独体字。对于这些"双强"音符独体字,我们在汉字教学中应予以足够重视,虽然这些音符独体字数量并不多,但是合理利用这些音符独体字进行汉字教学,对于缓解学生对汉字的畏难情绪十分有益。

为考察各级累积音符独体字的表音能力,我们对87个表内音符独体字在各等级的累积数量及其表音情况进行了统计,结果见表9。

表9 各级累积音符独体字的表音情况统计表

	一级	二级	三级	四级	五级	六级
各级累积音符独体字表音度	0.81	0.77	0.73	0.74	0.74	0.74

由表9可知,一级音符独体字表音度最高,表音能力最强,其次是二级累积音符独体字表音度,三级累积音符独体字表音度最低,四到六级累积音符独体字表音度相同。此外,我们还注意到各级累积音符独体字表音情况差异并不大,音符独体字表音能力的教学在各个阶段均应加以重视。

(四)音符独体字的结构位置

音符独体字在构成合体字时其所处的结构位置往往呈现出一定的规律性,了解这种规律对于汉字教学和认知有重要意义。为此,我们对音符独体字在整字中位置的分布情况进行考察,计算音符的"结构位置稳固系数"(phonemic-position stability)。所谓"结构位置稳固系数",就是指某音符参构字数量与结构位置分布数量的比值(构字数/位置分布数)。显然,该比值的最小值为1。比值偏大,说明音符的结构位置较纯粹,位置属性愈加稳固;反之,则说明音符的结构位置多元,位置属性不够稳定。例如,音符"乙"参构字数为3("亿、忆、艺"),其位置分布数为2(左右结构的右侧、上下结构的下部),因此"乙"的"结构位置稳固系数"是1.5(3/2)。音符"主"参构字数为5(住、注、拄、驻、柱),其位置分部数为1(均位于左右结构的右侧),因此其"结构位置稳固系数"为5。

统计发现,音符独体字参构的184个合体字共有4种类型的结构位置:左右结构、上下结构、上中下结构、半包围结构。具体结构位置分布如表10所列。

表10 音符独体字结构位置分布统计表

	左右结构		上下结构		上中下结构		半包围结构				合计
	左	右	上	下	中间	上下	左下	左上	右上	右下	
结构位置分布字数	11	136	8	8	2	0	1	0	10	8	184
音符独体字占总体比例(%)	5.98	73.91	4.35	4.35	1.09	0	0.54	0	5.43	4.35	100

由表10可知,在音符独体字构成的184个字中,有147个为左右结构,占总数的79.89%,其中有136个右部件表音,占所有构字的73.91%,所占比例最大。有11个字左部件表音,占所有构字的5.98%。上下结构的字共有16个,占总体的8.7%,其中上部件表音和下部件表音各8个,各占4.35%。上中下结构的字只有2个,分别为"衷"和"裹",均为中间部分表音,占总体的1.09%。半包围结构的字共有19个,只有音符独体字"羊"在整字"氧"中是左部分表音,为左下表音,仅占0.54%,有18个为右部分表音,其中右上部分表音有10个,占总体的5.43%,右下部分表音的有8个,占总体的4.35%。

由此可见,音符独体字在整字中呈现明显的结构位置特点:第一,音符独体字所构成的合体字以左右结构为主。在左右结构中,右部件表音占据绝对优势。这应在教学中重点强调。第二,在上下结构中,上下部件的表音能力相当,均应予以重视。第三,上中下结构的构字较少,但均为中间部分表音。第四,半包围结构中,右部分表音能力明显强于左部分,而右上和右下两部分的表音能力基本相当。

根据上面的方法,我们统计了全部102个音符独体字的"结构位置稳固系数"。这些音符独体字"结构位置稳固系数"区间分布情况如表11所示。

表 11　音符独体字结构位置稳固系数分布表

结构位置稳固系数区间	1	1—2	2	>2	合计
音符独体字分布数量	69	7	17	9	102
占音符独体字总体比例(%)	67.65	6.86	16.67	8.82	100

根据上表,我们发现结构位置稳固系数为 1 的音符独体字最多,共 69 个,占音符独体字总量的 67.65%;结构位置稳固系数在 2 及 2 以下的音符独体字共有 93 个,占整体的 91.18%;而结构位稳固系数在 2 以上的音符独体字只有 9 个,仅占 8.82%,其结构位置稳固系数从高到低依次为:主(5)、几(4)、长(4)、工(3)、尤(3)、巨(3)、方(2.67)、丁(2.5)、申(2.5)。由统计结果我们可以看出,国际汉语教学中的音符独体字整体的结构位置稳固系数较低,大多为 1,这与许多音符独体字只有一个构字有很大关系。

四　对音符独体字的教学建议

(一)正确处理表外音符独体字

在对国际汉语教学中的音符独体字进行统计的过程中,我们共总结出 15 个表外音符独体字,占音符独体字总数的 14.71%。这些独体字虽然不出现在《常用汉字表》中,但均在字表内有构字,故纳入本文研究对象。对于这些音符独体字,虽然独体字本身不在《常用汉字表》内,但其构字很多都是常用汉字,且音符独体字表音度较高。实际教学中,适当导入这些表外音符独体字,对学生更好地掌握这些常用字有很大帮助。

同时我们也应注意到,这些表外音符独体字的构字能力并不强,平均构字仅 1.27 个,远低于音符独体字平均构字和表内音符独体字平均构字,大多数表外音符独体字只有一个构字,只有少部分有两个构字,所以表外音符独体字不应作为国际汉语教学中音符独体字教学的重点,在进行教学时应将其作为认识和理解合体字的工具,遵循适度、适量的原则。

(二)正确认识音符独体字教学的阶段性和全程性

从上文的统计可以看出,一级音符独体字数量较多,占所在等级汉字的比例较大,构字数量较多,构字能力强,表音能力也很强,同时一级汉字又是学生汉字学习基础的基础,尤其是"几""工""中"等构字能力较强的音符独体字更是学生汉字学习中最先接触的汉字。因此,一定要注重这部分音符独体字的教学,让学生能够准确掌握基础阶段音符独体字的字形、字音,为接下来合体字的学习打好基础。

三级音符独体字具有数量最多、占所在等级汉字比例最大、构字能力最强的特点。在构字数最多的12个音符独体字中,有4个为三级音符独体字。因此,在教学中我们应对三级音符独体字予以特别重视。同时我们也注意到,三级音符独体字的表音能力并不强,三级音符独体字整体表音度仅为0.68。所以,在对三级音符独体字及其参构的合体字进行教学时,应注意对音符独体字部分表音时的情况进行说明,帮助学生更好理解和掌握音符独体字表音时的复杂情况。

同时,我们在对所有音符独体字构字进行统计中也发现,其在不同等级的分布虽然随着等级的升高而增加,但其所占比例在不同等级相差不大,每级构字总数占每级汉字总量的比例稳定在7%—8%之间,可以看出音符独体字及其构字的教学应贯穿汉语学习的全程,并在教学中不断引导学生归纳总结,举一反三。

(三)正确利用音符独体字的结构位置属性进行教学

国际汉语教学中的音符独体字在构成合体字表音时具有很强的结构位置特点,在音符独体字构成的合体字中,左右结构居多,占所有参构字的79.88%,其中右部件表音又占据绝对优势,占所有构字的73.91%。而在半包围结构中也是右边部分表音占绝大多数,占所参构字总数的9.78%,左右结构和半包围结构中右部件表音的音符独体字构字共有154个,共占构字总数的83.70%。由此可见,"右表音"是国际汉语教学中音符独体字构字非常重要的位置特点,具有较强的稳固性。在汉字教学中如果能正确运用音符独体字表音的这一位置特点,例如,在讲解音符独体字"几"的构字"机""讥""饥""肌"时,如果学生掌握了"右表音"这一规律,就可以马上读出汉字读音,从而大大降低汉字学习的难度。因此,正确运用音符独体字位置表音进行教学可以让学生在猜读汉字时有据可循,从而提高汉字学习效率,真正做到举一反三。

五 结 语

根据以上统计分析,我们对国际汉语教学中的音符独体字的相关特点总结如下:第一,国际汉语教学所用到的音符独体字并未完全收入《常用汉字表》内,还存在一定数量的表外音符独体字,表外音符独体字的表音作用值得重视,但总体而言表外音符独体字参构合体字不多,构字能力不强,表内音符独体字仍是国际汉语教学中音符独体字的核心。第二,在对表内音符独体字统计分析过程中,我们发现一级、三级音符独体字所占比重较大,三级音符独体字数量最多、构字能力最强,表音能力呈现较为复杂的状况。第三,音符独体字构字在不同等级的分布虽然随着等级的升高而增加,但其所占比例在不同等级相差不大,音符独体字教学应贯穿国际汉语教学始终。最后,音符独体字参构合体字时呈现出较为鲜明的结构位置稳固性,"右表音"特征十分明显。

总之,国际汉语教学要重视音符独体字独特的结构功能和特点,正确认识音符独体字教学的阶段性和全程性,合理利用音符独体字结构位置表音的规律。只有不断加深国际汉语教学所用汉字各类属性的研究,采用科学合理的教学方法,才能切实解决汉字教学的种种实际问题,推进国际汉语教学的深入发展。

(沙宗元、宋福艳:安徽大学文学院,230039,合肥)